桂林老街巷记忆

GUILIN

老盐街及部分街巷往事钩沉

主编 邱严明
副主编 麻承福 苏理立

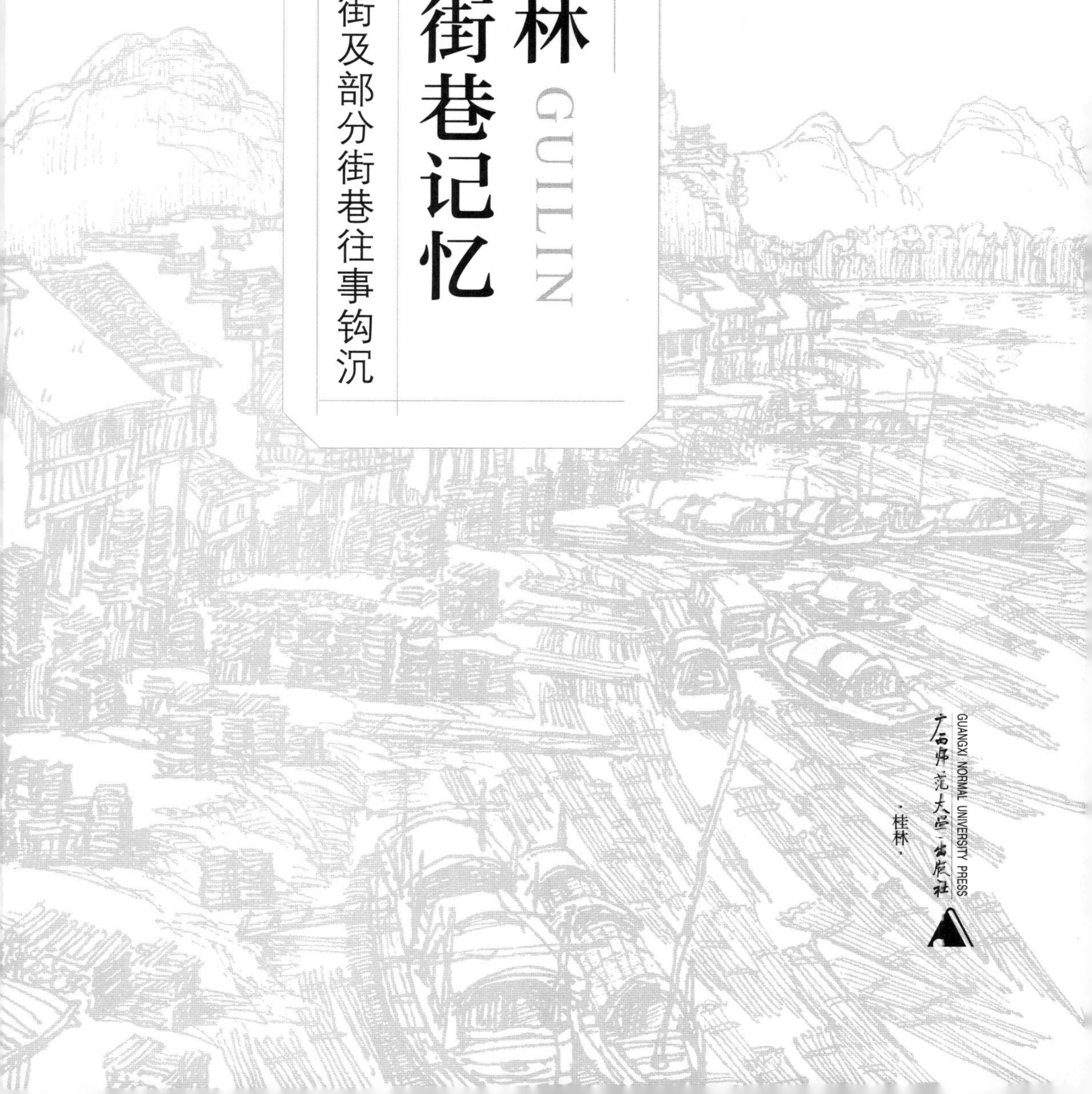

广西师范大学出版社
GUANGXI NORMAL UNIVERSITY PRESS
·桂林·

图书在版编目（CIP）数据

桂林老街巷记忆 ：老盐街及部分街巷往事钩沉 / 邱严明主编 ；麻承福，苏理立副主编. -- 桂林 ：广西师范大学出版社，2023.12
ISBN 978-7-5598-6417-8

Ⅰ. ①桂… Ⅱ. ①邱… ②麻… ③苏… Ⅲ. ①城市道路—史料—桂林 Ⅳ. ①K926.73

中国国家版本馆 CIP 数据核字（2023）第 184797 号

广西师范大学出版社出版发行
（广西桂林市五里店路 9 号 邮政编码：541004
网址：http://www.bbtpress.com）
出版人：黄轩庄
全国新华书店经销
广西昭泰子隆彩印有限责任公司印刷
（南宁市友爱南路 39 号 邮政编码：530001）
开本：787 mm × 1 092 mm 1/16
印张：18.75 字数：300 千
2023 年 12 月第 1 版 2023 年 12 月第 1 次印刷
定价：68.00 元

《桂林老街巷记忆》编委会

序一

魏华龄

桂林作为千年古城、全国首批历史文化名城，有讲不完的历史，道不完的故事。城市是一部由街巷写就的历史，同时也是生于斯的百姓难以忘怀的乡愁。桂林城区远在唐代就按照长安（今西安）的城池结构样式开始建造。经过宋、元、明、清和民国等各个时期逐步扩展，以及新中国成立后的建设发展，到 20 世纪 80 年代，经桂林市地名委员会办公室调查统计，秀峰、象山、七星、叠彩四城区共有街巷 142 条。在传统古城的基础上，桂林逐渐形成了中国南方中等城市的规模。这里保留下了历代的不少历史遗迹和文物，与大小街巷相得益彰，承载了许许多多难忘的记忆。

城市的街巷，体现着城市的文化价值。无论是生活在桂林的老百姓，还是途经桂林南来北往的客商，抑或是到桂林来旅游的游客，不仅会被秀甲天下的桂林山水吸引，也会被东西巷、正阳街、桂西路（今解放西路）、十字街、老盐街等古老的历史街巷吸引，想知道其中那些古老而又生动的故事。

挖掘、整理和保留我们桂林的老街巷记忆，使这些鲜活的历史不断得到传承，就是保留我们祖先留下的中华优秀传统文化，桂林一些热心的文化人士正在努力做这件事。要做好这件事，虽然难度很大，但我们应该看到，这是历史传承的需要，也是现代社会发展的需要。特别是桂林这样一个历史文化名城，现在全市上下正在努力奋斗将桂林建设成国际旅游胜地，打造成世界级旅游城市。今天，“桂林老街巷记忆”文化的再现，必将为提升桂林的知名度和美誉度起到很大的促进作用，为桂林打造世界级旅游城市增光添彩。

魏华龄，著名文史专家、桂林市政协原副主席、桂林抗战文化研究会原会长

序二

袁绪祥

《桂林老街巷记忆：老盐街及部分街巷往事钩沉》（以下简称《桂林老衕巷记忆》）是一部记录桂林老街老巷的人和事的回忆录。本书以老盐街为主，并收录了城市中心区的部分相关文章。《桂林老街巷记忆》编委会是在桂林市中华文化促进会的领导下，在桂林市两江四湖研究会和老盐街街坊联谊会的关心支持下，以桂林老文化人士为主组建而成的。编委会以习近平新时代中国特色社会主义思想为指导，在弘扬中华优秀传统文化，大力开展文化公益事业的基础上，开展收集、整理、编辑工作。本书约 30 万字，配有约 100 幅图片，是一部很有可读性和史料性的，讲述老街老巷里民间趣闻、老故事的书，很民间、很真实。城市的街巷，是一座城市的文化价值的现实体现，每座城市的街巷都有它特色的记忆。桂林作为有千年历史的全国首批历史文化名城，有 140 多条街巷，有着许许多多讲述不完的古老历史，回忆不尽的动人故事。

桂林市委、市政府在打造世界级旅游城市的战略中，提出“世界眼光，国际标准，中国风范，广西特色，桂林经典 ”的总体要求，明确“一城一都一地一中心”的发展定位，并要求全市加强公共文化建设，深入实施文化惠民工程，完善市县（区）乡（街道）村四级公共文化网络，号召文化志愿者走基层、进社区。

《桂林老街巷记忆》一书的编辑出版，完全符合桂林市文化建设的实际要求。文化是城市的灵魂，挖掘、讲述桂林老街巷的故事，是在延续城市文脉，也让城市留住记忆、让人们记住乡愁，坚定文化自信，增强家国情怀。桂林市中华文化促进会将继续组织《桂林老街巷记忆》编委会成员，在市委、市政府的领导下，深入贯彻落实习近平总书记视察广西“4·27”重要讲话精神和对桂林的重要指示精神，在今后编辑“桂林老街巷记忆”系列图书的过程中，为打造桂林世界级旅游城市继续贡献绵薄之力，提供更好更有力的民间文化支撑。

袁绪祥，桂林市政协原常务副主席、桂林市中华文化促进会主席

旧时那满街的熬盐作坊，热气蒸腾的景象，
早已成为历史的陈迹烟消云散了

● 20 世纪 40 年代，桂林漓江沿岸（今滨江南路一带）
（图片来源：罗克中临摹）

● 20 世纪初，漓江西岸盐行街一带
（图片来源：罗克中临摹）

● 20 世纪初，盐行街一带
（图片来源：罗克中临摹）

● 20 世纪 40 年代，桂林漓江沿岸（今滨江北路一带）
（图片来源：罗克中临摹）

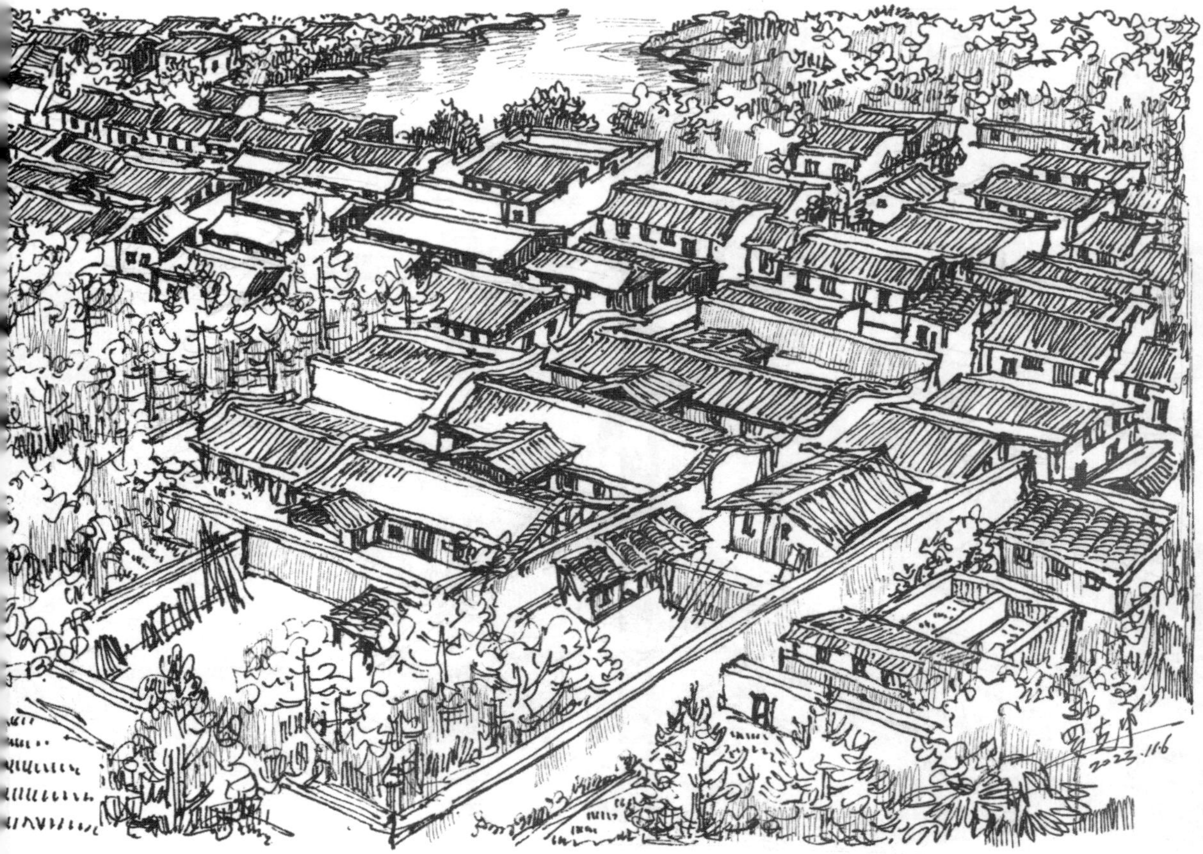

20 世纪初，北门街一带。近处院落为天主堂，远处水面为今木龙湖（图片来源：罗克中临摹）

清末，从叠彩山上远眺伏波山八桂塘（今八角塘一带）
（图片来源：罗克中临摹）

● 20 世纪 40 年代后库街（现解放东路十字街至正阳路段）
（图片来源：罗克中临摹）

● 1944 年，桂林十字街街景
（图片来源：桂林市秀峰区档案馆）

● 20世纪五六十年代的十字街
（图片来源：桂林市秀峰区档案馆）

● 20世纪五六十年代的十字街上的桂林市解放纪念塔
（图片来源：桂林市秀峰区档案馆）

目录

上辑

下辑

上辑

桂林盐街之兴衰[1]

颜邦英

旧时，盐街是指桂林北达伏波山，南抵东江门，西靠城墙，东临漓江的一条狭窄小街，是桂林少有的以一种商品名称命名的街道。它表明盐这种商品在这条街道的重要性。桂林的大多数老年人都知道这条街，这也说明盐街在桂林域的影响和地位。

食盐之所以重要，一方面，食盐是人类不可缺少的生活必需品。往浅处看，无盐则无味；往深处说，人体缺盐会出现严重的生理问题，甚至危及生命。另一方面，食盐的生产、销售是历代朝廷赋税的重要来源，军费开支、水利建设、修城池、办学堂等的经费都有赖于食盐。正因为如此，从汉代起，食盐的销售都由朝廷垄断，实行官卖。据《中国历史大事年表》载：公元前 119 年“专卖盐铁，禁止私营”。

盐街作为广西桂北地区和湖南衡（阳）永（州）地区的食盐集散地，据已知资料，兴起于晚清。清光绪版《临桂县志》的街巷名中，明确标出“盐街”。

桂林盐街此时之所以能兴起，一是因为盐街具有优越的地理位置和水运条件。

---

① 本文原发表于 2021 年 3 月 10 日《桂林日报》。

盐街位于湘桂走廊南端桂林城的核心地段，紧靠漓江。盐街是漓江水运上行线与下行线的交汇处，桂林的水路货运，经漓江北越灵渠入湘江过洞庭，经长江可转入大运河、淮河、黄河等水系而达京师；南连西江可抵梧州、合浦、广州，将中原和岭南连接起来。唐代修建相思埭后，还可连通贵州、云南水道，把西南地区纳入进来。二是清代晚期，湖南大量破产农民涌入桂东北地区谋生。因为清代改革盐法，将原来行销粤盐的湖南改为行销淮盐，但淮盐质次价高，销路不畅，而私销粤盐可图厚利，所以许多湖南商人云集桂林，从事盐业贸易，为盐商提供劳务的人员就更多了，占盐街劳动力的 80% 以上。盐商主要有赵松记、李太和、李西元、申泰昌、李嘉和、同庆祥、刘厚生、源盛昌、万全金、义利成、李嘉顺、李西城、郑宜丰、龙泰来等。这些盐商中，除万全金、李西城是桂林人外，其余多为湖南籍。为加强管理，清廷在桂林还设立专门的盐务管理机构——盐道，负责管理全省盐务，故桂林还有一条盐道街，旧址在今五美路东端。

民国时期，政府宣布食盐为专卖品。盐街盐业由于交通、战争、管理等方面的原因，时起时落，几度兴衰。

在盐街聚居的盐商几乎都是湖南邵阳人，历代都经营盐业。大多数在本地成批购进，门市零售给肩挑小贩或本市杂货店及熬盐户；少数几家资本较大的，除门市零售外，还成批运盐到全州或资源销售。当时盐的运输主要靠水运，由专事水面业者，从桂林购进山货土产运往梧州出售，再从梧州运盐回桂林，卖给桂林盐商。而成批运往外地销售的，除用汽车运往全州外，主要靠船运，溯漓江而上运往全州，或用船运往大溶江至升平登陆，转用人力肩挑至资源，再转运湘西。但漓江上游，滩多水急，木板小船，易出事故，所以，非资本较多者，不敢轻易尝试。[①] 大多数盐商本小利薄，生意清淡。

民国十六年（1927），北伐军占领了长江中下游，长江运输一时受阻，淮盐不能运到湖南。湖南盐缺价涨，客商纷纷涌来桂林抢盐运往湖南，所以桂林盐业一度出现民国以来空前的繁荣。这一年，桂林盐店从 30 多家，陡然发展到 70 多家，可谓盛极一时。但好景不长，民国十七年（1928），长江水运畅通，淮盐大量倾销湖南，再加上国民政府把湖南划为淮盐专销区，粤西盐只能销到湖南零陵，否则以私盐论处。桂林盐店一下倒闭 30 多家，桂林盐商业又回到 1927 年前的冷

① 见本书赵浩生《桂林盐商业变迁简史》一文。

● 老盐街旧貌（罗克中插图）

淡局面。[①]

1928年建成通车的桂全公路，当时止于黄沙河；1936年11月，湖南公路贯通广西边境，桂林通湖南公路就此开通。1938年9月，湘桂铁路的衡桂（衡阳—桂林）铁路段完工。随着桂全公路、湘桂铁路相继通车，由桂江跨灵渠入湘江的水路运输逐步为陆路取代，桂林盐街的盐业受到不小影响，但从梧州经桂江运抵桂林的食盐、日杂、五金等货物和由桂林输送到梧州的青麻、牛皮、桐油、茶油、药材、粮食等农副产品仍具相当规模。据广西省驿运管理处于1943年2月1日出版的《驿运界》记载："梧桂航线，运输食盐7.63万吨。"

1933年，桂林盐业同业公会成立。为了加强对盐业的管理，国民政府在桂林设立粤西盐务管理局及桂林盐务局，实施食盐统购统销，停止自由经营。除桂北八县（包括桂林市）食盐统销，由桂林盐务局管辖，并由该局指令桂林盐商于兴安大溶江设立桂北食盐办事处统筹批销外，凡经营济湘盐业务之盐商，必须具有一定的资本定额资金，缴存指定银行，取具证明，报请粤西盐务管理局核验，批准登记，方能取得运商资格。为便于管理，粤西盐务局又指令所有批准登记的盐商，在桂林设立桂林济湘盐商办事处，统筹洽办所有济湘盐运销事宜，并推选赵浩生为办事处主任。[②]济湘盐分官盐、商盐两类，官盐由盐商按规定运销后，可得2%的纯利润，商盐由盐商按指定盐场购进，运至湖南自由销售获得利润。由盐商直接将盐运到湖南，这是破天荒的。后来又因为铁路运输条件的改善和银行贷款的支持，桂林的盐商业达到了空前繁荣，以至进入全盛时期，盐街的盐业同样是极其兴旺发达。

抗日战争爆发后，沿海许多省市相继沦陷，淮盐断运，湖南、江西等地用盐吃紧，到桂林购盐者日众，而且桂林人口骤增，由战前的7万多人剧增至50多万人，市场畸形繁荣，食盐需求一度十分紧张。1944年桂林市政当局实行"计中授盐法"，规定凭证授盐。记分两种：一种是按户口发证，每人每月授盐8两；另一种是对流动人口及遇婚丧大事的临时授盐证。1947年，盐商有46家（其中专营批发的20家，批发兼零售的26家），资本总共9.9万元。[③]

1944年秋，日本侵略军逼近桂林，盐商纷纷撤离桂林，而积存在大湾待运的

---

① 见赵浩生《桂林盐商业变迁简史》。

② 同上。

③ 桂林市地方志编纂委员会编：《桂林市志》，北京：中华书局，1997年，第2071页。

30余万担食盐损失殆尽；桂林抗日保卫战期间，盐街东临的漓江及中正桥（今解放桥）、伏波山都是日军与国军攻守的重要场地，盐街的房屋、商铺、工厂均毁于战火，一片瓦砾。盐商业从此一蹶不振。1945年7月桂林光复后，盐街盐商陆续回来搭盖简易棚房，恢复营业，但大多只是经营一点门市零售。后来，盐业公会集资开设“华南盐号”，向交通银行贷款，买下桂林盐务局存放在玉林的6000担食盐，生意才有了些转机。

1949年新中国成立前，桂林盐业发展到45户，从业人员194人，资本39446元。1950年，增加到59户，资本43970元。盐号集中在福棠里、东环路和盐街里。1952年国营桂林市盐业公司成立，私营盐商业遂告结束。

值得提及的是，盐街主要经营的是食盐，但农副土特产品行业（新中国成立前称为山货行业）也较兴旺。“据清光绪《临桂县志》载，清乾隆年间（1736—1795）……桂林盐街一带，山货交易最为热闹。……民国4年（1915）左右，行春门、盐街的傅俊记、万金全、广泰成、周义兴、德益庄等几家山货行相继兴盛，商户达10多个自然行业。”[①] 抗日战争时期，日军逼近桂林，商户纷纷撤离，只剩下6个行业20多户。1945年7月27日，桂林光复，山货行业相继恢复。1945年，商户发展到70多户，成立了同业公会，会员72人。解放初期，盐街仍经营土特产品。

随着城市的发展和盐街功能的变化，盐街的街名也不断改变。清道光二十五年（1845）的《桂林城图》在盐街相应位置未标出任何街巷名；清光绪版《临桂县志》的街巷名中明确标明盐街；1948年编写的《桂林市年鉴》初稿载，盐行街是行政街名，旧时包括仁寿宫、盐街，1948年则包括东环路、东环路盐行里、东环路上河里；1949年桂林刚解放时的《桂林市城区图》，标出盐行街只有原盐街南面的一小段，而西面的东环路则从伏波山贯通到市立医院（今人民医院）一带；1965年扩修杉湖之水入漓江处以北至解放桥南一段，因位于漓江之滨，而改东环路为滨江路。此后，滨江路先后向南北方向延伸，自1979年起，从文昌桥至伏波山止，通称滨江路。盐街从此就完全消失了，只留在人们记忆中。

颜邦英，桂林市地方志编纂委员会办公室原主任，《桂林市志》总纂，桂林旅游学会荣誉会长

---

① 转引自《桂林市志》，2105页。

桂林盐商业变迁简史[1]

赵浩生

一

桂林漓江西岸沿江有一条古老的小街，街道虽然狭窄，但颇有名气。这条街有 80% 的商号是经营盐业的。桂林的盐商全部集中在这里，所以名为盐行街。聚居在这里的几乎都是湖南邵阳人，历代经营盐业，历史悠久。不过，这里的盐商都是小本经营，大多数只在本地成批购进，门市零售给肩挑小贩和本市杂货店及熬盐户，少数几家资本较大的，除门市零售外，也间或成批运盐到全州或资源销售。在抗日战争以前，交通运输非常困难。广西无铁路，桂北地区从桂林至全州、黄沙河只有一条简陋的公路，可通汽车。桂林成批运盐出去，除用汽车运全州外，主要靠船运，溯漓江而上至全州，或船运经大溶江至升平登陆，转用人力肩挑至资源，再转运湘西。漓江上游，滩多水急，船只又都是木板小船，逆水行舟，易出事故。所以，经营此业者，多视为畏途，非资金较多者，不敢轻易尝试。至于

① 本文收录于《桂林文史资料》(第十一辑)，政协桂林市委员会文史资料研究委员会发行，1987 年。

盐的来源，大都由桂林水面业从梧州运来。所谓水面业者，即专事经营抚河上下货物的商业。他们从桂林购运山货土产去梧州出售，再由梧州运盐回桂，卖给桂林盐商。这种情况，相沿成习，很少变化。桂林盐商由于本小利薄，生活十分清苦，那时吃的是咸菜加辣椒，穿的是粗布衣裳，盐商业的清淡，可想而知。

1927 年大革命期间，北伐军占领了长江中下游，长江运输一时受阻，淮盐不能运湘，湖南盐缺价涨，客商纷纷涌来桂林抢运，桂林盐业曾一度出现从未有的繁荣。这一年，桂林盐店由原来的三十多家，陡然发展到七十多家，可谓盛极一时。但好景不长，到了 1928 年长江畅通后，淮盐大量倾销湖南，同时由于淮商通过国民政府把湖南划为淮盐专销区，粤西盐只能销到湖南零陵，越界即作私盐论处。因此，桂林盐业又一落千丈。就在这年因亏损倒闭的，达三十余家之多。桂林盐商业又回到 1927 年前的暗淡局面。后来经过八年（全面）抗战，桂林盐业经历了由繁荣而极盛，由极盛而衰落的全部过程。

二

抗战时期，湘桂路通车，桂林成为后方的重镇。1938 年以后，蒋介石消极抗日，东南沿海各省，包括淮盐产地都相继沦陷。湖南乃至江西，过去所谓淮盐专销地区的食盐，完全仰赖粤西盐场接济。为了统购统销，国民政府在桂林设立粤西盐务管理局及桂林盐务局，实施食盐统销，停止自由经营，除桂北八县（包括桂林市）食盐统销，由桂林盐务局管辖，并由该局指令桂林盐商于兴安大溶江设立桂北食盐办事处统筹批销外，凡经营济湘盐业务之盐商，必须具有一定的资本定额，缴存在指定银行，取具证明，报请粤西盐务管理局核验，批准登记，方能取得运商资格。为了便于管理，粤西盐务局又指令所有批准登记的盐商，在桂林设立桂林济湘盐商办事处，统筹洽办所有济湘盐运销事宜。一直到桂林沦陷，办事处无形解体。济湘盐的经营方式大致是这样的：济湘盐分官盐、商盐两类。官盐，由粤西盐务管理局指定存仓地点，由盐商代垫价款承运至湖南指定地点交仓，然后向盐务局领回价款，并由盐务局给予 2% 的纯利润；商盐，由盐商按指定盐场购进，运至湖南自由销售，所以又称自由盐。所有官盐、商盐，均由粤西盐务管理局按月规定定额，官盐、商盐各半，发给盐商承运、销售。桂林济湘盐商办事处每月获得的定额是官盐三万担、商盐三万担，由办事处召集同业按自愿和资金多少算认领盐额（官、商盐各半），分别自行运输、销售。当时，由盐场购进、直运至湖南，这在桂林盐商还是第一次，究竟应该怎样购运，同业们都无实际经验。我曾亲往实地勘查，确定运输路线为，由北海、党屋水运至玉林船埠登陆，用汽车运至贵县（今贵港市），再用木船水运至柳州西岸，然后装火车直达湖南。尤其是贵县至柳州一段，木船往返，费时太久，缓不济急。我们要求粤西盐务管理局与铁路局设法解决，几经商洽，经呈准政府加修柳州至大湾支线，专供盐运之需。1941 年柳大支线通车，大大缩短了运输途程。但由于盐运数量越来越大，交通工具远远不能满足需要，途中延搁太久，导致资金积压，无法周转，于是我们又通过盐务管理局商得桂林中国银行、中国农民银行、交通银行同意办理济湘盐贷款。银行按盐起运成本以押汇方式贷款六成给予盐商，盐商以盐的运单和税票交银行为抵押担保，盐税则由盐务局办理记账，待盐运达指定地点交仓或销售后，由盐商一次付清贷款与税款。这就大大方便了资金的周转，为济湘盐商谋取利润提供了良好的条件。济湘盐运销数量大，官盐有固定利润，商盐可自由销售，因此，利润高而稳当。为利所驱，不到半年时间，经粤西盐务管理局批准的运商就有 40 多家。这个时期，桂林盐商业达到了空前繁荣以至全盛的时期。

三

追求高新利润，原是一切私人资本的特性。济湘盐利润高，又有银行贷款，一时社会游资以及江浙疏散出来的豪商巨贾的资金，都汇集到这里来了。如后来成立的“新桂商办事处”，就是以“中央”财政部次长钱隽逵为首组织的官僚资本集团。他们“因其富厚，交通王侯，力过吏势”。他们的手伸得很长，不但能左右粤西盐务局，而且操纵铁路运输，他们利用这种特殊权势，事实上垄断了济湘盐业，赚得了巨大的利润。广西当局看了不免眼红，当然不甘落后。为了插足盐业界，广西省银行投资两亿多元，设立一家“新生盐号”与江浙财团并驾齐驱。至是，桂林盐业界始有所谓“新桂商”与“旧桂商”之分。彼此之间，明争暗斗，隐然对立。

我们原来的桂商，即所谓“旧桂商”，都是小本经营居多，更无政治背景，当然很难与这般官僚资本相抗衡，但为了不致被官僚资本“吃掉”，我们不能不力谋自立之道。经集会商议，决定集中所有同业的资本，并吸收一部分游资，由于资金集中加上人地熟悉，粤西盐务局也不能不刮目相看。

济湘盐获利的关键，一靠资本雄厚，二靠资金周转快，而要缩短资金同期，关键又在运输。当时，大湾成为济湘盐运转的枢纽。商运官盐，商运自由盐，均须由此转运；而盐务局自运的官盐，也须由此转运，柳大支线的车皮，原是由各路局疏散出来的，沿途经过战火破坏，大都已破烂了。由于当时国民党的贪污腐化，铁路当局又任其破烂，不加维修。于是边运边坏，坏了就丢，能用的铁皮车厢，日渐减少，而待运的食盐又日益增多，以此，囤积在大湾的济湘食盐，数目庞大，堆积如山。为了争取能早日运出，官商之间，商与商之间，就各显神通，竞争日趋激烈。1943 年间，粤西盐务管理局借口为抢运官盐，硬性规定，运输车皮按二与一之比分配，即运出官盐两卡车，方能运出商盐一卡车，由铁路登记排队轮运；其后又改为三与一之比，最后竟限到四与一之比。至于官僚资本集团串通铁路局，以各种名义不经登记、优先运出的，还不在此列。我们明知所谓抢运官盐，实际就是维护这般官僚资本集团的利益，所定比例，很不合理，而且贪官猾吏，借以敛财，其中弊病丛生，我们虽心怀嫉恨，然亦无可奈何！1944 年秋，湘桂撤退，大湾紧急疏散，此辈官僚资本集团又利用特权，把所存食盐抢运一空，而我们旧桂商积存在大湾的商盐多达三十余万担，只有眼睁睁地望着毁于战火。现在回想起来，还心有余愤！

桂林盐商，遭此浩劫，资本损失殆尽，盐商业从此遂一蹶不振，日趋衰落。光复后，桂林盐商业一如战前，恢复商营，但大都是经营一点门市零售而已，萧条之状，已不堪回首。解放后曾一度组织联营，至 1952 年国营桂林市盐业公司成立。私营盐商业遂告结束。

1986 年 5 月

赵浩生，原桂林盐业同业公会理事长

附录：我的一生（赵浩生）

一

我出生于1915年，原籍湖南省邵东县（旧称宝庆府邵阳县）周官桥乡艾星村（旧名万安乡三胜庙湖塘冲）。这里人多地少，大都以手工劳动为生。我祖父赵仁寿也是打铁的手工劳动者。我有两个伯父，因家境贫苦，大伯父成年后，即肩挑贩运铁钉往来于邵阳桂林间，后来渐有积蓄，就在桂林水东门外与人合伙开了一爿磁器铁货店。接着我的二伯父与我父亲赵松筠相继来桂谋生。我父亲最初为人帮工，当店员，1928年才借了一点资本在盐街开了一家盐店，招牌名叫“赵松记”，经营零售盐业。

我母亲李秀贞，出身农家，生我兄弟四人：长兄赵满生，我居第二，三弟赵藩生，四弟赵汉生。一家六口，全仗父亲一人工资收入，生活十分困难。幸赖我母亲勤劳俭朴，善于操持家务，我们幼年才得免于饥寒。

我七岁进私塾，读过“四书”、《诗经》、《幼学琼林》。当时虽然不懂这些书的含义，却认得了不少字，为我后来学习和工作，打下了初步的基础。1925年，父亲在桂林当店员渐有了一点积蓄，于是我们全家迁居桂林，从此，我们就在桂林落了户。长兄赵满生在一家磁铁店做学徒，我和弟弟三人读小学。1928年，父亲独自开店营业，店中需人照料，我因而废学，在父亲店里做学徒。父亲秉性方正严谨，处事一丝不苟。我虽在自家店中学徒，但一样要黎明即起，洒扫庭除，稍有懈怠，就会受到父亲的严厉谴责。他常常教导我们说：“玉不琢，不成器。人不经过艰难困苦的磨炼，是不能成材的。做生意最讲究一个‘信’字，‘信’就是说话要算数，来不得一点欺假。这就是经商的根本。”当时最赚钱的生意是“特离”，即贩卖鸦片。我父亲谆谆告诫我说：“鸦片祸国殃民，最赚钱也不能干。”我父亲读书不多，但他尊重读书人，很重视学文化，他常常以家境贫寒，不能让我们都能上学为憾。他一再嘱咐我和长兄说：“我家祖祖辈辈，没有出过读书人，吃了不少亏。你们一定要努力做生意，不管多么困难，无论如何要把两个弟弟培养出来。”父亲的这段话，给了我深刻的影响。我这一生，待人处事，大体上都是按照我父亲的教导做的。

1935年，父亲因病逝世，从此，我继承了父业，独立营生了。为了开拓业务，我积极奔走湖南衡阳、邵阳、湘潭间，代理购销食糖、棉纱等业务。由于我讲究信誉，货真价实，深得各地客商的信赖，一年之间，获利近万。其间我为人担保向银行贷款5000元，这家铺子因经营不善而倒闭。为维持自己的信誉，全部债款我如数赔偿，不少分文。这件事虽使我经济上受到很大损失，但也因祸得福，我的坚守信用，不惜牺牲自己利益的行为，博得了银行界和商界同人的极大赞赏，从而信誉大增。经过两年的惨淡经营，我的生意日见兴隆，嗣后被选为盐业同业公会的主席。我不但在桂林商场站稳了脚跟，而且已崭露头角。

二

1937 年抗日战争爆发。由于东南沿海相继沦陷，部分工厂内迁，人口、资金大量转入后方，桂林工商业市场出现暂时的繁荣。然而，随着武汉失守，国民党政治经济力量的西移，其官僚资本也扩展到西南。他们凭借着政治特权由金融垄断迅速发展到商业的垄断，从 1938 年起对国民党统治区的桐油、茶、猪鬃等出口物资的贸易，加以独占，进行统购统销。1941 年以后，国民政府又成立专卖事业管理局，对于盐、糖、烟、火柴等日用品先后实行专卖。我们经营食糖、桐油等业务，受到严格的局限。至于零售盐店，由于规定出售限额，顾客购盐，每人不得超过五斤，社会局面处于摇摇欲坠的境地。

面对国民政府的统购、专卖，我感到非另辟蹊径，实无以图存。时淮盐产区沦陷，原属淮盐销岸的湖南、江西等地区，均赖粤盐接济。随着沦陷地区不断扩大，粤盐的需求量也越来越大。为了加强对盐业的控制和垄断，国民政府先后在桂林、衡阳成立粤西盐务管理局及湖南盐务管理局。我于是以桂林盐业同业公会主席的身份向粤西盐务管理局力陈："桂林经营盐业的商店，不下百数十家，影响数千人的生活，值此国难当头之际，如果任其倒闭，势将影响大局，亦恐非国家之福。"

经反复力争，该局同意凡资金在限额以上具备运商条件的商家，可向该局申请登记，经审核合格者，给予承运权利。运销济湘盐，对于我们桂林盐商，确是一项前所未有的新业务。同业中多以路途漫长、生疏，怕担风险，心怀犹豫。我亲往起运地点北海、党屋，沿线察看，乘船至玉林船埠，转车贵县，再循水道至柳州，然后转火车直达交仓终点衡阳，路途虽长，但风险不大。我根据视察所得，然后召集盐业公会会员，说明情况，解除顾虑。顾虑既除，群情振奋，先后申请登记经批准为运商者达 30 余家。旋成立桂林济湘盐商联合办事处，公推我为办事处主任。为了加快运输周转，缩短运输路线，我又向粤西盐务管理局建议，转请铁道部加修大湾—柳州支线。经铁道部批准，这条铁路于 1942 年完成。

盐税，历来为国民政府主要财源之一。江淮盐业，一向为大资本（主要是官府资本）所垄断。济湘盐运输路线畅通后，以钱雋逵（财政部次长）为首的"江浙财阀"

以及江淮盐商，集中巨大资金，设立十多家盐号，广西省银行也拨款两亿元，设立“新生盐号”，他们互相勾结，组成新桂商办事处，企图垄断济湘盐运销业务，攫取高额利润。我们旧桂商，都是中小工商业者，我一面反复劝告我们的同业，加强团结，紧密合作；一面凭借人多地熟的优势，在粤西盐务管理局分配运销盐额问题上，坚持与他们抗争，终于争得了我们应得的份额。为了抵制大资本（官僚资本）的并吞和控制，李宗仁的夫人郭德洁曾派人跟我洽谈合作，我婉辞谢绝了。由于我们团结得紧，桂林济湘盐商联合办事处的业务蒸蒸日上。办事处的成员由原来的 30 多家，发展到 40 余家。不但集中了桂林工商界的巨额资金，也吸引了湖南、江西、贵州一部分的资金参加到我们的行列。为了业务的需要，我在衡阳设立办事处分处，在柳州大湾设立转运站。湘桂沿线的东安、白地市等处设销售处，逐步形成了一个完整的运销系统。当时济湘盐商集中资金之巨，业务范围之广，在桂林工商史上实为前所未有的重大突破。

1938 年至 1944 年日军深入，国民党军队节节败退，粤西盐务管理局为维护其官僚资本（包括新桂商）的利益，借口所谓“抢运官盐”，依仗其政治权势，强行规定按比例排队装运。开始是二与一之比，即火车装运二卡官盐，才准装运一卡商盐，不久又改为三与一之比，1944 年则改为四与一之比，以致湘桂沦陷时，积压在大湾待运的 30 多万担商盐（均为我办事处成员所有）损失殆尽。我所经营的“永康盐号”“松记盐号”“大宁盐号”积存在柳州、大湾车站的济湘盐 3 万余担，疏散到昭平的 3000 担，还有在湖南湘桂沿线的 1000 余担，均荡然无存。数年心血，毁于一旦，实在令人惋惜！

三

抗日战争期间，桂林人文荟萃，有大后方“文化城”之称。我的三弟赵藩生，在南京读书，结交了不少具有进步思想的同学，后来参加“一二·九”爱国运动，受到中国共产党的教育，信仰马克思主义，经常寄回一些进步书刊给我的四弟赵汉生，如《大众生活》《永生》等，我也多少受到一点影响。四弟汉生思维敏捷，接受能力强，当时在桂林高中读书，参与抗日爱国运动。1937 年，他参加桂林学生寒假宣传团，冒风雪严寒，下乡巡回宣传抗日救国，行至全州，因积劳咯血，不幸逝世。这件事给了我很大的触动，国仇家恨，岂能无动于衷！不久，我的三弟赵藩生因病回桂林。通过他的关系，我又结识了一些中共地下党人。在他们的影响下，我的思想觉悟有了进一步提高。我不但懂得了“皮之不存，毛将焉附”，没有国就没有家的道理，而且认识到能救灾难深重的中国于水火者，只有中国共产党。从此，我在经商之余，开始关注国家大事，积极参与一些社会活动。

1938 年，中共地下党员李庚、郑代巩等同志来桂从事学生运动和统战工作，为避国民党特务的注目，经我弟弟赵藩生的介绍，住在我的店内，我热情地接待了他们。1939 年，我弟弟赵藩生又介绍我与八路军桂林办事处干部吴济英同志相识，我们时有接触，吴济英同志曾利用我的商店作掩护，托我店为他们传递过信件。这段时期，我先后经赵藩生之手，给延安自然科学院和由长沙迁至邵阳的《观察日报》（中共地下党办）捐过钱。1939 年，湖南旅桂同乡会邱昌渭、刘昌景、彭襄等倡议创办“桂林私立松坡中学”，我首先认捐，并积极推动工商界同乡踊跃输捐，半年之间，学校成立，我被推为该校董事会董事兼财务委员。1940 年，我因经营济湘盐运，集中资金较巨，同时兼任桂林盐业同业公会理事长及桂林市商会常务理事，在桂林工商界具有较大的影响，当时桂林市凡有爱国捐献活动，我都在被邀之列。军事委员会桂林办公厅主任李济深将军发起抗日献金活动，他邀请桂林市人民团体代表及各界知名人士一道乘着敞篷卡车，沿街劝募。我和李锦涛、梁志潮代表桂林市商会参加这一活动。在我们的带动下，桂林市工商界捐黄金、银首饰者极为踊跃，盛况空前，大出李主任的意料。1942 年李济深主任举行茶会，推销美金储蓄券，李锦涛和我应邀参加。我在会上首先响应购买，会后积极奔走，动员工商界同人踊跃认购，使数额巨大的劝储活动，在短期内圆满地完成了任务，深受李济深主任的器重。李济深主任的密友彭泽湘曾住在我家两年之久，我由此结识了田汉、欧阳予倩等文化界进步人士。1941 年秋，我母亲 50 寿辰，李济深主任亲临宴会祝寿，一时传为美谈。

1941 年，“皖南事变”后，桂林的白色恐怖十分严重。我受弟弟赵藩生之托，掩护了好几位中共地下党员脱险，平安离桂。其中如李庚（现为全国文联书记处书记）、蒋宗鲁（现为江苏省委统战部部长）等同志，寄居在我家两个多月之久。香港沦陷后，许多进步文化人士和文艺团体麇集桂林，当时他们的境况都比较困难，我尽可能地为他们排忧解难。如田汉先生领导的新中国剧社、湘剧抗敌宣传队在桂演出，我为他们多次推销“义卖券”“荣誉券”；田汉、欧阳予倩先生在桂林举办“西南剧展”，所有“荣誉券”（每张约值大米一石），大部分都经我手为盐商所购买。新中国剧社因演《再会吧，香港！》（后改名为《风雨归舟》），遭到国民党反动当局的查禁，一时经济陷于绝境。我应弟弟赵藩生之请，借予巨款，支持该剧社渡过难关。至于个别人士遇有困难，凡我力所能及者，无不尽力资助。当时，时局逆转，白色恐怖，接济中共地下党与进步人士，都在“犯法”之列，要冒一定的风险。然而我认为这是一个爱国者应尽的责任，我从未计较过个人的得失和安危。

四

1944年9月初桂林紧急疏散，我疏散到湘西。次年9月桂林光复，我回桂林，桂林市区一片焦土，满目凄凉。这时我身无分文，但凭过去在桂林工商界的信誉，和手中仅有的两张房屋所有权状，分别向广西省银行和中国农民银行借到两笔贷款，雇工清除瓦砾，在原地修造一所简陋的铺面，开始营业。同业逐渐归来，惟大都以资金短缺，无力振作。我得知桂林盐务局有食盐6000担在玉林，要招商承运。于是，我动员桂林盐业全体同人集资开设“华南盐号”，公推我为总经理。我又向交通银行贷款，买下了玉林的这批存盐。经过一段时期的努力，生意又做活了。

湘桂战役，是抗战以来国民党战场最大的一次溃败，我西南地区人民遭到一次空前未有的大浩劫，桂林市工商界受害尤为惨烈。抗战胜利，人民都迫切希望和平、重建家园，但是，国民党反动派不顾广大人民的意愿，反而积极准备内战，对人民进行刮骨吸髓的掠夺。广西桂系当局追随这一反动政策，当桂林市工商业者劫后归来，元气未复之际，即迫不及待地颁布命令，征收所谓“营业税”“所得税”“利得税”，并在南北火车站及下关设立关卡，征收货物过境税。名目之多，税率之重，为历史上所罕见。国民党反动派的倒行逆施，激起了广大工商业者的不满，群情愤慨，怨声载道。我弟弟赵藩生建议创办一种为工商业者和广大人民说话的报纸，以宣传群众，团结战斗，我极表赞同。这时赵藩生兼任桂林市商会秘书，我们的倡议，得到市商会理事长李锦涛、理事过昆源的积极支持和桂林工商界人士的热烈响应。于是，我们一致商定：1.报纸定名为《桂林工商报》；2.李锦涛、赵浩生、过昆源为报纸发起人，负责募集基金；3.劝募基金以桂林工商界人士为对象，不接受来历不明的捐款，不接受政府津贴，坚持报纸的民营立场；4.推定赵藩生为报社社长，出资筹组报社工作。经过两个多月的努力，该报于1946年3月1日发刊。这张报纸，在赵藩生的苦心经营下，得到中共地下党的热心指导，以及文化界进步人士的大力支持，旗帜鲜明，立场坚定，深受广大人民群众的欢迎，而为国民党反动派所嫉恨。桂林市市长苏新民把攻击的矛头集中到我身上，初则以劝我同市政府合作，扩大报纸规模相诱惑，继则以“诋毁政府”的罪名相胁迫，我都不为所动。该报在开办之初，赵藩生即鉴于国民党的反动统治，对该报的核心力量——以谭丕模、杨荣国、张锡昌等中共及民主同盟的知名人士组成的社论委员会和特约撰稿人员，采取严格隐蔽的方针。这些人员必要的集会，都在我店内小楼上，由赵藩生单独联系。所有这部分的活动经费、稿费，由我私人负担支付，不与报社的账目相涉。所以，尽管国民党反动派指派特务多方窥探，始终无法发现这些关系，对我亦无可奈何。旋以国内政局恶化，该报于是年6月初，被勒令停刊。

在筹办《桂林工商报》的同时，赵藩生针对桂林市政府的横征暴敛，建议我们组织一次群众性的抗税斗争，以推动民主运动的深入发展。在赵藩生的策划下，首先由李锦涛、我和过昆源领衔发动工商界千余人签名道电国民党中央、广西省政府，请求减免“三税”以苏民困；然后由我和李锦涛、过昆源等分别联系一部分同业公会理事长，层层深入，发动群众。经过我们的共同努力，终于在1946年3月15日，爆发了桂林工商界有史以来第一次规模最大的群众集会和示威游行，喊出了“反对一切苛捐杂税”“要生存，要和平”的震撼山城的呼声。在这次集会上，我曾发言痛斥国民政府不顾人民死活的税收政策，国民政府勾结美帝扼杀民族工商业的罪行，表达了全体工商业者的强烈要求，博得了全体与会者的热烈掌声。在群众的强大压力下，桂林市市长苏新民、税务局局长李昂鸣不得不接受我们的要求，缓征“三税”，撤销关卡。斗争获得完全的胜利。

这一系列斗争，不仅提高了广大工商业者的政治觉悟，也提高了我在桂林的社会影响，这年我当选为桂林市参议会参议员。

桂林私立松坡中学于桂林沦陷时，全部毁于兵火。1946年初，湖南同乡会筹谋恢复，捐筹基金，我们工商界同乡在短期内如数募集，该校于1946年秋正式复课。校长张健甫系知名民主人士，教导主任李德韩系中共地下党员，教员中亦多中共地下党员和进步人士。校风严肃、活泼，进步空气浓厚，却被国民党反动派头目黄钧达（湖南人）视为眼中钉，必欲除之而后快。1948年冬某日，黄钧达带领广西大学学生多人以及一些中统特务乘坐卡车，突入松坡中学，占据大礼堂，假冒湖南同乡会召开临时大会，企图以突然袭击，改组同乡会理事会，篡夺松坡中学的领导权。我弟弟赵藩生当时在松坡中学任教，见此情景，立即以电话告我，我闻讯后，一面以电话通知同乡会各理事，一面通知所有的同乡立即赶赴同乡会。刹那之间，闻风而至者，不下千余人。一时“打倒黄钧达”“保卫同乡会”的口号声响彻云霄。群众如风卷巨浪拥向主席台。黄钧达吓得面色如土，仓皇逃遁，躲进女厕所。事后国民党《中央日报》（桂林版）以我为“祸首”，欲加害于我，但慑于群众威力，不敢贸然下手。国民党反动派掠夺松坡中学的阴谋遂彻底破产。当时参加这一斗争的群众，多为店员、手工业工人，而以人力车工人、码头搬运工人为最多。

1947 年，我在桂东路开设“松记商行”，经营粮食油类，旋受聘任桂林市银行襄理兼营业主任，不久升任副经理。1949 年 9 月国民党政府已呈土崩瓦解之势，广西行将解放。桂林市银行经理辞职逃跑，所遗经理一职，董事会聘我继任。我知道事不可为，辞不就。董事会一再劝说，我犹豫不决，征求一些进步朋友的意见，他们都主张我接下来，以便保护人民财产。我于是受聘为该行经理，担任“看守”任务。1949 年 11 月桂林解放，我遵照中共党组织的指示，将我经管的所有桂林市银行的资产、账簿，一一点交清楚，归还人民，完成了自己的任务。

解放后，我卖掉自己的铺屋，参加桂林火柴厂劳动。30 多年来，在中国共产党的教育下，改造、锻炼成为自食其力的劳动者。

1983 年 12 月，文化部为酬谢我在抗战时期对新中国剧社的资助，寄来人民币 1000 元；全国文联书记处书记李庚同志给我来信，信中说“党不会忘记在困难时期曾经帮助过党的朋友的”。我能得到中国共产党的关怀和党的领导同志引以为“朋友”，这是我一生最大的欣慰和光荣。“夕阳无限好，红霞照满天”。我现年 70 岁，但愿天假之年，能为党和国家贡献一点余热！

1986 年元月

盐街及福棠巷的前世今生

尹文军

历史上曾赫赫有名的盐街，一直是许多老一辈桂林人的乡愁。但是关于盐街，现在很多人都没有记忆了；即使有，随着时间的消逝，记忆也日渐模糊，不一定非常准确了，所以很多时候，大家会把福棠巷甚至东巷都称作盐街。实际上，真正的盐街并不在此。但这种说法也不是没有道理，因为作为桂林老街巷的代名词，“盐街”这一称呼，已不仅仅限于某条特定的街道，而是泛指解放东路东段至东华路这一片街区。

方志、舆图中的老盐街和福棠巷（福堂街）

这两条街巷最早的记录，可以追溯到嘉庆《临桂县志》，在卷十一“街巷”里，记录了两条街名：福堂街和庙巷口街。其中福堂街位于行春门内，即后来的福棠巷；庙巷口街位于东江门外，这就是盐街的前身。

1889 年《广西通志辑要》里的省城图里，标注了福堂街的名字，但街道没有画出来。（图 1）据光绪十一年（1885）《安徽会馆改作江南会馆议约》：“安徽同人

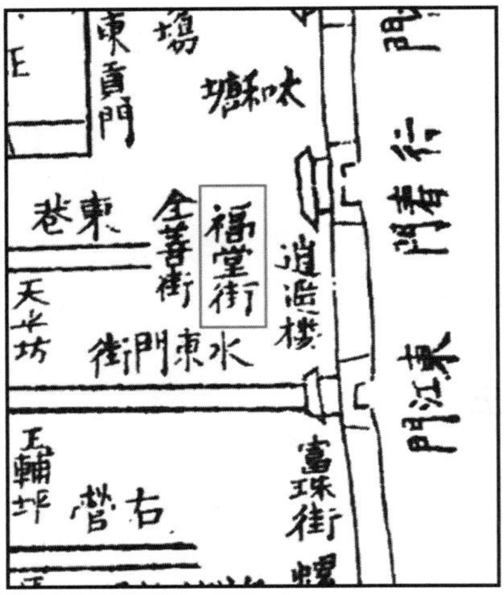

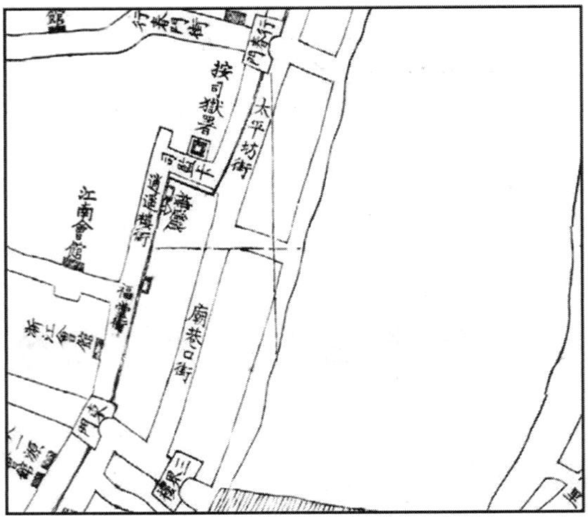

● 图 1 清光绪《广西通志辑要》省城图 ● 图 2 清光绪《桂林省城图》

建立安徽会馆于佛堂街之北”，“福”“佛”二字在桂林方言里读音相同，福堂或为佛堂之讹。

老盐街和福棠巷（福堂街）具体在哪里呢？光绪年间的《桂林省城图》给出了答案。据华南理工大学林哲博士的考证，该图绘于 19 世纪 90 年代，是桂林最早的比例尺地图，里面的地名方位不再是示意，而是经过科学测绘，可以说基本上是准确的。在这张图上，逍遥楼街以南至东门称之福堂街，而庙巷口街则向北发展直抵伏波山，延伸出太平坊街和马家仓街。值得注意的是，城墙在原逍遥楼附近折了两个 90 度。（图 2）

1905 年光绪版《临桂县志》卷七“街巷”中，第一次出现了盐街的名字，与庙巷口街并列，当是太平坊街和马家仓街的合称。也就是说，在官方的图、志里，福堂街比盐街要早出现大约 100 年。

当然，两条街巷的历史要比这早得多，它们的产生与城墙息息相关。在古代，城墙内侧一般是不会建房的，会在城墙与房屋之间留一条巷道，一来方便军队、物资调度，二来防止战争时房屋着火，殃及城上守军，三来防止内奸挖城墙搞破坏。城墙外更不能贴墙建房，一定要留一条通道。桂林现在多条街道的形成都与此有关，如南环路、漓滨路、翊武路、驿前街等，福棠巷和盐街也是如此。福棠巷是东城墙西侧的通道，位于城内，福棠巷隔水东街（今解放东路）对应的是富珠街（今漓滨

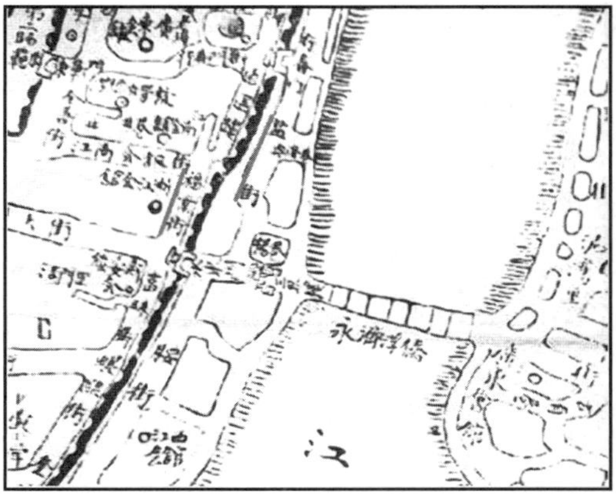

● 图 3　1926 年《新制广西桂林街道全图》

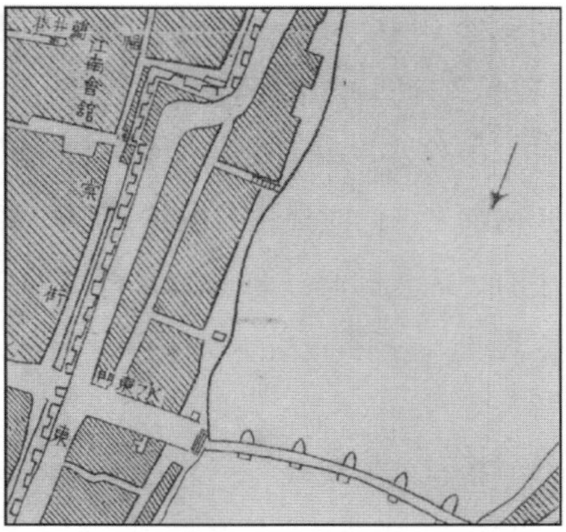

● 图 4　1933 年《桂林街市图》

● 图 5　1937 年《桂林城厢附近图》

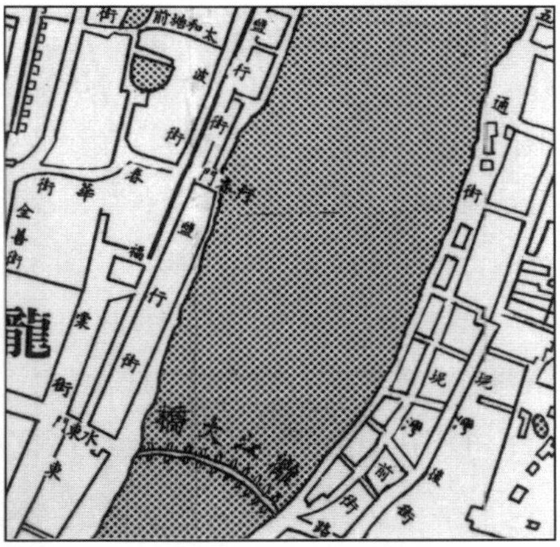

● 图 6　1940 年《唐代桂林摩崖佛像分布图》

路）；盐街则是城墙东侧的通道，位于城外，它们最早都是单边街。

1909 年《广西省城警区全图》上，画出了两条街道，但没有标注名字。

1926 年 1 月的《新制广西桂林街道全图》，盐街第一次被标注在地图上。这也是两条街巷首次同时在地图中出现，这时的盐街已经合并了庙巷口街，成为一条北抵伏波山、南达永济浮桥的重要街道了。而清代所称的福堂街，则合并了逍遥楼街，名字也改为了“福棠”，并从此定名。（图 3）

1933 年的《桂林街市图》标注了福棠街，但没有标注盐行街。（图 4）据林哲说，此图是 20 世纪 40 年代在 30 年代的地图上重绘的，因此图中标注与 1933

年多处不符。此后 1980 年又进行了改绘，1997 年《桂林市志》收录了改绘过的《桂林街市图》，上面新标注了盐行街。

1937 年军事委员会军令部陆地测量总局绘《桂林城厢附近图》（图 5），盐行街与福棠街同时标注。1958 年中国学社排印罗香林《唐代桂林之摩崖佛像》一书中有《唐代桂林摩崖佛像分布图》（1940），采用的底图当为 1937 年《桂林城厢附近图》，只不过将永济浮桥标注为“漓江大桥”，实为刚建好的中正桥（今解放桥）。（图 6）

1944 年国民政府军事委员会军令部绘《桂林市简明街道图》，盐行街与福棠街同时标注。（图 7）同年 11 月，日军入侵桂林，从中正桥水域突破国军防线，以盐行街为掩护进而攻击城内。在惨烈的桂林保卫战中，盐行街损毁殆尽。光复后桂林重建，开始修东环路，大致沿原盐行街北段的城墙向南，在原逍遥楼处向西内收，并南延至原东腰街（今漓滨路）。盐行街因此只剩南边一段，相当于《桂林省城图》中的庙巷口街。1947 年国民政府内政部方域司和国防部测量局印制的《桂林市城市图》中，标注了盐行街，福棠街也画出来了，但没有标注。夹在它们之间的，就是新修的东环路中段。（图 8）

严格来说，这个中段一直都存在，就是前面所说的，属于紧贴城墙外侧的一条巷道，只不过东面城墙在原逍遥楼附近往西边收缩了，因此这条巷道也拐弯抹角，并不作为主要道路，连个名字都没有。但是由于 20 世纪 40 年代新建了钢木

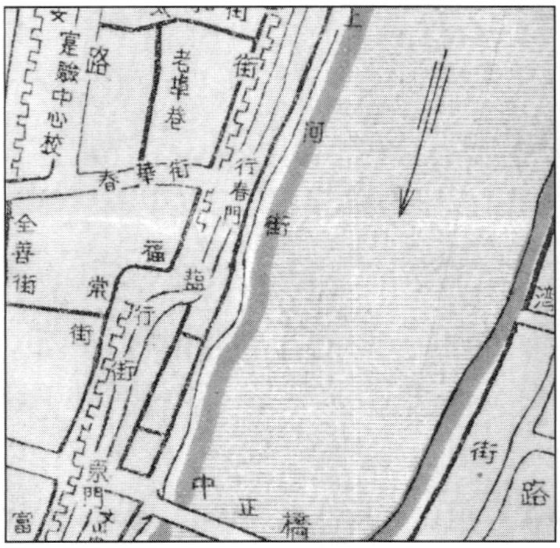

● 图 7　1944 年《桂林市简明街道图》

● 图 8　1947 年《桂林市城市图》

桁架结构的中正桥（1951 年改名为解放桥），由于上桥需要引桥来降低坡度，引桥就把原来盐行街通往东腰街的路给拦断了。光复后在废墟上重新规划城市道路，为打通南北通道，就借这条无名巷道修了东环路。

《桂林市志》收录的 1949 年桂林市人民政府工务科绘制的《桂林市城区图》中，盐行街、东环路和福棠街首次同时标注。（图 9）

在 1969 年“锁眼”卫星拍摄的卫星地图上，我们可以看到这三条南北向的几乎平行的路，西边为福棠街（时称“反封街”），中间那条就是原来的东环路（时称“上游路”），往南后拐向滨江路（图下方〉形状的粗白线），东边为盐行街。（图 10）

1963 年，从伏波山上向南拍的一张老照片上，这三条路也能分辨出来。（图 11）

1971 年，解放桥重建，将原来的钢木桁架结构改为空腹式混凝土双曲拱桥，在桥西端留了一个旱桥拱，这样滨江路就可以直线下穿解放桥，不用再拐弯抹角地走东环路了。

随着解放桥重建完成，滨江路也被拓宽和拉直，1973 年时，行春门到伏波山的城墙全部被拆除，盐街变成了滨江路北段，只留下了江边的部分房屋。到了 20 世纪 70 年代末，滨江路改造，江边的房屋被拆除，盐街也正式成为历史名词。

福棠巷的寿命比盐街要长。20 世纪 90 年代末旧城改造，福棠巷棚户区才被

● 图 9　1949 年《桂林市城区图》

● 图 10　1969 年“锁眼”卫星地图

● 图 11　1963 年，伏波山向南俯拍（尹文军供图）

● 图 12　福棠街、东环路和盐行街位置

拆除，这条巷道名字保留至今，但只有北段基本在原来位置，南段则完全改向。

根据历史地图、卫星地图和老照片提供的信息，福棠街、东环路和盐行街在历史上大概的位置如图 12 所示。

盐街的形成、发展和消失

从方志对街巷的记录以及舆图展示的信息来看，最晚到嘉庆年间，盐街尚未出现。盐街真正与“盐”“街”两字挂钩，应该出现于清代中晚期，这也与桂林盐业发展历史相吻合。

广西在清代和民国时期的版图并不沿海，北部湾三市（北海、钦州、防城港）当时都属广东，因此广西的食盐需求，主要依赖广东粤盐的运销。食盐和粮食运销是与民生关系最大的商业活动，食盐历来实行专卖制度，盐税在历朝财政收入中占有很大比例，因此盐务多为官府垄断，或官销，或督销。乾隆二十四年（1759），取消食盐官卖，招商运销，盐商开始逐渐走上前台。江西籍盐商李宜民敏锐地抓住了这次盐法变革的机会，成为乾隆时期广西有名的巨富。而且据光绪《临桂县志》：“乾隆五十五年，两广总督孙士毅奏请改归纲商……令众商厚集盐本，在广东河下合成一局，凡配运、完饷、养灶各事均属焉，是谓之纲商。”纲商为世袭，需要雄厚的资本。李宜民在长期盐业经营中形成的财力和影响力，帮助李家成为纲商，垄断了桂林食盐的运销，其子侄均承其业。

但盐街既称之为“街”，显然非李氏一家所能支撑，因此嘉庆《临桂县志》并无“盐街”这一称谓。时至咸丰年间，由于内忧外患，盐业受很大影响，为盘活盐业，广西开始实行票盐制。光绪《临桂县志》卷十七“盐法”记载：

自咸丰间纲商亏耗，无人承充。广东委员于梧州府设立官局，商民由局买盐，各处销售。县人食盐皆仰行商，盐法又变。

清末广东清理财政局编订的《广东财政说明书》卷四“盐课税厘”，对此记述更为详细：

西柜分埠五十七，而总其成于两大埠：曰临全、曰大江。自梧州府苍梧县沿河而上，凡桂林府属九州县、平乐府属五县，皆临全埠引地……两埠均归水客承办，由省河东关配盐给照，运赴梧州，特派委员驻梧督销。水客运盐至梧而止，自梧以上皆转发各江贩客，给以小票，任其分赴各属行销。

新的盐法施行后，官府的干预削弱了，任何人只要照章纳税，便可凭小票从事食盐运销。纲商对食盐运销的垄断被打破，普通商人经营食盐者多了，盐税收入不降反升。

另一方面，清代晚期的人口相比乾隆时期有大幅度的增长，食盐的需求也水涨船高。据梁方仲《中国历代户口、田地、田赋统计》一书的数据，广西人口在乾隆三十二年（1767）为470.6万人，咸丰元年（1851）达到782.3万人，增长66.2%。咸丰之后，在由纲改票的盐法变革以及食盐需求大幅增加的背景下，省城桂林成为桂北盐业集散地。行春门外的太平坊街和马家仓街，由于具备背城临江的地理优势，宜运宜商，经营食盐的众多票商选中了这里并汇集于此。北迄伏波山下两湖会馆、南达永济浮桥头三界楼的“盐街”称谓，开始逐渐形成，最后成为“官方认证”，出现在光绪《临桂县志》“街巷”中。

在清代晚期的盐法变革中抢得先机的，仍然不是广西人，而是来自湖南宝庆府以团结互助、吃苦耐劳著称的邵商们。从清末到民国，在盐街经营食盐生意的商铺有数十家，最鼎盛时达到70余家，主要商号有同孚昌、赵松记、李太和、李西元、申泰昌、李嘉和、同庆祥、刘厚生、源盛昌、万全金、义利成、李嘉顺、李西城、郑宜丰、龙泰来等，这些商号的老板只有两个是桂林人，其余几乎都是湖南邵阳人。

盐街除了卖盐，还兼有一道加工的程序，叫“熬盐”。因为进货的粤盐都是粗盐，颗粒大而且杂质多，如果想更好地用于调味，就需要经过煮熬加工成细盐。在盐街从事熬盐的多为桂林本地人，其中又以回族同胞为主，盐行街中段建有清真寺。

由于盐商在盐街云集，民国二十二年（1933）10月，桂林盐业同业公会成立，同业公会由七人至九人组成委员会，推选主席一人。第一任主席是同孚昌的老板尹叙安，至1938年改选赵浩生任主席（1939年起改称理事长），赵浩生经三次连选连任，直到1947年改选止。也许正是因为盐商们从1933年起有了正式的行业组织，在此后的官方文件和地图上，盐街被改称为“盐行街”。东环路建成后，盐街北段成为东环路的组成部分，而南段原庙巷口街，则一度改称“盐行里”。

盐行街虽以“盐”为主打，但其实街上行业众多，尤其是盐街南段原庙巷口街一段，山货、土产、杂货、粮食等一应俱全。据不完全统计，盐街还有以下商号：山货有廖广全、傅广元、梁永记、李西元、三合成、周义兴、廖万盛等；粮食有福成庄、新泰行、裕通商行、振胜行、巨丰庄、唐仁行、正大行、永聚行、源胜号等；民信局有荣记号等；糕点商号有张符祥等。

1949年新中国成立后至1958年合作化进程中，盐街的商业功能逐渐退化，变为以居住为主。不过熬盐的功能却保留了下来，原盐街清真寺被改作熬盐合作社，依然延续着盐街的传统。此外还有制作油纸、油纸伞的小工厂。

1972年新解放桥建成后，滨江路拉直了，成为桂林的一条南北干道，盐街房屋也逐步拆除。至70年代末，随着滨江大道建成，盐街终于完成了历史使命，消失在城市发展的进程中。

与盐街互为表里的福棠街，其功能以居住为主，浙江会馆的大门就开在福棠街。在盐街商业繁盛的时期，福棠街亦受辐射而衍生了一些商业化气息，街中回民也多从事熬盐工作。福棠街还有厚丰行新建号、联兴行、生昌行、华丰行、厚德行、群安庄、冠南号等粮食商号和永昌泰等山货商号。

● 图 13　20 世纪 90 年代的福棠巷照片
（图片来源：网友“民间桂林”拍摄）

当然，福棠巷在桂林历史中最值得说道的，莫过于原福棠街 2 号的广西同盟会桂林支部，这是清末同盟会的秘密据点，也是《南风报》的报社地址，该报宣传排清，鼓吹革命，起到了向社会各阶层进行民主启蒙的作用。辛亥革命后，巡抚沈秉堃宣布广西独立，广西继江苏后成为第二个由最高地方长官宣布独立的省份，这与广西同盟会桂林支部的努力和贡献是分不开的。

20 世纪 90 年代末桂林开展旧城改造，并重建解放桥，福棠巷被列入拆迁范围。这条与盐街关系密切的老街巷，发生了沧桑巨变，已经完全改造为现代居民区，巷道走向也发生了变化。但福棠巷的名称，却未如盐街那样消失，这个盐街周围街区仅存的旧街名，为我们保留下了那段历史的坐标。

尹文军，桂林市文物保护与考古研究中心研究室主任，桂林市历史文化研究院古建筑文化研究会会长

老盐街的熬盐厂

马顺德

老百姓俗话说："开门七件事，柴米油盐酱醋茶。"这充分说明盐和我们老百姓生活息息相关。老百姓天天吃的食盐不是天然的生盐，而是经过加工熬制的熟盐，俗称"白盐"，也叫"细盐"。加工熬制的地方就是熬盐作坊或熬盐厂，桂林老盐街，就有这样一个熬盐厂。

老盐街的熬盐厂，老一辈的桂林人无人不知，无人不晓。那时的厂址位置就是在过去称为"水东门"的老盐街盐行里，在现在滨江路靠前一段路的位置。毗邻漓江河畔，熬盐厂不仅在老盐街上，就是整个桂林城也都很有名气。

食盐起源

据史料记载，我国食盐起源于五千年前，我们的祖先发现海水晒干后可获取食盐，后发展到用土罐来煎煮海水获取食盐。20 世纪 50 年代，在福建出土的文物中，其中有煎盐器具，考古证明在仰韶时期古人就已经煎煮海盐了。《世本》记："黄帝时，诸侯有夙沙氏，始以海水煮乳，煎成盐。""夙沙氏"被称为"盐宗”。这是“熬盐”的雏形。

历史上，桂林也有官办盐务的记载。《桂林市志》载，清乾隆二十三年（1758），李宜民（商名李念德）从江西来到桂林，发挥组织能力，保障了广西食盐供应。他负责全州、临桂等地盐务，这里成为粤东地区缴纳饷费最多之地，他于盐务“最谙练”，是两广办理盐饷的可靠之商。古时，桂林的盐商多，盐务繁忙，盐行生意兴隆。

熬盐厂历史沿革

据史料记载，秦汉以来的桂林郡就有盐商及盐道，现在均可找到当年的历史痕迹。据《灵川县志》记载，灵川灵田村旁的长岗岭“古马盐道”就是湘桂两地的盐商曾经运输食盐的古道。追根溯源，当时有走长江水系从“湘漓分派”的古灵渠而来的湖南、江西官盐，有走珠江水系而来的广州、梧州的粤盐。这说明当时桂林的官盐及民间盐商经营贩运的盐路非常发达。

桂林盐街是粤西盐的一大中转站，运盐船队从梧州溯桂江至桂林，自水东门至行春门河岸的500米地段便成卸盐码头，逐渐由贮盐之地而成为盐场、盐栈，再发展成盐街。桂林盐街不仅有大盐商，而且还有经营与盐有关的杂货行业和熬盐作坊，盐街差不多有80%的人家经营与盐有关的生意，光熬盐大小作坊就有20来家，规模大的有麻兴记、马合祥、裴记等几家。麻兴记最早在老盐街的“盐街清真寺”旁开办着较大的熬盐作坊，熬盐锅有8口之多，生意兴隆。不仅如此，麻家作坊所雇的人大多数是“围寺而居”的当地回民，一时为社会解决了许多困难回族乡亲的就业问题。

1934—1939年，抗战时期，大量的逃难者涌进和滞留桂林，据桂林抗战史料记载，仅逃难人口数量一时就高达50多万人，一时间食盐供应紧张，加上桂北和湖南一带食盐也由桂林供应，桂林盐街仅经营盐业的商家就增至40余家。

1938年11月前后，日本侵略飞机疯狂轰炸广西省会桂林，在日军飞机狂轰滥炸下，仅王城东华门和漓江两岸的行春门、伏波门、水东门，处处着火，千余间房屋倒塌，惨不忍睹。当时的老盐街大小熬盐作坊也几乎夷为平地。一些回民被迫临时搬出盐街另谋生计，如麻兴记商铺被迫举家迁到中山南路（即现在的西城路口斜对面）继续经营，只将熬盐作坊留在盐街继续生产。

据我母亲夏淑芳回忆，民国时期，桂林还没有熬盐厂，桂林食盐的供应都是由一些祖传老字号盐商的熬盐作坊提供。同时，散落在民间的个体熬盐小作坊的小商小铺辅以供应。

解放后，国家实行盐业专卖政策，设置盐务管理机构，随着行业、产业调整和发展需要，1956 年开始对旧社会留下来的私人工商业、小作坊手工业者等，进行大规模的社会主义工商业改造，原来的个体盐商逐步停业和转行。大点的行业、产业国家实行赎买政策，划归国家所有，一般的行业、企业基本公私合营了，民间个体手工业改造成为集体合作社。老盐街的熬盐作坊等，以几家较大的作坊为基础，整合改造成集体所有制的熬盐生产合作社，没多久合作社便更名为桂林市熬盐厂。我母亲夏淑芳担任熬盐厂厂长，我二姑妈马征文任厂妇女主任。熬盐厂隶属桂林市第二轻工业局和桂林市手工业联社管理。

我从小跟着母亲和姑妈在熬盐厂里长大，耳闻目睹熬盐厂的点点滴滴，也见证了母亲为办厂付出的巨大努力，回忆起来很是敬佩。她老人家荣获过先进工作者、优秀党员等称号，1962 年还当选为广西壮族自治区少数民族代表团赴京参加国庆观礼代表，受到国家领导人的亲切接见。

● 2017 年，96 岁高龄的原老盐街熬盐厂厂长夏淑芳（左二）向前来拜访的麻承福（左三）讲述熬盐厂的旧事（马顺德供图）

盐街清真寺及附近回民

讲到盐街熬盐厂就不得不讲盐街清真寺。因为盐街熬盐厂是由盐街熬盐生产合作社转变而来的，熬盐生产合作社最早的熬盐作坊和办公室就是借用盐街清真寺的闲置房屋。盐街清真寺是桂林一座古老的清真寺，又称东外寺，始建于清代嘉庆十三年（1808）。过去回族群众有个习惯，一般都是围寺而居，盐街清真寺也不例外。当年围寺而居的回民有汤姓、翁姓、以姓、马姓、宋姓、白姓、麻姓、张姓、李姓等 20 余家，大多数做着与盐有关的生意和饮食业，也有几家做山货生意的，如马介甫的惠沅号、马朝雾的信兴号、宋行之的宋洪盛等山货行。民国二十七年（1938）日机三次轰炸桂林，盐街清真寺、西巷清真寺等四座清真寺被炸毁。经回民捐款仅修复礼拜大殿。先后在盐街清真寺担任阿訇的有汤玉卿、张月德等，他们都是老盐街的住户。汤玉卿阿訇主持盐街清真寺期间得到麻兴记家很大的支持。

● 汤祖发（左三）2002 年参加桂林市清真寺史料调查时，讲述他年轻时在盐街清真寺协助父亲汤玉卿阿訇办学的经历。这是他和桂林市清真寺史料调查组成员（左起张竞、白先猷、汤祖发、麻承福、常启明、白晓军）在西外清真古寺的合影（汤杰供图）

汤玉卿阿訇之子汤祖发从成达师范学校毕业后，先后在大圩、六塘清真小学和乐群小学当老师，寒暑假都来盐街清真寺协助父亲开办伊斯兰假期培训班。所有课桌椅都是由麻家捐助的，还在开斋节、圣纪节给清真寺捐灯油钱、麦子钱等善款。从乐群小学教导主任退休后的汤祖发还给麻家后人麻承福讲述当年两家交往的旧事，汤玉卿的孙女汤杰曾任桂林市副市长、市人大常委会副主任，汤、麻两家后人现在仍有往来。1958 年因盐街清真寺附近回民陆续迁走，盐街清真寺宗教活动的人数减少，就近与当时的西巷清真寺合并，将盐街清真寺的地盘和寺房全部租给熬盐厂扩大生产，直到 1993 年因修滨江路和河堤时，该寺被拆除。

麻家为清代桂林回族名门望族，其后人十代班辈字号为：锡瑞士芝学，守典承先泽。在朝阳乡横塘村附近麻家园回族坟场，葬有光绪年间皇清诰封武功将军、皇清诰赠建威将军麻公芝庭、皇清诰封一品夫人麻母宋太夫人等士芝学辈先祖的家人墓。

麻家后人从守字辈起就有后人在盐街居住和经商，盐街上的四户麻家，除一户是 1931 年从湖南衡阳县西渡乡迁来的汉族外，其余三户麻姓都是桂林回族同一支系的近亲，其守典承先四辈人都在盐街生活过。

麻兴记的继承人麻典模（又名麻智民），从经营熬盐作坊起到参加熬盐生产合作社，直到在熬盐厂退休。几十年来，重视家风家教，靠熬盐养育四子。老大麻承贤（又名麻继能）长期在市商业局、市供销社、市外贸局工作，曾任继发贸易公司总经理；老二麻承圣第四野战军武昌军械学校[①]毕业，参加抗美援朝回国后随部队驻守新疆，是卫国戍边献了青春献子孙的新疆生产建设兵团的骨干；老三麻承勋为南溪山医院耳鼻喉科主任、教授级主任医师，曾代表广西学科专家赴瑞典斯德哥尔摩参加世界学术研讨会；老四麻承福曾是《桂林日报》记者、市直机关委办局负责人。

另外还有两户麻家人，其中一户麻典昆，其子麻承富（又名麻应潮）。20 世纪 20 年代初，孙中山在桂林设立大本营北伐时，动员民众筹集兵员，麻承富听从孙中山先生的教诲和招募，从军北伐，一直随北伐军打到北京，立下战功，后来授上校军衔。其大女麻荣秀（先字辈）为熬盐厂老职工。其子麻精诚（先字辈）曾任桂林机床工业公司党委书记。另一户麻家人中，麻守林曾在盐街开设麻广隆

---

① 前身为 1949 年 5 月从沈阳迁入武汉的第四野战军后勤青年干部学校。1950 年改名为第四军械学校，以培养初级军械技术干部为目的，隶属军委炮兵领导。

● 2020年，麻承福（左三）拜访老盐街清真寺老阿訇汤玉卿的儿媳、92岁高龄的张琼瑶老前辈（左二），聆听她回忆当年的盐街清真寺往事（汤杰供图）

商号，也是经营食盐和杂货生意，经纪人麻守林的后代有桂林芦笛装饰城总经理麻先义及其后人。

三户麻家人与盐街熬盐厂都有密切关系。

熬盐厂概况

当年的熬盐厂生产车间是用杉木搭建，整个车间搭一整个大开间，上面的木桁架盖上小青瓦，厂房相当简陋。

熬盐厂职工人数有60—80人，大多数是女性，多为民国时期和解放初期在民间熬盐作坊熬过盐的个体手工业者。后来也招收了一些社会青壮年作为劳动力补充。

盐的品种，分生粗盐、熟盐，自古以来，平民百姓以食生粗盐为主。20世纪60年代前，桂林居民还比较贫穷，还有相当一部分人用的食盐都为原始晒制的粗海盐。这些盐的颗粒粗、杂质多、品级低，有黄豆那么大，多为菱形状，晶莹剔透。食用之前，有些百姓先将生粗盐磨碎再用，也有用盐罐将盐泡成盐水用之。

盐的原材料来源，由国营盐业公司供应，地点在原北极路，北门大坡顶段右边的盐仓，也有部分从漓江上游的桂林虞山庙货运码头进货。

当年盐厂的生产原料、燃料、盐产品的运输工具，都是以人力板车为主。最初的人力板车是长手把板车，手把长 1.2 米，接着是木框矩形兜，箱兜深 0.3 米，宽 0.9 米，板车全长 2.5 米左右，后来发展到用有内充气胎的板车。从资料统计看，当年拉盐的板车有 10—12 架。据老工人回忆，每一板车可载重量 500—1000 公斤食盐，一年运回来的生盐和运出去的熟盐总量在 400 万—600 万斤。

熬盐厂熬出的盐，除在桂林本地及广西销售外，也销售到湖南、江西和广州等地方。凭借漓江水道，盐运可谓通达三江。

大小作坊和合作社时都是烧柴火熬盐，成立熬盐厂以后熬盐的灶具是锅灶组合一体的，称为“组合熬盐灶”。它左边有一个独立火口，右边有一个独立火口，

● 当年熬盐厂里的组合熬盐灶（罗克中插图）

两个火口并列砌筑一起，中间砌有一道火墙，形成组合熬盐灶。

熬盐的锅具规模，以灶组统计，一组灶有六个生铁质的大口径扒锅，左右各三个锅，两边盐锅按排序为熬盐一锅、二锅、三锅，均直线串联。当年熬盐厂设有 16 个左右组合熬盐灶，熬盐大口径铁扒锅 96 个左右。

过去作坊规模小，只用滤缸，厂里生产规模大了才用盐池。熬盐时，先把运输回来的粗生盐从厂盐仓库里由工人一包一包抬放倒到一个大融盐池里，用水慢慢地冲浸融化。这个融盐池有 75 立方米。池子分为上层、下层，中间设一平面架空的过滤层。上层用于堆放倒入的生粗盐，下层是储存融化的浓盐水，中间的过滤层铺垫多层稻草编织带和麻带。融化的盐水通过中间过滤层将杂质过滤掉，流到底层的储存空间。然后通过专用管子将净化的浓盐水引到另一个 18 立方米的浓盐水池储存，再由工人用木桶倒入熬盐扒锅里。一木桶浓盐水有 15—20 斤。在煮熬的过程中，还要添加一种叫“明矾”的化学添加剂，明矾在盐水沸腾过程

● 粗盐浸泡过滤池（罗克中插图）

● 成品细盐过秤（罗克中插图）

中起到了净化作用，析出盐水中的杂质，在盐锅表面浮起一层暗灰色的泡泡，工人们管这种泡泡层叫“沫”。

97 岁高龄的老工人马玉珍告诉我说，那泡沫好邋遢的，要不停地捞出去，才能熬得出漂亮干净的盐来。经几个小时的熬制，沸腾不止的盐水水分不断蒸发，我们再用第一个盐锅（即头锅）将已成形的白盐从锅里捞起，然后用二锅、三锅集中垒起，“搭”（盐厂的行话，意为铲）到架在锅上的一个井形木字架上的盐箩筐里滤干，而后“下盐”（盐厂的行话，意为抬走）、过磅、记账、入库，一箩筐堆满的盐重量在 120—150 斤之间。

熬盐的燃烧材料，主要以烧谷壳（俗称老糠）为主。一年到头烧的大量老糠，主要来源于桂林北门的大米加工厂，小部分从附近农村碾米作坊收购。

后来，为提高能源的燃烧率，改试烧煤球，把烧糠灶改为烧煤灶。那年头因资金短缺买不起机械设备，只能手工制作煤球。1963—1964 年，熬盐厂为了提高熬盐的传统工艺水平，提高产量，大搞技术革新，聘请广西师范大学的物理系教授到厂里搞了一个现代化的电热阻熬盐工艺。由于熬盐锅是用钢板焊接起来的矩形方箱，抵挡不住高温下高浓度的盐水腐蚀，结果以失败告终。

盐厂采用三班倒的工作制，工人劳动强度大，在生产高峰时，盐雾腾腾盖人盖脸，有时一两米内都看不见对方的工人操作，热天更是满身大汗，劳动环境十分恶劣，但是工人的那种不怕苦、不怕脏、不怕累的劳动态度非常值得敬佩。

在我的记忆中，母亲对熬盐厂的管理非常严格，自己更是以身作则、处处带头。小时候，我家的生活用盐都是到外面杂货店买的，一旦家里没盐了，母亲就给我 1 角 5 分钱跑到解放桥下坡左边的“天记杂货铺”买一包盐回家用，她从不在盐厂拿一粒盐回家。当时的盐包装非常低端简陋，现称现卖的用粗草纸或干荷叶包装，已包装的半斤盐只用黄旧的草纸做成三角形装并用草绳捆绑，一斤装的为厚牛皮纸做的长方形袋子。不像现在的食盐，包装得那么“高大上”，光亮夺目。

随着桂林城市发展建设需要，熬盐厂于 1974 年逐步转行迁出了老盐街的盐行里，从 1956 年到 1974 年止，熬盐厂在盐行里整整生产经营了 18 年，总共生产经营精细食盐 6000 多万斤。食盐通过大街小巷的专卖店、杂货铺出售，成为桂林老百姓厨房里和餐桌上的必需品。

● 2020 年，原熬盐厂厂长夏淑芳 100 岁高龄时，在二儿子马祥仁的陪同下，参加老盐街的街坊联谊座谈活动（马顺德供图）

熬盐厂生活小趣事

从小我就跟随父母在熬盐厂生活，几十年过去了，那些在盐厂的生活趣事依然记忆犹新。

我们经常利用盐沸水煮饭、炒菜。找一个洗干净的瓷脸盆，把米淘干净，放进盆里加好水，然后盖上木盖子，放在沸腾的盐水锅中浮着，既可煮饭又可炒菜。这种土办法一次可煮五六人的米饭，不到20分钟，饭菜就能煮熟了。当班的工人还要简单，把淘好的米放在漱口盅里，加一个蛋或几片肉，盖好盖子，半埋在盐锅里，十来分钟就可以煮成熟饭，既方便又快捷。当班工人很少出去吃饭的。

寒冬腊月时，盐厂里一帮还没有上学或者读书放学后的小孩子，因天气冷一股劲窜到盐灶台两个烟筒中间取暖，有时还能烘烤被雨水打湿的衣裤、布鞋、袜

● 熬盐厂部分老职工合照（马顺德供图）

子。回忆起来，那种感觉很舒服、爽神。

一帮会吃又调皮的职工小孩，一到放寒暑假的时候，用扒谷糠的铁火棍从灶底部扒出滚烫的老糠灰，老糠灰温度高达 100 多度，把生红薯或生苞谷放进灰里“闷烤”十来分钟，吃起来又脆、又酥、又清香，大家抢着吃。

点卤治病，是民间的一种土方，点卤治病的卤指的就是浓盐水。它可治疗口腔炎、疖疮等皮肤炎症，在民间广泛流传。过去我们小孩子的一些小毛病都是老人家用卤给点好的。

熬盐厂搬迁

1974 年，熬盐厂迁出老盐街，原因之一是落后的生产方式不适合居民多的地方。熬盐的燃料，虽然从烧柴火到烧木糠、谷糠再到烧煤，不断改进，但还是污染周围环境，跟不上生产形势的需要，人们食用的细盐已由国营盐业公司大型先进的机械化加工设备统一生产供应，熬盐厂的生产规模越来越小。加上老盐厂道路狭窄，房屋破旧，正是需要全面改造的城市地段。

熬盐厂搬出盐行里后一分为三：有分配到漓江化工厂（又叫“811”厂）的，有分配到帆布家具厂的，有分配到消防器材厂的。另有一部分老熬盐厂的职工搬迁到六合路七星岩后门的岩洞里继续搞些小化工产品生产的，但是最终还是被停办取消。

1974 年，桂林市第二轻工业局又把消防器材厂、化工“811”厂、帆布家具厂合并为两块牌子一套人马的消防器材厂、帆布家具厂，夏淑芳继续任厂长到退休。

2021 年 3 月 28 日，曾经在熬盐厂当了 18 年厂长的夏淑芳去世，享年 101 岁。

马顺德，广西壮族自治区水利厅原厅长助理，原桂林水务局局长，高级工程师

行春门、盐街和大盐商李宜民

李超英

沧海桑田，物换星移，岁月随漓江水流逝。

除了山水依旧外，桂林城市的变迁是天翻地覆的。但是，我们依然能从尚存的老街老巷中窥见岁月的痕迹。盐街，就是一条这样的街巷。它承载着满满的回忆，静看桂林城市的变迁；它见证过桂林的码头经济，经历过桂林城文化的繁荣与活跃；它目睹过桂林人民抵抗日军侵略的血战；它还是新中国成立后桂林经济发展的基地之一。

总之，每一位老桂林人心中都有一条盐街，无论是暖色调还是冷色调，都是鲜活的前尘往事。

聊到盐街前，不妨先从行春门谈起……

行春门，漓江西岸的重要地标

行春门，漓江西岸的重要地标，桂林盐街便是依靠这段城墙形成的。

根据文献记载，行春门城门的位置，在今东华路与滨江路交会处的东华路东口。

古代桂林的盐街临漓江一带由南而北有三个城门，分别是东江门（水东门）、行春门和癸水门（伏波门）。行春门处于中间段，在癸水门南。

行春门始筑于唐大中年间（847—859），为桂州外城之东门。宋余靖拓宽并加固桂州外城垣，将之筑为六门，东门为临江二门中的北面一门。“因位于东方，为生发万物之地，故名行春。赵经略使创筑沿江泊岸石城，城门门址东移至江岸，即今东华路东端，距今也已 730 余年。若自唐代始筑算起距今已 1100 余年。”①

行春门城门名称亦于南宋《静江府城池图》有标注，在该地图上，行春门是漓江西岸三座东门中的一座，也是沿用南宋静江府城池外城墙城门之一，规模与癸水门相同。

在宋代，静江府城池曾多次修建。其中以南宋宝祐六年至咸淳八年（1258—1272）投料投工最巨，费时 14 年之久，这其中有四任经略安抚使修城。拓修后，静江府城往北至观音阁，西至今翊武路，南达榕湖杉湖，东濒漓江，比唐代时的旧城扩大约一倍，面积 2 平方公里，东有就日门、癸水门、行春门和东江门，南有南门和威德门，西有丽泽门和宝贤门。筑城毕，地方官府刻《静江府城池图》于桂林鹦鹉山南麓。城池图拓片今存于桂海碑林博物馆。

《徐霞客游记》中也有对行春门的记载：“桂林省城东临其上。……城之临水者，东北为东镇门，南过木龙洞为就日门，再南出伏波山下为桂水门，又南为行春门，又南为浮桥门，此东面临江者。……”

由此可见，桂林自建城后历朝历代，直至民国，行春门一直作为地标式的城门存在。

元代，桂林城池基本承袭宋代，至正十六年（1356）进行了一次大规模维修。由元将也儿吉尼率 5000 军民历时近 4 年，将原来的土筑城墙全部砌成石墙，开 14 个城门。其中东面有就日门、癸水门、行春门和东江门。

明初扩建桂林城池，将唐宋子城南、西、北三面隔断墙拆毁，行春门依旧是桂林东城三门中的一座。

大约从明朝中叶开始，沿边城外一条商业街道取代了曾经的军事禁区，称古盐街，依靠行春门与城内商业街道连接。

至清末，桂林府城计有城门 11 座，东门为东江门，南门为宁远门，西门为

---

① 韩光辉：《应用历史地理研究》，济南：山东教育出版社，2007 年，第 258 页。

丽泽门，北门为安定门，其余门为东镇门、就日门、癸水门、行春门、文昌门、武胜门、西清门。[①]

这些城门上都建有城楼，有的是一层楼，有的是两层楼。行春门上的城楼就是单层的。

查看不同时期桂林城的地图发现，行春门所处的位置十分特殊，即漓江城市段中央，背靠靖江王城。

南与东江门之间有著名的逍遥楼、湘南楼，往东临漓江有行春门码头，码头的地势平缓，方便人们上下船，在以水路运输的年代，此为进出城的重要通道。同时也方便卸货转运，为南来北往货船的中转停留之地。

而东江门也有个大码头，俗称水东门码头。北面有癸水门紧邻伏波山，溯江而北，则渡口、中小码头林立，于是就形成了四通八达的水上交通网络。

王城边的建筑多为官府机构以及达官贵人的宅邸，兴旺的人气支撑了这里的繁荣，临近漓江河码头而生长出来的商业街区，使得这里热闹非凡，据记载，这些街区除了经营食盐外，还有山货和土特产铺子、丝绸和金银首饰铺、中药铺等，生意兴隆，可谓遍地流金。

灵渠和桂柳运河的凿通，经历朝历代的不断整修，以及相关津渡的完善，使清代的桂林水路上通中原下通岭南，占据着区域交通运输网络中的最有利位置。

史载，桂林“当楚粤之交，踞衡湘苍梧之上游，桂岭盘耸，漓江驶发，建瓴而下，扼左右两江之吭”。清初桂林城“通衢之广衍，阛阓之阜盛”，有“都会之府”的美誉。水路运输的活跃带来了港口的繁荣，桂林港因此而成为广西和岭南岭西的中转站，广盐行销西进及北上要通过桂林港，广西的稻谷等农副产品北运，桂林港则是中转地，然后通过兴安的灵渠入湘江进入京杭大运河一路向北，而中原各省的货物也源源不断沿湘江进入灵渠运到桂林。那时候的运输船已经颇有规模了，以平乐北上桂林的货船为例，夏季水丰时，有载重七八万斤的船至下游而来，秋冬二季亦可载重万余斤之民船运输货物。[②]

清代中期，桂林因商业发达而成为商业中心，乾隆年间，桂林东门桥一处征收的年杂税就达五千四百多两。[③]

---

① 《桂林历史文化大典》编委会，桂林市文化新闻出版广电局，桂林市文物保护与考古研究院主编：《桂林历史文化大典（上）》，桂林：广西师范大学出版社，2018 年，第 36 页。

② 方光汉编：《分省地志 · 广西》，上海：中华书局，1939 年，第 158 页。

③ 谢启昆修：《广西通志 · 榷税》，清嘉庆六年（1801）刻本。

行春门因地理位置特殊，在依靠水路运输的年代里，独领风骚，人文历史也都十分丰富。

民国十八年（1929），在桂林刘鸿记印制的《新制广西桂林街道全图》中，行春门城墙及城门洞均完整，但是城门洞上已不见城楼。此时的行春门仍然行使着城门功能。当年商务印书馆印行的《中国旅行指南》（增补本）载：“（桂林）城门，均晨五时启。就日、伏波、行春、丽泽及北门，均夜七时闭。”

此后，作为城门，行春门已失去了城门功能，然而行春门城门洞和它前面临江的码头依然存在，成为人们乡愁记忆的城门符号。

比如，说到逍遥楼和湘南楼所在位置时，大都这样表述，说两楼在行春门与东江门之间。

香港作家罗孚（柳苏）曾在《丝韦卷》中写道：

我是喝漓江水长大的，我的家就在王城旁边，以前在“三元及第”的城门边，后来搬到了“榜眼及第”的城门外面，外城是行春门。我似乎没有见过行春门，它早已拆毁了，但“行春门外水云凉”诗句总是留在我的心底，有时还泛上心头。小时常随姐姐们到行春门外的河边洗衣裳，大了就跟兄辈的青年人到木龙洞外的河边去游水。

此刻，那行春门也只是海外游子心中的乡愁符号了。

资料记载，抗战时期，桂林最早的一家黄记马肉米粉店开在漓江边的行春门旁边。

行春门，曾经是漓江的重要港埠，带来了沿河街区经济的繁荣昌盛。桂林著名的商业街——盐街就依靠这里而生长。

桂林盐街与大盐商李宜民

人们习惯上所称的桂林盐街，南起现在的解放桥西头，北至现在的伏波山，也可以说现在滨江北路的一段统称作盐街。

桂林盐街起源于宋代，史料记载了宋代范成大广西治盐之政绩。范成大乾道九年（1173）知静江府时，“力请于朝”奏状云“作官卖盐为第一事”。因为“粤西兵饷，半藉盐运”，并且盐为民众生活的必需品。[①]

广西不出产盐，盐运和售盐可征到税。因此，广西立盐场于梧州。汉苍梧郡曾设盐官，宋有漕司，明设盐运司。从广东买盐用“十丈木马船”运至梧州，等候桂林船转运，一路山高水险，顶烈日，冒雨雪，一年一运。

桂林的盐街是粤西盐运的一大中转站，盐运船队从梧州溯桂江抵达桂林，而水东门至行春门河岸，则为卸盐码头。沿岸的贮盐之地，由盐场、盐栈而渐渐发展形成盐街。盐运商船泊集，樯桅如林。

如此看来，桂林盐街自宋代就有。然而这盐街不是那盐街，宋代的盐街和清代中期之后的盐街没有可比性。

桂林盐业的运销真正形成规模，对岭南岭西以至全国经济产生重大影响，是在乾隆二十三年（1758）李宜民承充广西临全埠商之后。所谓“临全埠商”者，乃临桂、兴安、灵川、阳朔、永宁、永福、义宁、全州、灌阳、平乐、恭城等十一埠专商之统称。

《桂林市糖烟酒志》载，清乾隆二十三年食盐改由商行经营，“临桂等官埠概行召商承充领销”。于是桂林盐业迅速崛起，漓江西岸水东街，80% 居民经营盐业，且商人为湖南、江西籍居多，被誉为“盐街”。“广南商贩到，盐厂雪盈堆”，生意十分兴隆，而这位盐商，就是李宜民。李宜民将广东海盐经梧州运抵桂林，不只供应桂林周边地区，还通过北上兴安的灵渠进到湖南等地销售。

如上所述，清乾隆二十三年这个时间点十分重要，正是从这一年开始，两广大盐商李宜民承充广西临全埠商盐业运销。而清代中期以后桂林盐业的发展兴旺，关键就是有了李宜民这样的大盐商。

李宜民（1704—1798），字丹臣，号厚斋，江西临川人，寄籍广西桂林。清代两广著名盐商，商号名：李念德。宜民为贡生，以孙李宗瀚贵晋赠光禄大夫工部左侍郎。[②]

宜民少年时丧父，寄居在舅舅家，后来用变卖祖屋的钱财到湖南、湖北等地做生意，都失败了。雍正七年（1729），李宜民“以笔一枝，伞一柄”来到桂林谋生，那时候他只有 26 岁，开始凭一手好字佣书自给，待积有余财，就与朋友到太平土司少数民族地区进行贩运贸易，把食盐之类的商品贩运过去，再把土司地区特产转

---

① 转引自潘伟胜：《邕州盐道》，南宁：广西科学技术出版社，2011 年，第 39 页。
② 引自《李氏族谱·东素美二德大房》。

● 李宜民画像

运出来，虽然利润很高，但是赚的是辛苦钱。土司地区布满瘴气，以致同往做生意的五人都因“瘴病”而亡，宜民也病倒了，躺在地上动弹不得，幸得好心人指引他去喝水解除了“瘴毒”保住了性命，于是他用自己全部的积蓄把去世的五个朋友运回桂林安葬，其义行颇受人们赞赏，生意伙伴都十分信任他，因此生意亦越做越大。之后又在官府的支持下主持广西食盐官卖，“不二十年，致富百万”①。

乾隆二十三年，清政府取消食盐官卖，招商运销，当时商人们心存疑惧，无人敢应，最后推举李宜民牵头承办，后来政府又加重了盐税，各商全部退出，盐务由李宜民一人总理，进而以商号名“李念德”承充广西临全埠商。嘉庆《广西通志》云：“乾隆二十三年，总督惩官运之弊，奏请募商当事，遂以临全商属宜民承焉。”

李宜民是一位颇有胆识与智慧而又侠气的知识商人，在总理临全埠商盐务的

---

① 袁枚：《随园诗话（上）》，北京：中国戏剧出版社，2002，第296页。

过程中，他“规画公利，岁发巨舶百余艘”，使盐业日有起色，供应充足。至乾隆末年改埠归纲时，李宜民承充了包括桂林、平乐、梧州三府在内共计十五个盐埠，称临全总埠。

据道光四年（1824）九月两广总督阮元、广西巡抚康绍镛奏言：“李秉礼、李秉绶等故父，先年承充临全埠商，李念德系其商名。……李念德未承充以前，临全埠即因亏欠饷课革办。自该商领办十一埠后，年额饷课得通纲七分之一。数十年来尚无逾期不完，有烦比追之事。是李念德稍为两粤办饷可靠之商，临全亦为粤东引饷最重之埠。”“临全埠商经由李宜民的创始和经营，‘引乃畅销’，成为两广盐政中销引、完课最多的重要商埠；李宜民也一跃成为桂林乃至广西、广东资本最为雄厚的富商巨贾。”[①] 其家族一跃成为园林半城，富比王侯的鼎食望族。

此时，李宜民主持的李念德商号的经济实力亦达到能够影响当时全国经济的程度。左步青先生在《清代盐商的盛衰述略》中称：“史籍上留名的乾隆年间的豪富商，……粤商有李念德、李廷实、胡大展等。他们的巨额商业资本，对全国的经济都有极大影响。”[②]

关于李宜民发家致富的故事，在桂林以至全国都有许多版本，比如台湾作家王禄松散文《那雪夜中的炭火》记载：

清代，临川有叫做李太翁的，穷困潦倒，身无长物，只带了一把雨伞，形单影只地到广西去谋生，那时他已经50余岁，多方奔走谋求，都不得志。直奋斗到64岁，才积聚了8000金，娶了老婆回故乡，但在还乡途中，遇了旧友某通判；其时某通判因亏空公款，被拘押问讯，班荆永诀，悲不自胜。李太翁急急以一生所积的8000金，赎回旧友，自己便又变成空无一物的倦旅了。

……

不到三年，那位通判升官至粤西的总管，恰好盐埠乏人任职，便请李太翁前往；那位通判走马上任后，开藩库，借了5万金给李太翁做资本，李太翁奋力经营，无往不利，至80岁那年，已赚了300万，活到95岁，而生前犹见其孙春湖入翰林。

---

① 转引自林京海：《李宜民承充广西临全埠商述略》，载《社会科学家》，1998年第1期。

② 转引自左步青：《清代盐商的盛衰述略》，载《故宫博物院院刊》，1986年第1期。

该翁60岁以前，早衰多病，到70岁以后，体格转健，齿落复生，82岁还生了一个儿子。而在广西、江西，凡是慈善事业，没有一件没有他的份。

清代梁恭辰《北东园笔录初编》亦记载有这回事，内容与前文大同小异，而且此文的作者与李宜民六子李秉绶是至交，这也是最接近事实的。而清代史料笔记丛刊《水窗春呓》之《异才致富》也说到了这个故事。

姚古、秦一的图书《桂林板路十不料》，朱钧豪的文章《盐业巨商李丹臣》〔收录于《桂林老板路（上）》一书〕中，记述的李宜民发家故事与事实略有出入，但也是讲李宜民善于助人的侠义热肠而至发大财。

此后的岁月，以李宜民为迁桂始祖的“临川李氏”家族英才辈出，入翰林者两人，高中进士者四人，中举者众多。儿孙中如李秉礼、李秉绶、李秉钺、李秉铨、李宗瀚、李宗潮、李宗湝、李宗瀛、李联琇、李翊煌、李翊燸等人，先后官居显要，并且在诗文、绘画、鉴赏、收藏、经史、书法等各文化领域中成就卓著。因此，那时候的“临川李氏”不仅雄于财，而且是“多仕宦”的文化世家。

自乾隆二十三年李宜民承充临全埠商，由梧州回桂林定居，一直居住在桂林直至终老，可以说他的盐业等多项商业贸易是在桂林发展壮大的。盐街的分销商人，都在经销李宜民从广东运来的盐。他运盐的大船队由广东经西江、桂江到达桂林，正应了那句话：“盐厂雪盈堆。”分销的、熬盐的老板们都忙碌起来了，江边卸盐、搬运进仓、堆盐、熬盐，人们穿梭在盐街和行春门、东江门码头之间，而把雪白的盐卖出去，赚回来的是白花花的银子。

桂林作为东盐在湘江流域的集散市场，位于滨江路漓江河畔的盐街，八成以上的居民经营盐业。清中期每年由桂林运至兴安再分销到湘江流域各盐铺的盐，来源于本地的大盐商，向他们批购进来，门市卖给零售商、肩挑小贩、杂货店、熬盐户。而最大的盐商，是李宜民。

兴安是临全埠商中的重要盐埠，灵渠是广西盐业运输中的重要交通枢纽。位于灵渠西岸的三里陡村，为清代盐埠，是重要的食盐集散地，经考证，这里是李宜民存放食盐的大仓库，现存遗址显示，储盐仓面积近千平方米。这里还出土过一个大石秤砣，重量达105公斤，今存灵渠公园内展厅，人称“中国第一砣”。由此可佐证当时的盐运规模是十分巨大的。

李氏故宅老埠和湘南别墅

李氏故宅被称作老埠，李秉礼书斋和李氏子弟读书的学堂叫作湘南别墅。

李宜民的盐业运输依靠西江—桂江水系的河流，而盐街前面的行春门码头、东江门码头等是转运的重要港埠。

研究发现，李宜民家族几处重要宅邸和园林都围绕着古盐街而建。清代的交通不发达，这样的布局一来方便管理盐务运输，二来方便和食盐分销商的生意往来。

行春门内的老埠大宅是他的故居。虽然没有文献资料全面介绍这个带有园林的宅院，但是从清代文人的部分篇章中可以看出其规模。

比如，况周颐《蕙风簃二笔》云："咸丰年间，临川李氏为粤西鹾商巨擘，故宅在临桂东北行春门内，极园亭树石之盛。其后李氏陵夷，归吾外王舅南丰赵子绳准，今为八旗奉直会馆。"

经考证，文中所说的李氏故宅，就是李宜民故居，地址在今天的东华路气象台宿舍至中华路小学一段，两者之间还有个著名的老埠巷（在近几年城市改造中消失了，目前仅存路牌）。这个小巷子很窄也不长，也就是十几米的长度。最初应该是李氏大宅院里的一个通道。

中华路小学是李氏老埠大宅的园林遗址，现在小学校园内还保留了一小块水榭遗迹，竖有桂林市文物局立的重点文物保护牌，清楚说明这里是古代私家园林的水榭遗址。其实这里就是当时的李氏"我园"。高密派诗人李宪乔与著名诗人李秉礼交情深厚，乾隆四十五年（1780），李宪乔在广西岑溪县任知县，与李秉礼因诗歌往来甚密，他在一封给其兄的家书中写道：

> 松圃相重爱之情，久而弥笃。弟到，松圃即来舟中，言吾为兄定鹤巢矣。趣即搬入，乃其宅之后身，房舍高凉，而洁净宽敞，供给无不尽心，此楼旧名凝翠楼，后闻子乔将至，除左右廊舍居家人，以此楼居子乔，更名棲鹤楼，楼下为湖，楼后为独秀山、伏波岩。①

① （清）李怀民、李宪暠、李宪乔著，赵宝靖点校：《三李诗钞·三李诗话》，济南：齐鲁书社，2020年。

● 位于中华路小学校园内的粤东会馆水榭遗址，即为李氏老埠故宅“我园”水榭遗址

文中所描绘的就是李氏老埠故宅。位置和现在的中华路小学吻合。“我园”的样子如况周颐文所述“极园亭树石之盛”。极简的几个字说明了园林的秀美、精致。李氏后人口口相传的对园林的描绘是，这里是按照小说《红楼梦》中潇湘馆的模样建设的。亭台楼阁、水榭花园，精巧别致，庭院深深，水波粼粼，加上不远处独秀峰和伏波山的衬托，那是一幅怎样的美妙景象呢！

李秉礼与李宪乔相识相交为当时诗坛佳话，通过大诗人袁枚的引见，他们在湘南别墅相会。《韦庐诗内集》卷首载李宪乔序云：“仆在粤西数年，初未与韦庐相识。甲辰秋，偶同钱唐袁翁子才寻逍遥楼故址，步至郡东城上，翁曰：‘此下有诗人焉，子乔独不愿一物色之乎？’始共一访……”

湘南别墅为李氏的又一处园林建筑，地址在逍遥楼附近的城墙边，园内有池塘水榭，修竹掩映、桂树成林，为李氏弟子读书学习的地方，也是李秉礼的书斋。

老埠和湘南别墅都是“临川李氏”的重要居住地和社交场地，这两大建筑都和盐街挨得很近，也可以说是盐街街区的一部分。

李宜民与盐街的渊源深厚。虽然李氏当时在桂林有许多处园林，但是他始终住在这座与盐街几步之隔的老埠宅院，直至九十五岁终老。

李宜民的善行一贯被世人称道。他发家致富之后，十分热心公益事业，在桂林捐资修建倾圮多年的长宁桥（今宁远桥），修葺桂林学府；修建华严庵、华盖庵，并将《金刚经》《大悲咒》等佛经刻石嵌于佛堂内壁上；对年久失修的云峰寺、开元寺、护国寺、万寿寺、虞山庙等进行修缮，并在虞山庙建大厦为厝殡所，由僧徒掌管；等等。

李宜民捐资翻刻的五代贯休的《十六尊者像》是佛教雕刻的经典，重摹的工艺高超，不失原作精神。由于《十六尊者像》的真迹已流往日本，所以李宜民留下的这组碑刻更显弥足珍贵，原石今存桂海碑林博物馆，供游人参拜。

李宜民的经商才华和他的义行被载入多种史料文献，比如清代的《临川县志》《临桂县志》《广西通志》《江西通志》《墨林今话》《忠雅堂集校笺》等都有记载。

两广大盐商李宜民蓬勃的盐业经营带动了清代中期桂林盐街经济的发展和人们生活的富裕，由于有了他庞大的盐运船队，盐运可经桂林集散到周边地区以至湖南或更远的城乡。同时还有大量的大小宗货物进出，丰富了桂林的市场，将桂林的经济带向了空前繁荣。盐街也就自然成了当时桂林最热闹的商业街。清代后期“临川李氏”经营的盐业规模逐步缩小，盐街又产生出一批新的经营者，使得这里的商业持续繁荣。而此时的李氏尽管盐业经营规模大不如前，但营盐生意一直延续到咸丰年间。如此算来，李氏经营盐业有近百年历史。

盐街的商业繁荣在经历了抗日战火之后，持续到民国末年。后来这里虽然有过许多小工厂，但很快就成了居民小街巷，再后来，桂林市政府重建逍遥楼，在这里住了一辈子的居民搬迁出去，盐街也就彻底消逝了，只剩下城市地名册上的曾用街名。

盐街就像一部无声的影像，浮沉在历史的河流中，永远印在桂林人的记忆里，唯盐街前面的漓江见证了它的一切。

李超英，《桂林日报》资深记者、编辑，广西桂学研究会桂林联络处副秘书长

盐街走出的女军医

伍　钢　龙泽强

桂林老盐街脱颖而出的女军医龚志华，大校军衔、专业技术四级，2010 年于解放军一八一医院（现九二四医院）退休。在近半个世纪的军旅生涯中，她始终忠于党和人民，不怕困难、不辞艰辛、顽强拼搏、想方设法完成任务。特别是在 20 世纪七八十年代的对越自卫反击战中，她毅然踏上炮火纷飞的战场，冒着枪林弹雨，舍生忘死、不畏艰险出色完成各项医疗救护任务，被所在部队给予表彰和嘉奖。服役近 50 载，她以一不怕苦、二不怕死的大无畏革命精神谱写了一名优秀军人的灿烂篇章。

龚志华 1950 年出生于桂林市老盐街的一个工人家庭。少年时代在党的阳光培育和家庭教育下，她思想上坚定了学好本领、回报父母、报效国家的远大志向。就读桂林市第六中学后，她勤奋努力、品学兼优，历任班长和校学生会主席，并于 1966 年应征入伍，后被选送到广州军区护士学校三〇三医院分校学习，毕业后分配到解放军一六八医院工作。她在军队的熔炉里胸怀对事业的赤胆忠心，满腔热情、脚踏实地、认真负责地工作，在业务上拼搏进取，勇攀高峰，在实践中锻炼成长，于 1968 年光荣加入了中国共产党，并由护士提拔为护士长，还被选送到解放军第一军医大学军医系学习，并担任学员队区队长。她的努力和优秀得到上级充分肯定，实习期间先后被派送到桂林市人民医院、中山市妇幼保健院和中山医科大学附属医院内科、肾脏病科学习深造。自身的努力和机遇，成就了她未来事业的辉煌。军医大学毕业后，她被分配到广州军区万山要塞区司令部门诊部任军医。战训时期曾先后担任广州军区司令员、开国上将许世友，总政治部副主任、开国少将郭林祥，广州军区代司令员刘存智将军等部队高级领导同志的专职保健医生。1979 年，为支援对越前线作战，她主动要求由万山要塞区调至解放军一五八医院工作。从此扎根柳州工作 30 余年。

在柳工作期间，正是她满腔热血为之奋斗、创造人生辉煌的黄金岁月。她对事业不懈追求，勇于挑战自我、拼搏进取的人生境界，造就了一系列显著成绩，屡获表彰，多次被评为部队先进个人、优秀共产党员，并三次荣立三等功。在参加对越自卫反击战期间，她不顾个人安危，不仅白天攀爬 10 多里山路登上前线哨所为战士送医、送药，救治伤员，晚上还坚持和警卫人员轮班站岗放哨。有一次深夜，从战场上抢送下来的重伤员已处于休克状态，她不顾疲劳连续抢救了三个多小时，待伤员状态趋于稳定后，她又赶往距驻地 30 多里外的野战医院借取医疗器材，返回后继续采取救治措施，终于在拂晓时分使伤员转危为安，深受部队赞誉。一次在部队驻地，一位农村孕妇临产前子宫收缩大出血不止，生命危在旦夕。她临危不乱，立即组织展开医疗抢救，指挥协同其他医护人员采取有效措施控制住孕妇病情，使大人、孩子得以安全脱险。她在战场上的英雄事迹，在广州军区部队引发了强烈反响，极大鼓舞了军心民心。广州军区《战士报》专门对她进行了采访，并刊文颂扬她为“战地红梅”。

2010 年，龚志华由解放军一八一医院一五八临床部光荣退休，并在桂林安度晚年。龚志华是一位具有传奇色彩的巾帼英雄，她献身国防事业的一生，是革命的一生，战斗的一生。步入晚年的她，生活俭朴、为人谦和低调，始终不忘初心，始终保持克制、包容、坚韧的军人姿态，处处展现一名优秀军人的革命风范，堪称优秀共产党员的时代楷模。

伍钢，政工师，老盐街街坊联谊会成员
龙泽强，中级经济师，老盐街街坊联谊会负责人

从盐街走出的桂林体育健将

——记桂林市三届体委主任申银皎和桂林体育事业的发展

秦春晓

1942年，申银皎出生在湖南邵东。抗战时期，父母带着他随逃难的人群流落到桂林，1944年，他们在盐街（今天的福棠巷）落脚。

在这里，申银皎度过了童年的五个春秋，街坊邻居尤其是湖南乡亲的乐善好施、勤俭节约、吃苦耐劳、团结拼搏、顽强不屈、乐观向上的“盐街精神”，给他留下了难以磨灭的记忆，这为他日后的人生之路奠定了思想上的坚实基础。

七岁那年，父母将他送到大圩古镇跟姑爹、姑妈生活，在那里读书之余，他学会了打乒乓球。小学毕业，申银皎回到盐街的父母身边，就读于第三中学（今天的桂林中学）。1958年，在梧州举行的全区青少年乒乓球赛上，作为第三中学初三学生的申银皎一举夺得冠军。从此，他开始了运动员生涯……

1959年，自治区集训运动员，为首届全运会做准备。3月，全区举行乒乓球选拔赛，他获得单打冠军，搭档陈彦桂获混合双打冠军。1963年的中南五省以及

1964 年的中南和西南三省乒乓球赛，他和李华骏获男双冠军。1965 年，申银皎作为广西乒乓球队的成员访问越南，受到胡志明主席、范文同总理的亲切接见。1970 年，他离开区体工大队，回到桂林。1973 年，他出任桂林业余体校的教练。1977 年，在辽阳举行的全国青少年乒乓球赛上，他和罗克鲁带的女队获团体亚军，男队获团体第五名，申银皎因此被国家体委评为高级教练。1984 年，他主持桂林市体委的工作，一直到 1998 年地市合并，全市的体育事业进入了鼎盛时期。

体育场馆建设

1984 年 10 月，国家体委副主任徐寅生到桂林视察时获悉：1963 年，桂林 17 岁的王维俭在印度尼西亚雅加达第一届新兴力量运动会体操比赛中，技压群芳，力夺个人全能、自由体操、平衡木、跳马四块金牌，荣立特等功，受到毛主席、周总理的亲切接见，新华社曾播放她“前空翻下”的照片，赞誉其为“体操公主”。徐副主任当场就向陪同的申银皎指示，下拨 40 万元人民币给桂林建体操学校，市政府也同时拿出 30 万元的建校专项资金，合计 70 万元，于 1985 年动工兴建有四个培训项目的体操学校。该校是全国四所重点体操学校之一，被自治区编办定为副处级单位。

1986 年，市委、市政府研究，在市中心的体育场建一个全市人民盼望了 30 年的体育馆，并下文成立体育馆建设指挥部：袁凤兰副市长为总指挥长，市政府甘树立秘书长、体委申银皎为副指挥长，申银皎另兼筹备处主任。

1987 年，刚过完春节，自治区人民政府主席韦纯束专程到桂林，参加体育馆的动工典礼。当年 12 月底，20 年不落后的体育馆竣工落成，可以说是一个奇迹！包括办公楼在内，经过精打细算，该馆仅用 1500 多万元就建设完成。开馆后，费翔、张明敏、宋祖英、郁钧剑等著名歌唱家在这里举办过演唱会；80 年代末，全国舞蹈大赛也在该馆进行。为了该馆的建设，申银皎放弃了去新加坡当教练员的机会。

2000 年，市政府投资 1.5 亿元人民币，成立以体委何桂清主任为指挥长，陈小珠副主任、申银皎调研员为副指挥长的体育中心领导小组，该中心于 2001 年建成。2002、2003 年，全区民运会、区运会在这里举行。后来，亚洲 16 个大城市（含中国的北京、上海、深圳）、中国中南部 15 个城市的老年网球赛，以及桂林邀请贵州等 15 个城市莅临参加的老年网球邀请赛，均在该中心进行，社会反响热烈。

体育人才培养

20 世纪 80 年代，临桂的陈夏仁教练在没有跳水池的特殊情况下，竟带队取得全区跳水“七连冠”的优异成绩。而桂林体操学校培养过十个世界冠军、几十个洲际冠军和两百多个全国冠军。

1984 年 7 月 4 日，从桂林业余体校起步的杨本培教练带领中国青年摔跤队去华盛顿参加世界青年摔跤锦标赛古典式摔跤比赛。我市的邓学文、王文贵获两金，实现了中国摔跤项目在世界摔跤史上零的突破。杨教练分别得到国家体委主任李梦华和国际奥委会主席萨马兰奇、罗格的接见。

1985 年，临桂县五通镇小学的民办教师唐运贵把培养出来的唐灵生、肖建刚等几个举重苗子送到桂林体校，由破全国纪录的翁清华教练培训 8 个月后，再选送到自治区体工大队。

1989 年 4 月 2 日至 5 日，在桂林市体育馆举办的全国古典式摔跤锦标赛上，杨本培教练带队用五个级别战胜内蒙古、新疆、西藏等十个级别的超级大区，夺得团体赛冠军。

1986、1988 年，白起一获广西区运会围棋个人冠军；1989 年，申银皎带领白起一与葵忠阳代表桂林参加在美国洛杉矶举行的第二届“中华杯”围棋锦标赛，获团体冠军，受到市人民政府的表彰。

1990 年，临桂的陈夏仁教练培养了李婷、李娆两姐妹，把她们作为跳水苗子选送到自治区体工大队。

1992 年，在第十届区运会上，桂林成年、青少年组获总分第一，以 18 块金牌的优势，超过南宁，这是广西解放后的首次。这引起了区体委的关注，区体委主任张发强找到申银皎，要他到区里当副主任，被他婉拒了。

1996 年，在袁朝晖的带领下，桂林建立青少年网球队。该队参加广西青少年网球锦标赛，共获得 80 多块金牌；参加历届广西网球公开赛，共获得 21 块金牌。

值得一提的是，袁教练的启蒙弟子肖霖昂和亲传弟子袁程依依分别获得澳大利亚网球公开赛亚太区青少年网球外卡赛的男、女单冠军。

1996 年，在亚特兰大奥运会上，唐灵生、肖建刚分别获得举重金、铜牌，从桂林体操学校走出去的莫慧兰获得跳马银牌，远超广东、四川、山东大省。

2004 年，在雅典奥运会上，李婷、劳丽诗获女子双人 10 米跳台金牌。临桂也从此有了跳水池。

群众体育运动

20 世纪 80 年代的桂林市体委不仅着力抓竞技体育，也把群众体育当作重点来抓，可谓“两手抓，两手都硬”。

1985 年，我市举办首届龙舟赛，政府鼓励各村组队参加，当时就有以柘木镇龙门村委为代表的 20 多个参赛队。

到了 90 年代，尤其是 1998 年的国际龙舟邀请赛，在各部委办局和大专院校的鼎力支持下，扩大到包含表演组、男女混合组等在内的 130 多个队，从上午 8 点开始，到下午 4 点半结束，漓江两岸（特别是訾洲）、解放桥都站满了人，可以用“万人空巷、盛况空前”来形容。

风采依旧

作为桂林体育事业的参与者、建设者、见证者，申银皎所取得的成就有目共睹，市委原副书记、现自治区人大外事华侨委员会主任委员石东龙，区体育局原局长、现广西市场监管局局长李泽，市政府原副市长汤杰等领导都纷纷对他予以充分的肯定，但他一再强调：这些成绩是在桂林市委、市政府的正确领导和各部门的大力支持下取得的。

申银皎始终坚持与人为善、助人为乐、诚恳待人、不图回报的人生宗旨，还坚持对父母不孝顺的人不交、不懂感恩的人不交、虚伪的人不交的交友原则。市政府原副市长邱严明先生对申银皎非常赞赏。

退休后的申银皎一直保持运动员的本色：不管刮风下雨，只要身体无恙，他都坚持去健身房锻炼。所以，年逾八旬的他，身体依然硬朗，耳不聋，眼不花。

青山明月不见老，茅舍白云任去留。这两句诗是一心为公、两袖清风的申银皎潇洒人生的真实写照。

秦春晓，《健康科学报》（桂林健康科学研究会主办）副总编

盐街出了个银行家

周昱麟

在老桂林人看来，老盐街包括原来的盐行里和福棠里。

盐街历史悠久，虽是一条看似极普通的街，但近几十年来出了不少有名气的人物，比如一位正厅级的金融家——龙刚家，出生在福棠里65号。这一位在广西金融业内德高望重的老先生，曾为桂北乃至广西的经济发展做出很大的贡献。

龙刚家出生于1949年2月，他给人的印象是谦和、坦诚、思想敏锐、眼光甚犀利。笔者有幸，曾采访过龙老，他分析事物时，能透过现象深究本质。

他说，祖辈住在这条街巷已有130余年了。老太公是清光绪年间从湖南的“小衡阳”——衡山脚下的英陂乡下，西渡蒸水河过来的。父母是工人，他从小在中华路小学读书，1966年在桂林三中初中毕业，1969年初下放到郊区南路二塘当了三年的知青。1972年4月，公社招工，进了市人民银行桂林市支行，在北门办事处坐柜台。北门办事处就在今天的八路军桂林办事处旧址对面。

笔者笑说，几十年过去了，没想到当年一个坐柜台的小伙计，居然会变成大银行家！

龙老面带微笑说，父母是工人，他没有任何背景。这里面也全无前因后果，主要靠组织的培养，老同志的传帮带，加上自己的努力。

坐柜台不到五个月，他就出来做了信贷员。他说，自己只是一个普通工人的孩子，能够自食其力谋生活，就很好了。

“不过有句老话说，天与弗取，反受其咎！一旦有机遇来了，当然就得要抓住它，把握住它。哈哈，全给我抓住了！”龙老有些自豪地说。

1963 年至 1972 年，市里的财政银行是军管的，到 1973 年，财政与银行分开，恢复了科室，成立了信贷、计划和储蓄科，把信贷员调进了科室。接着科室又分为几组，如重工组、轻工组、二轻局组，还有个管信贷的商业组。

当时龙老被分在重工组，连组长在内全组一共五个人，负责联系全市的重工企业，并对接重工局。那时市重工局办公室还在古南门城楼上。龙老分管市区南片的企业，有电表厂、齿轮厂、磨床厂、量具刃具厂、第二机床厂、阀门厂、电容器厂等十几个厂。在计划经济时代，他们按各厂的生产情况做好计划，安排贷款；给每一个厂下一个贷款指标，规定使用资金的限额。其主要目的是帮扶企业，解决工厂的营销问题，衔接好上下游链条。

龙老说起自己的往事来，眼里放着光。比如，桂林齿轮厂做的减速机齿轮，是给南宁手扶拖拉机厂配套的，是支农企业。后来手扶拖拉机出口东南亚，到今天仍在生产。计划经济时代，产品不愁销，按计划的顺序调拨即可。因此，银行得考虑贷款给该厂，使之保证有充足的原材料供给。

到了 1975 年，自治区人民银行党组决定，从广西的桂、柳、邕、梧四市选调四名信贷干部，到区人民银行工作。筛选的结果，仅从南宁和桂林调走两个人，桂林选上了龙老。

作为选调干部，1976 年 4 月他调至区人民银行信贷处，在那里一直做到退休。历任办事员、副县级科员、副处长、处长、中国人民银行南宁分行行长、中国人民银行广西区分行副行长、中国人民银行广州分行党委委员、中国人民银行南宁金融监管办事处特派员、中国银行业监督管理委员会广西监管局局长等职务。从青年到壮年，在南宁生活了几十年，于是自然也在那里成了家，生儿育女。其中 2006 年至 2009 年期间，曾在浙江省银监局任职。

日子如流水，过得很快。从 1976 年起，他一直在中国人民银行广西区分行做信贷工作。1998 年机构改革，成立大区银行，该行归属广州大区分行。原来的分行撤销了，改为南宁中心支行。广西区分行撤销后，成立人民银行南宁金融监管办事处，龙老出任广州分行党委委员、南宁金融监管办事处特派员。

2003年4月，中国银监会成立。那时恰好遇上了“非典”，全国各省区成立银监局和下属机构，却一时无法启动。2003年7月5日，接电话通知，他要去北京开会。7月6日上午，与中国人民银行总行的领导会见，同时参加欢送会，欢送他们进银监会工作。7月7日开大会，任命他为广西银监局筹备组组长。

会上颁发了任命书，一纸公文让他回广西做筹备工作。三个月后，2003年10月19日，广西银监局正式挂牌成立，他任广西银监局首任局长。机构设置从区到各市、县，市称分局，县设监管办事处，很快覆盖了全广西。2006年6月，他奉命调到浙江省银监局工作，至2009年1月，他申请返回广西，4月退休。

从1972年4月桂林二塘公社招工开始，他参加工作37年。一辈子从事金融工作，多数时间在广西，面向全区，服务企业。那时广西有48个贫困县，占了全区一半以上的县份，贫困人口数百万，扶贫工作任重道远。银行须支持地方经济的发展，从上到下，全力开展扶贫工作。

48个贫困县，不能仅采取输血式的做法来救助，“等、靠、要”是不行的，必须走发展经济的路子，带动农民致富。因此得因地制宜，发挥本地的特色优势，循序渐进，有重点有计划地提供资金，有一个长期作战的战略准备。自从1984年中央提出扶贫，直至2020年我国如期全面建成小康社会，用了近40年的时间。决心是早已下了的，过程却很漫长。银行的工作是协助区计委、经委、扶贫办，选择好项目，统筹安排，将每年可用的资金，从扶贫贷款的角度出发，做全盘的统筹考虑予以安排，使之逐年渐见成效。

比如桂北的水资源丰富，有利于发展小水电，他们选择在桂北地区兴建小水电站，相继建了平乐班山尾电站、全州水晶岗电站。全州县的天湖水电站也应运而生，当初筹建时就是他们做的谋划，那可是当时亚洲水头最高的电站。

又如在广西北回归线以南，可以发展种植亚热带的水果，且可大面积种植甘蔗，发展糖业。从1986年起，他就专程带人到百色，选择右江河谷的田阳、田东调研，推广种植芒果。

他和当地的扶贫办、水果办的同志去实地考察，选好适宜种植的坡地。走访村民，听取意见，宣传种果脱贫的意义。当时，他跟县领导提了这么一个建议：统筹规划，连片种植，统借统还，落实责任。也就是说要做好规划，不能给农户单干，这样形成不了产业。扶贫专项贷款也不能逐家逐户对农民，应由县里统一贷，统一管，统一还。县扶贫办要监督贷款的专款专用，县水果办要负责果苗的选购、病虫害的防治、产后销售的联系等等。

县领导很赞成。但问题又来了，贷款怎样发放下去？要有一个载体才行。他于是建议由县水果办注册一个公司，将贷款放给公司。县里很高兴。这样一办，田阳的芒果种植经验成功地推出了“公司加农户”的模式，成为带动农民种植水果的一条路子。如今，田阳、田东的芒果已经成了当地农业的主产业。百色高速公路两边，可以看到漫山遍野连片的芒果，令人喜悦。当然，这也凝结了一代人的心血和汗水。

广西是中国的蔗糖主产区。兴建和扩建糖厂是带动农民种植甘蔗、增收脱贫的主要途径。他们在南宁地区办了一批糖厂，包括老厂的技术改造和兴建新厂，还形成了一大批企业，甚至兴建了一批日榨1200吨的甘蔗厂。建厂需要投资1200多万元，这在当时是个不小的投资。他们必须尽力集中可用贷款的指标，支持新建糖厂。为了建好它，确保项目成功带来预期的效益，龙老亲自深入大新县雷平镇、扶绥县东门镇等地，与县领导和有关部门的同志一道，勘查耕地，寻找水源，选定厂址，落实电源，做了大量细致的调查工作，最后才确定项目贷款。每年的榨季有120天，工厂每天要消化1200吨的甘蔗。广西南边地区的土地干旱少雨，甘蔗的亩产一般为4至6吨。要满足这个糖厂的需求，得要种4万多亩甘蔗。一户蔗农种10亩、8亩，每户平均年产60吨，每吨120元，一年即可收入几千元，这在20世纪80年代也是很好的了。

经过几年的努力，龙老带领的团队在大新县建了雷平糖厂，在扶绥县建了东门糖厂，又在防城县（今防城港市防城区）、环江毛南族自治县等地建了十多个糖厂，取得了良好的效益。同时，银行还支持贵县（今贵港市）、崇左、宾阳等地的糖厂进行扩建和技术改造。这样，不仅千家万户有事可做了，他们也为广西糖业的发展做出了努力。至今，这些糖厂仍在生产运营。

另外，结合各地的实际情况，根据当地的资源和发展需要，兴建了一批20万吨以下的小水泥厂，如扶绥和东兰县水泥厂，陆川县马坡水泥厂等。还在河池、百色和南宁地区办了一些有色金属矿业的冶炼厂。

为繁荣城乡市场，兴建了一批农贸市场和自来水厂，支持融水县等地发展竹木加工，支持平果县等地办砖厂，搞小食品加工。总之，为了扶贫，为了贫困地区的群众尽快脱贫，他们尽力在做好一切服务工作，对乡民给予全方位的支持。

此外，龙老还带领团队深化农村的金融改革，促进农村信用社健康发展。

还在解放初期，农村信用社就成立了。它为新中国农村经济的发展做出了积极的贡献。但随着时间的推移，农村信用社面临的困难很多，必须改革才能适应形势的需要。

1996年，国务院决定对农村信用社进行改革，交由中国人民银行管理。龙老出任自治区人民政府农村金融改革领导小组成员、办公室主任。从农业银行手中接管了农村信用社的工作。此后，龙老带领团队对农村信用社一手抓健全完善管理，抓好队伍建设；一手抓业务发展，提升服务水平，防范金融风险。对不适应发展的内部管理制度进行改革，对机构网点进行改造，对业务培训加以重视，对亏损的长期难点进行调研。抓住重点，作出分期分批扭亏为盈的目标计划。

农村信用社历史久远，点多面广，从业人员多。要改变面貌，困难可想而知。他们依托各地的信用联社管理，发挥信用社基层员工的积极性、创造性，打开了新局面。农村信用社的各项业务得到了发展，存贷款逐年持续增加，并逐步减少了亏损面。

经过多年的努力，情况有了很大的变化。2003年，他在柳州市召开了全区信用社的工作会议，提出了加快发展的各项任务和措施，明确要求年内必须全面实现扭亏增盈的目标。当年底，全区农村信用社总体算账，实现盈利2000多万元。这是历史上所没有的。中国《金融时报》发表头条文章《中国农村信用社将亏损的帽子扔进了太平洋》。实现盈利的名单上，广西农村信用社是其中之一。

2005年，国务院决定对农村信用社再次深化改革，给予重大扶持政策。在各省、市、自治区成立农村信用联社，交由地方政府管理。龙老和其团队积极投入工作，在自治区党委、自治区人民政府的领导下，按照改革的各项要求，成立了自治区农村信用联社。完成了改革任务之后，着手发展农村的金融条件。在桂林灵川县信用社的基础上，组建了广西首家农村合作银行，开创了新局面，为后期农村合作银行、农村商业银行的成立打下了基础。

此外，他们还积极推进城市信用社改革，促进地方金融事业的发展。广西各地的城市信用社是在1978年改革开放方针的指引下陆续成立起来的。当时主要由各市城区政府主导牵头来办。从历史上来看，城市信用社的成立，为城区的经济社会发展、扶持小企业和个体工商户、服务广大城镇居民发挥了积极的作用，有很大的贡献。但随着经济社会的加快发展，分散的、总量小的城市信用社已经不适应形势发展的要求。

1994 年时，广西有 200 多家城市信用社，主要集中在南宁、柳州、桂林和梧州几个城市。当年 9 月，柳州市召开了全区城市信用社会议，各地城市信用社的主要负责人参加了会议。龙老在会上做了报告，提出了加强城市信用社的管理，规范经营、健康发展等一系列措施和要求，并针对少部分城市信用社的违规问题，提出了加强监管、防范风险的措施。1995 年，中国人民银行总行开展城市合作银行的试点工作，同年下半年在江苏召开扩大试点范围的专门会议。他和时任桂林市副市长的蔡永伦前去开会，积极向人民银行总行领导要求和组建柳州市、桂林市城市合作银行，将城市信用做大、做强、做好。

会后，他们做了城市合作银行的组建方案，报经人民银行总行同意，批准组建桂林、柳州、南宁三市的城市合作银行。在三市政府的领导下，地方给予了资金、政策上的大力支持。通过一年多的努力，1997 年底，成立了三市的城市合作银行，为地方金融事业的发展迈出了一大步。现在桂林银行的前身，即是桂林城市合作银行。

龙老还说道，必须要用好手中的贷款，积极投入沿海城市和地方的经济建设。比如早年北海市刚列入沿海开放城市，北海市开发新区建设刚启动，他用了一个多月的时间去走访调查，收集资料，整理出一份综合性报告，针对北海市建设面临的一系列问题，提出要立即对北海水厂、供电站进行改造建设，修建北海机场的建议。市委、市政府完全同意了，书记还笑问他姓什么。听说他姓龙，书记风趣地说，好，北海要腾飞了！

另外，他们还灵活运用银行地方开发性贷款，积极支持玉林柴油机厂、柳州微型汽车厂等一批重点企业的技术改造项目，支持南宁化工厂引进国外技术设备生产新的科技产品——山梨醇。支持贷款新建桂林东江水厂、环球大酒店、文华饭店等一批项目。总之，项目遍布了广西的市、县，龙老也随着贷款项目走遍了广西。当然，他这几十年做的一切工作，都是在人民银行广西区分行党组的领导下进行的。他说自己不过是尽了一份应尽的职责罢了。

龙老还有另一件事值得一提：他早已获得了高级经济师的职称，但是他仍去中央党校“赶考”。

对此，龙老说自己的初始学历是初中，大部分时候是从实践中不断学习、提高与充实自己。虽然 1985 年已是副处长，1986 年获得中级经济师职称，1996 年又获得高级经济师职称。但龙老依然不忘给自己充电。1982 年去陕西财经学院进修半年，1988 至 1989 年又在广州财经学院进修一年。通读了《资本论》，尤其是反复读马克思的“再生产”理论。1997 年，龙老已做了多年的副行长，近 50 岁了，在同事和领导的鼓励下，他又去读中央党校的经济管理函授班。三年，不脱产，在职函授。

回忆往事，他很自豪地说：1999 年毕业，毕业证书盖的是校长胡锦涛的大印。且全校只有 2% 的人被评为优秀学员，他班上评三个，他是其一。条件是一得有优秀论文，二是单科成绩要 90 分以上，日常听课率也要达标。

毕业时，一位老教授对大家说，龙刚家同学不是奔学历来的，他高级经济师职称早得了，又是厅级了，50 岁了还这么努力，坚持不懈地充电。

龙老说，记得有一次去区党校考试，大雨滂沱，小车过不去，得蹚水过去，水漫过了膝盖，皮鞋踩着水嗒嗒嗒地响。到达考场监考老师拦住他说，时间已过了半个小时，问他还能不能正常考试，他大声地说：“行！”监考老师这才让他进了考场。一打开卷子，他两眼放光，试题尽在他的把握之中！他“刷刷刷”一口气做完了，结果考了 90 多分！

“幸亏平时准备得充分，临场才有好的发挥。当时的规定，如果补考，成绩考得再好也是及格。如果是补考，那我的优秀学员就评不上了！”龙老长舒了一口气。

“真不容易啊！”我说，“龙老，这几十年下来，你最擅长的是什么？”

龙老眯着眼睛沉思了片刻，认真地说，最擅长的是调查研究。面对复杂的局面，总是能冷静地拿出解决的办法，采取措施处理好疑难的重大问题。“没有调查就没有发言权”“实践是检验真理的唯一标准”，自己这辈子经过的坎坷多了，但风风雨雨都平平安安过来了！

龙老谦和地说着，眉眼间绽开的笑纹像一朵绚烂的葵花。

这就是我们老盐街的银行家。历经风雨却依然平淡坦然，笑对人生。

周昱麟，中国作家协会会员，桂林市作家协会理事，中华诗词楹联学会会员

演唱细腻柔美的“越调王”陈秀芬

李　侃

桂林是一座文化底蕴极为深厚的城市。20世纪五六十年代，在漓江边上有一条繁华的商业街——盐街，这里聚集着不少民间艺人，他们工余耍乐“唱玩子”（演唱文场），文场的班社就有好多家，其中马直清、唐道成、唐玉明、卢必明等发起组织的“盐街文场社”和“文武场戏剧研究社”很是活跃。他们的活动吸引着一个眉清目秀的小姑娘，这就是后来成为国家级非物质文化遗产项目广西文场代表性传承人的陈秀芬。

陈秀芬从小跟着奶奶住在二叔陈凤生家，叔叔是个文场爱好者，而奶奶更是文场的热心人。每到夜晚，“耍友”们都聚集在她家里唱文场。他们经常唱的曲目有《陈姑追舟》《双下山》《五娘剪发》等。陈秀芬入迷地听着优美的乐曲，往往忘记了写作业。耳濡目染下，《陈姑追舟》在她心里扎下了根，一字一句、一招一式的模仿学习，她“偷师”学会了文场越调。她爱文场，下定决心长大后要去唱文场。机会往往留给有准备的人。1959年，陈秀芬在《桂林日报》上看到了“桂林市文场戏曲训练班”招生的简章，这真是苍天眷顾啊，她一阵窃喜，觉得实现自己愿望的日子到了。她不受世俗对所谓“戏子”存有的陈腐观念影响，也没有

● 国家级非物质文化遗产项目广西文场代表性传承人——陈秀芬（麻承福摄）

经过家长的同意，以背着弟弟去玩为由，到艺术馆文场戏曲训练班报了名。试唱时，其他的考生都是唱歌，而她却脱口唱出了文场越调，那甜美的嗓音乘着婉转悠扬的旋律在考场上飘荡，她看到老师们一边听一边点头，心里的高兴劲儿就没法提了。她没有参加复试就被直接录取了。由此，她迎来了人生重大的转折点。

陈秀芬是苦孩子出身，四岁多被人从平乐乡下带到桂林，给人当养女，至今没有见过亲生父母。所以她进了文场戏曲训练班后，特别珍惜这个难得的机遇，为圆文场梦，勤奋学习是她唯一的选择。唱功训练和形体训练，她一马当先，不怕苦、不怕累，比如压腿，眼泪都压了出来，但她咬紧牙关坚持了下来。刘玉瑛老师是享誉一方的文场盲艺人，演唱功底非常了得，陈秀芬拜在她的门下，演唱传统文场名段，练唱时，她严格按照老师的教唱，一丝不苟。老师口传心授，一板一眼，一遍不行再来一遍，还不行，又再来，直到满意为止。就这样，陈秀芬很快就掌握了文场的曲牌和名段的演唱。1960 年的国庆节，她首次登台演出，那是一个名为《社会主义好》的新曲目，她既兴奋又紧张，终于迈出了走上舞台的第一步。后来，她不断登台演出，在两年多的时间里，传统文场和新节目她都积极参演，慢慢地积累了舞台经验，表演逐渐自如起来。

1962 年，陈秀芬以优异的成绩从文场戏曲训练班毕业了，被分配到刚刚成立的桂林市曲艺队工作，成为该团的第一批演员。他们赶上了好时代，在随后的几年时间里，他们演出了大量的文场曲目和戏曲。她成了盲艺人王仁和的嫡传弟子。王仁和是名闻遐迩的曲艺大师，当时调到曲艺队任艺委会主任，他吹、拉、弹、唱、编、演，无所不能，曾经和陈秀芬合作演出越调《陈姑追舟》，给她精心指导。他言传身教，演艺金句经常从他口中顺口而出，“以心带声，以声传情，声情并茂，字正腔圆”十六字诀成为文场演唱的金科玉律，令几代曲艺人受益。不久，曲艺队又招收了多名年轻演员，陈秀芬不但自己要演出，还担负起了培训新演员的任务。

正当曲艺队在桂林市红红火火、声名鹊起的时候，“文革”突然降临，那时演唱曲艺被认为是宣扬封建陈腐的垃圾，曲艺队被撤销了，陈秀芬去了百货公司站柜台。 直到这场灾难结束，她大好的艺术年华白白耽误了十年，她下决心奋起直追，要把耽误了的艺术青春时光抢回来。1982 年，文化部在全国举行曲艺调演。成立不久的广西曲艺家协会准备一显身手，陈秀芬等曲艺演职员被召集到首府南宁进行封闭式排练。她和师兄诸葛济被安排演唱广西文场《五娘上京》。《五娘上京》原是一个老唱段，由导演苏兆斌做了文学本改编，由何红玉编曲，已经与原来的段子有了很大的改变。新的演绎本刻画了赵五娘这个有血有肉、敢爱敢恨的妇女形象，非常感人。丰满的五娘形象要靠演员的声腔、形体、动作来表现，原来五娘几乎全部是悲戚哭诉，而现在本子里的五娘既有悲戚，也有愤怒，更有坚强，是一个多元化性格的人物，不能只顾流眼泪，还有咬紧牙关、勇敢面对现实的一面。在苏州演出时，他们铆足了干劲，全身心投入，准确拿捏了人物性格，将这个长达 25 分钟的段子一口气唱完。掌声骤然响起，经久而热烈，有人大声喊返场，导演即安排演员再唱结尾四句，满足了观众要求。《五娘上京》终获文化部颁发的作词、作曲、演出三个一等奖，并灌制唱片发行，由瑞典国家广播电视台到桂林录音对北欧演播。《五娘上京》的成功标志着陈秀芬的技艺日臻成熟，可以说 20 世纪 80 年代，是她人生演艺的巅峰时代。

2008 年 5 月 12 日，是一个难忘的日子。这一天，陈秀芬陪先生从外地看病

● 陈秀芬从艺60周年分享会现场（麻承福摄）

回家，刚进家门就接到桂林市文化局局长的电话，让她晚上赶到百花剧场演出。她已经退休9年了，加上从北京回桂林20多个小时的车程，实在太累了，她一再谢绝，建议让青年演员上场，对方说："这次演出非同小可，你是老将出马，一个顶俩，不能请假。"她只好遵命。她急急地赶到剧场，草草地合了一次乐，就登台了。当晚，她唱的是自己最拿手的《双下山》中的一段花腔越调，演出效果不错。她下台后，才知道今晚观看演出的是文化部有关专家和领导，他们是来审查广西文场报请国家级非物质文化遗产项目的现场测评，难怪说演出意义重大。专家中有一位老师叫常祥霖，那年在苏州参加调演，他看过陈秀芬的演出，1986年10月他又来桂林调研，还是看了陈秀芬的演出。这回见面，常老师连连称赞："陈老师，您唱得很好很好啊！童子功还在。"这次给专家们演出后，没有过多久，2008年6月8日，国家级第二批非物质文化遗产项目的文件就公布了，广西文场名列其中。细想之，陈秀芬克服困难参加了最后的展演，向专家们展示了文场的实质美，应该说对文场获批国家级非物质文化遗产项目起到了不小的作用。

2012年，陈秀芬被文化部评定为国家级非物质文化遗产项目广西文场代表性传承人。她丝毫不敢懈怠，勇敢挑起了传承的重担。她是曲坛中的园丁，一直受聘在广西（桂林）艺术学校曲艺班当老师，从招收学员到安排课程，总是亲力亲为，把王仁和、刘玉英两位前辈教给自己的全部本事毫无保留地传授给学生。数年来她培养了一代代的接班人。她还经常下基层、进校园，扩大广西文场的受众面，让更多的青少年学习祖国优秀的传统文化。对于慕名而来的文场爱好者，她总是一视同仁，悉心教授，不收分文，还贴钱送光碟等学习资料。她的弟子和学员中不乏高学历的学生，他们从陈秀芬这里获得营养，有的写出了高质量的论文，评上了研究员、教授。

陈秀芬是第一代把广西文场清唱搬上舞台表演的专业演员。她全面系统地掌握了广西文场传统音乐和戏曲表演的“四功五法”，在继承传统精华的基础上不断探索、勇于实践，形成了自己的艺术风格：表演生动、嗓音甜润、唱念清晰、韵味醇厚。她曾多次为国家领导人演出，为中央、广西、桂林电视台录音、录像。

● 在陈秀芬从艺60周年分享会上，桂林市文化人士代表向陈秀芬老师献花祝贺（麻承福供图）

在她演唱的近百个剧（曲）目中，最有影响的文场作品有《西厢记》《王老虎抢亲》《双下山》《陈姑追舟》《五娘上京》《贵妃醉酒》《水上琵琶》等。她曾获全国艺术大奖、广西文艺铜鼓奖。为了能更好地传承广西文场，弥补传统文场没有视频资料的空白，2011 年她和师兄参加了“广西文场音乐讲座”音配像工作。她曾被评为广西壮族自治区与桂林市首届中青年“德艺双馨文艺家”，名字录入《中国文艺家传集》《中国专家人名辞典》《中国当代艺术界名人录》等书。她是中国曲艺家协会会员、广西曲艺家协会会员，曾任桂林市曲艺家协会副主席。

李侃，漓江出版社原书记、副社长，中国曲艺家协会理事，广西曲艺家协会名誉主席

漓江航运小学侧记

周昱麟

漓江东渡泛春澜，又见栖霞晚照山。
桂岭晴岚夸险峻，訾洲烟雨傍江湾。

吾家祖居解放桥（旧时叫中正桥）西头河边的盐街，门牌号为盐行里 8 号。后门临漓江，推开窗户，便可以远眺河对面碧翠如玉的訾洲。家父因此赋诗，我且当作本文的题记。

记得读小学一年级时，我还住在那里。如今 60 多年过去，脑海中童年的印象早已模糊了。

幸而，近日遇到了两位曾在那里生活工作多年的老人。

“阿姨，我家原来在漓江边的哪个地方，你们还能辨认得出来么？”

“就在今天解放桥西头的逍遥楼下去，到漓江河边，正对着的滨江路，就是你的老家，盐行里 8 号，也就是后来我们的母校——桂林漓江航运公司职工子弟小学（简称“漓江航运小学”）所在地。隔了河望得见浮在江面上的绿莹莹的訾洲。”

答话的是两位原漓江航运小学的退休老师，83 岁的毛秀英和 81 岁的王剑燕。她们的记性真是好，勾起了我许多童年的美好回忆。

鬓发斑白的毛秀英阿姨（老师）说，漓江航运小学是 1958 年 9 月开学的。

1956 年，桂林漓江木帆船合作社成立。单位上的船民子弟多，小孩子要上岸读书。最早来到学校的领导是朱民正，还有肖希圣和周征民老师。毛老师 1955 年从漓江边的桂林文山中学（后改为桂林市第三中学）毕业，分到桂林师范学院下属的雁山农学院做了两年的总机电话员。1958 年 1 月，农学院迁往武鸣，她到对河的东江公社报到。那时是自主择业的，她先到自由路幼儿园当阿姨，当年 9 月漓江航运小学成立了，就调到了学校。

学校一开始有三个班，每个班有 40 个学生。朱、肖、周三位老师都有 50 岁左右了。因为他们年纪相对较大了，所以把事情交给年轻人来做。毛老师负责学校的工作（虽然没有正式任命，航运公司有事便通知她去）。船民的人家子女多，年龄参差不齐，有的十七八岁了才读书。

她管整个学校的老师和学生工作，只当过一年初八班的班主任，教历史、地理、音乐、图画等学科。有老师请假时，她就把人家的工作给顶上去。她初中毕业，自己感觉能力不够。1961 年，曾调她去公司的工会当干事，但学校缺老师，1962 年 1 月，公司又任命她为学校的教导主任，继续回学校工作。1963 年初，

1964 年，漓江航运小学全体辅导员合影（王剑燕供图）

市教育局调白崇明、李莺英老师当教导主任，半年后，李肇隆当校长。之后学校逐步发展，到 1964 年已有 11 个班、400 多位学生、20 多位老师。

当时学校的一切开支（包括老师的工资、学生的学杂费）都由航运公司负责。每周一、三、五晚上，老师们政治学习，二、四、六晚上，业务学习。这样，学校的教育质量才有保证。老师们基本上没有假期，寒暑假都要安排他们下船队，传达文件，扫盲学习，与职工同吃同住同劳动。船走上水时还经常去拉纤，再苦再累都没有怨言。因此，他们与船民的关系很好。

1963 年，市里所有的小学开始闭卷考试，学校也参加了全市小学语文、数学闭卷考试，获得全市第二名，奖品是一台钢琴。教育局认为本校教学质量好，多次安排上语文和数学公开课。市里各学校老师都来听课。朱德珍老师讲拼音，上过三四次课，在学校大教室上的。大家带长板凳去，密密麻麻坐满了一个教室。张咸成老师上过几次数学公开课，王剑燕、肖桂芳和申玉梅老师上过语文公开课，效果都很好。上大课的多是学校上课多年、有丰富教学经验的老师，其中王剑燕老师是学校老师中唯一的船民子弟，由公司选拔。

1961 年，她进漓江航运小学当老师。她教初七班的语文、数学，兼班主任，从一年级教到四年级。

王老师记得，1964 年，市里组织民兵水上武装泅渡，她背一支小口径步枪从伏波山下水，横渡漓江，到訾洲。1978、1979 年，她担任船队的工会主席，参加市里的龙船比赛，得了第二名，奖品是只大烧猪。

学校老师最多时有二十五六个，航运公司本单位的有十二三个，教育局调来的也有十二三个。毛老师曾任学校的少先队总辅导员，当年在南宁召开全省的三好学生和优秀少先队员表彰大会，桂林市有三个名额，本校的三好学生廖碧波被选上了，由教育局、团市委同志带队去南宁开会，非常光荣。那时市里年年搞夏令营，每年都安排数位本校的优秀学生前往参加。她们女老师还组成了篮球队，参加地区直属机关的篮球比赛，得了第二名。

毛老师说，“文革”时调她和王老师去公司专案组工作了一年多，“文革”后她们又回校，成立校革委会，毛老师当副主任。黄广辉任革委会主任，他是公司经理兼校长——挂名的，平常不大到学校。她掰着指头说，自己前后在子弟小学做了十多年，1982 年调回公司担任导游工作，工作了十年，直到退休。当时老师们基本上不住校，而平时，只有王老师跟着学生在学校住。后来，王老师调到公

● 漓江航运小学教师参加市里龙船比赛荣获第二名（王剑燕供图）

司负责售票工作，在公司安全科退休。

王老师回忆说，学校有食堂和宿舍。师生大多不住校，仅少数人住。用船板铺床，一大排，一个挨一个，好像北方的炕。学生平时守纪律，每晚七至九点上自习，由老师辅导。九点半，值班的教师吹哨子，准时熄灯就寝，学校鸦雀无声。师生关系融洽，她晚上常到学生宿舍里检查，看大家睡得好不好，给露出手脚的同学盖好被子。

学校的场地很大，从盐街口一直到河边，占地六七百平方米。教学楼一共分三块。大门口那一块的开间是最大的，进来是一个大天井，有三四十平方米，天井两边有排水的暗沟。从大天井再进到里面，中间这一块是较小的二层楼，下了廊坡有一个房和一个厅，是厨房，再下面一块有一层楼做教室。后门下去到河边，是很宽敞的一大片空地。平时，棕麻厂的工人在那里绞绳子。学校的体育课就在河边上，铺起大棕麻垫子，给学生翻跟头、跳马。每天早上，王老师会站在一个台阶上领着学生们做早操。以前河边还有城墙，旁边一条小巷子连着水码头，青石板光溜溜的，是长年拖拉竹木给磨光滑的。

漓江沿岸有好多码头，但学校后门的码头却没有名字。那时，解放桥边上是

● 漓江航运小学教师篮球队合影（王剑燕供图）

水东门码头，再下去有定桂门码头、象鼻山码头……往北边走，王城正对着的东门叫行春门，在今天的逍遥楼北边约300米处，再往北到伏波山的癸水门大码头，叠彩山边的伏龙洲码头……

两位老人的这些描述，完全与我童年的回忆相吻合，脑海中那模糊的印象渐渐清晰起来。

“这所学校前后开办了多久呢？”我又问道。

毛老师的眉眼中闪着光，她回答道，从1958年9月开学到1971年，一共有13届学生。1964年时，学校变成了完全小学，就有高年级了。1971年，市教育局安排学生就近入学，学校就仅剩下两个班了，合并进江南小学，申玉梅老师也跟去了。教育局想把学校的24个老师都调过去，但航运公司不放人，说是缺少有文化的年轻干部。当时航运公司是集体单位，干部实际上是工人，退休拿工人工资。

学校停办后，1971年至1979年，漓江航运公司把教学楼分隔成职工宿舍，给一二十家船民住了八年。之后，市里修滨江路，才由市拆迁办统一拆迁，另行安排船民住宿。

从那以后，这个学校不复存在了。但是漓江航运小学已经很好地完成了自己的历史使命，教育栽培了一大批优秀的子弟。

两位老师自豪地说，学校的学生毕业后，大多当了船长或轮机长。有些优秀的还当了国家机关干部，像肖桂芳老师当了公司的工会主席、客运站站长，成立水运中心后任主任；后调去市交通局，任船队支部书记。廖碧波后来当了公司的副经理。吴昌华和吴昌明兄弟，一个成了雁山区党委书记，一个做了《漓江》杂志的副主编，吴昌明还是桂林市有名的书画艺术家。

毛老师笑着说道，1971 年她调去了公司。公司去南宁土地局和规划局申请土地，在原文山中学那里建起了六层的航运大楼，楼下一层是售票的客服大厅；楼上办公，有经理、财务室、教育科和水上派出所等，功能设施俱全。那时从整条滨江路看过去，就航运公司的大楼最有气势。公司最早的办公室在今天的环球大酒店那里，两层的板壁房，条件很差，后来才建了新大楼。

弹指间 60 余年过去了，往事如云烟，已缥缈远逝。今天，却又因两位老教师的娓娓诉说变得清晰如画，谈话间令人感慨唏嘘，颇觉凄凉。

但转念一想，这所位于桂林东门的盐行里 8 号——看似极普通平凡的漓江航运小学，原是我先人世代居住的地方，亦曾经为时代和社会作出了应有的贡献，它将永远留在老一辈桂林人的心目中，也会载入辉煌的桂林文化史册里。

记盐街的劳动力调配站

李超英

20 世纪 60 年代末，我们住的湾塘政府宿舍大院旁边是市政工程处的礼堂。那时礼堂里经常开各种大会，演样板戏、桂林渔鼓、文场等等。记得看过一个桂林渔鼓节目，剧情是什么已经忘记了，只记得那里面的对手戏，甲说："看你这个样，身穿呢子衣，头戴烂草帽，脚穿烂皮鞋，这样的臭知识分子一个不想要。"乙说："不要就不要，老子裁马五，一天一块二毛五，哪时哪候捞得到……"这段话很顺口，也很好玩，当时的我们，年少不更事，把它当儿歌来唱着玩，当唱到"老子裁马五"这句话时，还得意扬扬地哈哈大笑。其实在那个特殊年代，这几句话真真是包含着辛酸泪呢。

上面的经历是对"裁马五"这个称呼最早的认识。后来才懂得，所谓裁马五，就是打临工，打一天工，得一天的钱，是一部分生活无着落者赖以生存的饭碗。

但裁马五不是你乱揽工就可以做得到的，它是有专门的机构——政府的劳动力调配站管控着，管理者把活分配给你，这样才能有得做，才挣得到钱。

劳动力调配站的历史得追溯到 20 世纪 60 年代。

1964 年，桂林市劳动局在全市设立了四个社会劳动力调配站，分别是南区站、北区站、中区站和东区站。这些调配站的任务就是组织社会闲散劳动力为一些需要临工的单位做工。给生活无着落者提供挣钱养家糊口的劳动机会，分配的工作大多是体力活，比如拉板车、挖土方、砌墙、铺路、修水利等等。

中区劳动力调配站坐落在桂林市的河西街（也就是老盐街），负责分配工作的队长名叫廖玉峰，廖队长今年 80 多岁了，还清楚记得调配站的那些陈年旧事。

据廖队长介绍，他们的工作就是把社会闲散劳动力组织起来，为国家经济建设服务，并且解决生活困难群众的饭碗问题。

按照当时的劳动力工资标准，裁马五分为几种，即一般的点工 1.25 元一天，大工（三级工）1.76 元一天，而给大工当副手的副工，则是 1.48 元一天。

1964 年至 1966 年，桂林市劳动局所辖的社会闲散劳动力调配站，都是政府管理。廖队长不只是坐在办公室里等人上门领工做，还必须下到街巷的住户家里调查了解情况，谁家吃饭人口多，谁家生活最困难，都一一摸底登记，并将其分为“特别困难户”（指一户人家中没有一个人有正式工作，子女较多，如 3—5 个，而全家的生活来源只有“裁马五”的收入）、“困难户”（指一户人家有一人有正式工作和固定收入，但小孩多又有老人）和“一般困难户”（比如一个五口之家靠一人挣钱糊口的）等，这些家庭在分配工作的时候是要优先考虑的。

后来，劳动力调配站归市里的各个城区管辖，工作性质是一样的，组织社会闲散劳动力到需要用工的单位打工。

当时参加裁马五的人很多，人员构成也较为复杂，大家都无单位，有的还无技术、没文化，但是生活是要继续下去的。所以裁马五就成为讨生活的唯一出路，能挣到生活费就能生活下去了。

那时，在调配站工作人员的组织下，这些做裁马五的人参加到当时桂林城市基本建设中，廖队长记得，大的工程建设项目有：龙胜县三江水利建设工程、华侨农场鸡冠山水利建设工程、芦笛岩至桂林火车南站沿江马路建设工程、奇峰镇老桂林机场的道路建设工程等等。在这些大型建设工程中，拉板车、开挖、挑土方、挑石头，是最累最脏的活，这些都让临时工来完成。他们为社会主义建设贡献了自己的一份力量。

在廖队长负责的辖区内，有一户姓董人家，属城市贫民，一家六口人，靠夫妻二人打临工挣生活费。此种情况属于重点照顾对象，调配站优先安排他们去做工，将男主人安排到建筑公司做合同工，女主人安排到市糖果厂去包糖，一个月可挣得 20 元左右。这样，他们的生活算是有着落了。还有一孟姓人家，男主人因历史问题坐牢，小女儿在读小学，两个儿子读完了初中就没有继续读书了，家中没有钱供他们读啊。于是廖队长把时间较长的临时工安排给他们做，使他们有相对安稳的生活来源。

裁马五在 20 世纪的六七十年代，是相当一部分人的生活来源。裁马五的人都有一段辛酸的历史。

我的同事周公，就曾经当过七年的裁马五。由于历史的原因，他的父亲周邦老先生，一个满腹诗书的文人，顷刻之间就没有了工作。那时他才 12 岁，就跟着父亲一起去裁马五，挑起了家庭生活的担子。他讲每天他只能上半天学，有半天要帮父亲去推板车、挣饭钱，由于他天天旷课半天，学校就勒令他退学了。那种委屈与酸楚不是一个少年能够承受的。那时候他才读到初中一年级呢。

周公在讲述这段往事时并没有太多的抱怨，他说，那是年轻时候的一种历练。

每天，他跟着父亲去劳动力调配站领活路，然后他们就去拉货，父亲在前面拉板车，他在后面推板车，到了吃饭的时间，找个小铺子，大酒大肉吃一顿，他讲，真的是大碗喝酒大块吃肉。做力气活的人，不吃这些哪来力气干重活啊，他那时可以扛起二百斤重的包！

干完了一天的活路，他就用板车拉着父亲回位于盐街的家。一路上，父子俩也没闲着，坐在板车上的父亲给他讲中国历史、古典文学、唐诗宋词、诗经乐府，所以许多著名篇章他都能背诵。夏天的晚霞，冬天的雨雪，都见证过如此温暖而又凄美的情景：一个少年用板车拉着年长的父亲，步子有点疲惫，而嘴里还念叨着古诗文，真是让人感慨又感动。

在全国恢复高考，年轻人有机会进入大学读书时，周公以扎实的古文学功底，一举夺得了桂林区 1979 年高考文科状元，本来可以进北京师范大学读书的，因为一些特殊原因，错过了机会。于是，他被录取进入广西大学中文系读书。大学期间，他不但学习成绩好，有几个体育项目也很出色：一是举重，不仅得了校冠军，还代表广西大学参加南宁市的一届运动会，同样夺得冠军；二是篮球打得好，奔跑速度快，抢球得分厉害。这些全得益于少年时代开始的重体力劳动和推板车生涯。裁马五，也还裁出了个高考状元。

后来，周公做了报社的记者，还写作出版了好几本书，就是没有写过裁马五经历，这里算是帮他补上一笔了。

随着时代的变迁，社会的发展，劳动力调配站早在40年前就结束了其使命。需要找工作的人和需要招工的单位、公司、作坊等，靠一纸广告或者几条微信就可以完成了。然而，今天临时工依然存在，这是社会或市场的需要。

裁马五，现在已经不用这个喊法来称呼打临工了。但是，我们仍然记得曾经的劳动力调配站，在那个特殊年代，是它解决了许许多多生活无着落者的饭碗问题。还记得裁马五的酸甜苦辣，记得盐街小街小巷里的裁马五，那辛勤劳作的身姿和他们流淌着汗水与泪水的一张张或年轻或年老的脸。

“裁马五哦，一天一块二毛五呐。”这一句吆喝，真真叫人泪流满面，那么的生活化、那么的有历史沧桑感，我们是不能忘记的。

漓江西岸的码头旧事

徐旭霞

时光碎片

我是船民的后代，生在桂林平乐县的桂江边，从小以船代步，水就成了床，船就成了摇篮。

离开平乐后，我在桂林生活了 30 年，我一样喜欢在生活的空隙里，独自漫步于城市的河边。漓江就在那里，人们就在那里，那些于无声处诉说悲欢的场景总是能唤起我内心不可名状的念想，在江边成长的经历也使我更愿意把漓江视作另一个故园。

许多时候，做一件事的动因会跟自己的成长经历与周遭环境有很大关系，这些年我在桂林市各个人文地理坐标之间游走，努力地抚摸着这座城市的时代脉络，用相机与文字记录着这座城市的历史肌理。

对城市的新旧发展和漓江船家主题的拍摄，既是一种外在的观照，也是某种内心的安抚。这些年的城市记录是轻松的也是劳累的，是孤独的也是享受的，拍摄过程中许多想法和一些观念也在逐渐调整改变。

一次看到南溪姐写的书里有一张老照片，画面里展现的是百年前的桂林古城：漓江西岸——从象鼻山以北到伏波山一带的景象。漓江水很平静，两岸房屋毗邻，江边舟楫如林，远处青山渐隐，数百年时间就这么不动声色地滑过。

青山依旧在，几度夕阳红。饱经沧桑的河水和码头，始终沉默对望。我突然很想了解那照片里的景物，那些傍河而居的人们现在是怎样的状态呢？于是我又去找了一些相关的老照片，漓水汤汤，一张张老照片被发现，我将每一个时光碎片串联起来，照片抹去了时间和空间的厚度，成为可以与我永久对话的介质。

随着城市的改建、时代的进步，河西老街坊们早就开始了新的生活，那些曾经的商铺和民宅，来往的商人和江边的舟楫，早已消失在历史的长河中。我采访了多位当年生活在这一带的老街坊，揭开尘封往事，一个个回忆被激活，历史有了人的活动而变得真实、有趣和鲜活。开始关注这些码头后，我就有意识地经常去这一带溜达，想象着百年前这里应该是什么样子的。或者看着还存留或者想象已经无存的码头，感受着这一段千百年来勤劳的漓江西岸人民生活留下的印迹。

走在当年的盐街上，站在当年的水东门码头边，脑海里似乎又浮现出一些画面，安静的老街上，时不时来了一个人，又踩过去一架单车，不变的节奏，不变的声音，不变的情调，从一条条大街小巷里拐出来，又拐回到一条条大船小船上，河边舟楫如林，鱼贯穿梭，一帧一帧的，像老电影，日日在码头边上演，一天又一天，恍惚已过千年。

漓江西岸码头的历史变迁

码头可以说是源远流长、风生水起的漓江文化源泉之一。

桂林港扼湘桂走廊南端，秦凿灵渠沟通了长江水系和珠江水系，加强了中原和岭南的联系，奠定了桂林港成为广西古代名港的基础。秦至明清时期，水运皆为桂林交通的主要方式。

唐后期，随着桂州府政治中心的建立，经济也进一步繁荣了起来，长安至桂州总管府之间，商旅不绝，贾人云集，商业的进步繁荣，使人口也日益增加。唐人莫休符在《桂林风土记》中写道，当时的桂林已成为“南北行旅，皆集于此”的繁华港埠。唐代桂林的水东门不仅是一个繁忙的商业码头，同时是一个人流密集的渡口，是沟通桂林市东西城区的重要横水渡，与之隔岸相对的临江下里码头（明末称九娘庙码头）也是一个繁忙的码头渡口。

到两宋时，桂林是广西地区政治的中心，而且桂林港成为广西和岭北贸易的中转港。两广食盐行销湖南要经过桂林，广西稻谷北运临安（南宋首都，今浙江杭州），桂林港是中转和集散地。

元代在广西常驻着大量的军队。而这些军队的军饷，全赖收取税银来供给。其中从广东经梧州溯府江（即桂江）西上，过灵渠，再沿湘江而上，运盐到湖南衡（州）、永（州）一带销售所收的税银，便是主要来源，所谓“粤西兵饷，半藉盐运”，就这一项，便可想见桂江盐运的规模。

明清时期，文山、水东门码头隶属于官府，用于官盐及官需物资的运输装卸。到了清代，广西本部为十八省之一，称广西行省，省会设在桂林。当时的食盐、大米仍是桂林大宗的转输物资，陶瓷、铜皿、钞币等在港口中转运输上也占一定数量，已成为中原由水道进入岭南后的第一大港埠，是各种物资集散中转之地。

民国时期，解放桥上游码头供商民起卸货物，下游供滞停竹木排筏，码头货运由民船工会管理。虞山东北处的蚂蟥洲洲西漓江小岔河水面为旧时楠竹囤积之处，也是柴禾、木炭交易市场。

1944 年 11 月，桂林被日本侵略军占领，桂林港口设施毁于战火。

解放初期，由公安、税务在桂林下关（雉山桥东岸）设立检查站，对过往船舶进行治安、税务查验。1957 年，港口建设部门还把定桂门码头改建为客运和零担装卸码头，码头结构形式为条石步级式。时港口辖下码头有新码头、五通庙码头、定桂门码头、象鼻山码头、福旺街码头、九娘庙码头、长堤尾码头。根据不同的货种及货物单位的距离远近选用不同的码头。大宗散货如煤、盐、糖等出港货主要在新码头，零担或一般货在解放桥、定桂门，粮食进口货物主要在福旺街和五通庙码头。

一公里的漓江西岸，一公里的沿街繁荣商铺和舟楫，几个古城门和集商用、民用为一体的大大小小的码头，渐渐淡出了人们的视野。桂林的老码头经历了太多的苦乐，承受了太多的风雨和兴衰。当年的老码头文化只能在一张张老照片里窥到昔日的繁盛了。

码头风云

桂林位于灵渠之南，而灵渠是岭南地区的交通枢纽，是各种货物交换的中转站。码头，因水运而兴；桂林，因码头而兴。桂林港水深浪平，挑夫们摩肩接踵，船来人往，异常繁荣。独特的自然环境以及千百年的风雨历程，塑造了属于桂林人自己独特的“码头文化”。码头文化是一种原生态的文化，造就了桂林人的义气和干劲，形成了开放与包容的姿态。

从定桂门—水东门往北到行春门—癸水门，漓江两岸是停泊舟船的天然良港，商船都泊西岸，花船停东岸訾家洲，漓江两岸泊船对比鲜明。白天，西岸港口装船卸货，商街吆喝声不断，一片嘈杂；天黑了，累了一天的人们回到家，东墙外东腰街、盐街烟火升起。皓月当空、微风拂面，江上远峰排列如屏，时隐时现，船头流水，汩汩有声。浮桥上人影晃动，灯火点点摇曳。有钱人和耍家（指闲人），划着租的小艇带着歌女江面小酌，小贩在小艇上吆喝各种小吃。岸边还有些人大船换小艇，一艘艘小艇从行春门、水东门码头出发，顺水斜摇至訾家洲。

宋代，由于商业活动增加，各种庙会、集市发展，在渡口原址上出现了浮桥（解放桥原址），码头被浮桥一分为二，上游码头即为一些民用码头，下游后称之为水东门码头和文山码头。

桂林在 20 世纪 20 年代以前，交通向来不便，没有铁路和公路，土特产贸易主要靠漓江水道与外界进行沟通。当时，桂林在现在的解放桥下，架设有永济浮桥，浮桥用几十艘小木船一艘挨一艘横排起来连在一起，上面铺上木板而成。

漓江航运当时就是以浮桥为分界线，往北上兴安、全州、湖南，称为上水船，它们便停靠在浮桥的北边，往南下阳朔、平乐、梧州、广东，称为顺水船，停靠在浮桥的南边。从北边来的顺水船以运糙米、生油、茶麸、桐油、茶油、棉花、石膏、土红、青矾为主；南边运输的物质比较繁杂，顺水以运粮、油、山货、土纸及各种农产品为主，更兼承担客运，逆水船则多运食盐、棉纱、洋杂、布匹、白糖和煤油等。

有了浮桥，在那些没有车没有大桥的时光里，那些挑着担子的人们，三三两两，聊着笑着就把那些日子挑过去了。

水东门

东江门是桂林东城第一大门，桂林民间口语多称“水东门”。水东门码头在水东门下，是漓江边最重要的码头之一。从历史的角度来说，水东门码头历来都是桂林漓江上重要的商埠码头。

唐代的水东门不仅是一个繁忙的商业码头，同时是一个人流密集的渡口，是沟通桂林市东西城区的重要横水渡，与之隔岸相对的临江下里码头（明末称九娘庙码头）也是一个繁忙码头渡口。

明、清两代，桂林商贸繁荣，以水东门上三界楼为界，往南到伏波山脚两里路，城里城外两条盐街，城外形成早，为古盐街，城内福棠街、盐行街，往北到象鼻山脚两里路，有一条东腰街，这四里路的豪宅都是前店后院的格局，商业繁荣。

清末民初，桂林交通不方便，旧时有很多船停泊在水东门码头边，物资交流、旅客往来的水上交通工具，多为私人所有。各路船只来往的货物，装卸起落全在这里。这里聚集着商业货主、苦力、小贩，人流如潮。客船、货船一到，就停在水东门，排列整整齐齐，船头纸写明所卖的各种货物、介绍用途，水上饭店、水上商店应运而生。

民国以前，桂林的繁华街道主要是水东门（今解放桥西）至王辅坪（今正阳路）周边以及码头密集的盐行街（今滨江路北段）。

东江门毁于 1939—1942 年之间，国民政府修建中正桥（解放桥前身），拆除城门楼。

定桂门

明代扩建桂林城垣以来，漓江西岸的桂林东部城垣上共有三座城门，都集中在北部墙垣，东江门至文昌城墙全线呈封闭状，无出口。民国十四年（1925），李宗仁、白崇禧、黄绍竑领导的“定桂军”击败盘踞城中的军阀沈鸿英，收复桂林城。这场战争是广西民国史上一个里程碑事件，标志着辛亥革命以后，广西持续了 14 年的军阀割据局面结束，满目疮痍的八桂大地，在新桂系领导下，进入一个崭新的建设时期。

在结束广西军阀混战局面后，为纪念胜利，也为了方便市民出行，在白崇禧的主持下，东城开辟新城门，命名为“定桂门”。白崇禧亲手题写了城门榜书，并作《开定桂门碑记》，他特别在碑文中强调："'定桂'盖取其桂局既定，乃得有是门之筑也，自兹以后善知熙攘往而行经地者，顾名思义，亦当溯其'定桂'之由而思，有以合力图治，相维桂局。"言明此门名"定桂"是希望今后出入此的百姓能记住历史，广西政局稳定的局面来之不易，鼓励大家齐心合力建设好新广西。

定桂门具体拆毁时间不详，东城南段城墙拆毁后，城墙石用作修建滨江南道的河堤。定桂门城头匾额及白崇禧手书的开城门碑记，镶嵌在河堤上。新中国成立后，一位当年修筑河堤的工人用水泥盖住了石匾，旧碑得以保全，1990 年代方才敲开浮泥，定桂门的地理坐标得以重见天日。定桂门存世 9—10 年。

1933 年，白崇禧建设广西模范省，桂林市区大兴土木，马路扩宽，殃及城垣，路旁建西式洋楼，神庙、花园遭损毁。桂林城垣及 13 座外城门及钟鼓楼被逐一拆除。

行春门

清代画家罗辰喜作桂林山水诗画，其《伏波山》图局部，描绘清代行春门城楼及古盐街风貌。城门坐西朝东，单孔门洞，上有重檐歇山顶门楼。

行春门是距离王城东华门最近的外墙城门，明代时，行春门码头是靖江王室成员出城的专用码头。

明清至民国年间，漓江—桂江全段，也称"府河"，是桂林的交通命脉，行春门沿江两岸码头，各类商家字号、店铺钱庄遍布街巷，市井繁荣，逐渐成为岭南连接珠江水系的重要码头，桂北八县的山货土特产经马驮人挑集中到桂林，再经水路运到梧州，转向广州、香港，这一带是广西省会与湖南、广东沟通的重要集散地。

20 世纪 70 年代，码头很热闹。白天货运繁忙，来往的搬运工穿梭不息；傍晚时，码头变成一个休闲的场地，挑水的、聊天的、乘凉的、游泳的、洗衣洗菜的、嬉戏的，又把这码头占满。吱吱呀呀的水桶声此起彼伏地回响在码头上。码头的石板路有些湿漉漉的水渍，倒也愈发显出了干净。每天来往的挑水人、挑菜人沐浴着朝阳或晚霞，背影拖在石板路上。这背影和石板路一样古老悠长，一样古韵依依。

行春门码头（罗克中插图）

漓水人家

自秦朝开凿灵渠沟通长江水系和珠江水系后，湘江—灵渠—桂江这一航线即成为中国南北交往的重要通道，漓江航运随之兴盛，至清代一直不衰。1936 年以后，湘桂公路、湘桂铁路相继建成通车，原经灵渠—漓江—桂江运输的货物多弃水走陆，漓江货运逐渐衰退。

宋代陈师道在《后山谈丛》记载“舟居谓之蜑人”，说广东、广西一带舟居的叫疍（蜑）民。船居是区别船家和陆上居民的主要特征，也是船家最常见的居住方式。河道上的船只有些是住家船，大部分船只兼有住家和谋生的双重作用。

桂林开埠至今已有千年。在漫长的岁月中，木船运行主要凭人力推动，风帆助航。但因漓江滩高流急，湾多水浅，上滩要用竹篙、拉纤和加用绞盘绞船上滩，还要用人力在船旁撑篙，下航使用木桨、木橹并附风帆推动船前进，技法非常原始。

从 20 世纪 60 年代开始，漓江木帆船行驶的动能来源，由传统的人力及风力模式，转变为机械驱动。在当今漓江河里，传统的木帆船早已经消失了。渔船的演变历史体现出社会的发展、船家族群的生活变迁。

在长期的水路运输中，逐步形成不同类型的船舶，按照船舶使用的材料可分为竹排、木质船、钢质船等；按照船舶的动力可分为非机动船、机动船；按船舶的用途可分为货船、定班客船、旅游客船等；按船舶的航程可以分为上河船、下河船（长航船）。

民国时期，漓江上的船全部是自划木帆船。木帆船又称“风帆船”，俗称“民船”，主要利用帆具依靠风力推进。帆船下水使桨，上水拉纤，顺风时则扬帆行驶。

上河船航行于桂林至兴安县大溶江河段（60 公里），航道水浅，运距较短，船上设施简单，工具较少，以减轻船舶自重，空载吃水深度仅 20 厘米。船头为方形，载重 10 吨左右。航行时不用舵而用招（掌握航向的桨）。一般每船两三人，上航船头用穿杠背扛，船尾一人撑篙；若遇急流险滩，数船帮一船，逐船过滩，这叫“打倍”。1953 年桂林有上河船 26 艘。后来因为上河段货源少，逐步改航桂林至平乐航线。船家多为廖姓。在桂林的上河船基本是停解放桥西岸以北，比如蚂蟥洲一带。

下河船航线为桂林至梧州间，是桂林水上运输的主力军。府河（现漓江和桂江）滩高水急，礁石密布，船多用圆形，船体为松、杉、樟木材质。下航顺水时使用桨和橹，上航逆水时以拉纤撑篙为主，兼用绞盘，船备风帆助航。桂林至梧州运距 350 公里，下航 6—7 天，上航 25—30 天，船家老少随船流动，以船为家。船舶载重量为 20 多吨。1953 年有下河船 280 多艘。船家黄姓居多。在桂林的下河船基本是停解放桥西岸以南。

下河船肇始于古代军运，漓江流域里属“主力部队”，又分为桂林帮、衡阳帮、毛村帮、平乐帮等支系。它北经灵渠而通中原，南连穗港，西经相思埭可达云贵，西南经合浦入海。因顺水而下，航距较长，故名下河船、长航船。

1956 年初，上河船、灰渡船、下河船个体船民组建了桂林市第一家水运企业——桂林港木帆船运输合作社，各类船舶折价入社，归合作社经营，航行于桂林、平乐、梧州之间。1958 年下半年，该合作社自行建造“漓江 1 号”机动拖轮，此后机动船逐年增多，木帆船逐年减少。

盐街老街坊口述

1. 王剑燕（81 岁，船上人，老家在湖南）

我父亲叫王聚财，湖南邵东佘田桥镇人，1904 年生，11 岁和别人走路到桂林，在船上做学徒打杂。父亲略懂医术，朋友有什么跌打损伤、小痛小病 ，一般的问题都会找他，治好后他也不收费。父亲有武艺在身，打得一手好拳，讲义气，人缘很好。大家都很敬重他。

桂林有十几条湖南船，一般停在訾洲，訾洲造船厂的家属住在临江下里一带。桂林抗战前期，湖南帮的船民把船卖掉了，人留下来帮其他船打工。

解放后，桂林的湖南帮只剩下我父亲了，他买了一条 16 吨重的桂林船，那是一种人可以站在架头面上扒舵的大船（小船是在船后舱把舵的）。那时还请了几个水手，都是老乡，父亲的船在盐街码头装过瓷器一类物品。货运路线是桂林到平乐、梧州，有时也到珠海。

我家的船分三个舱，前舱住工人，中舱父母住，后舱住孩子。有一次，我跟着父亲的货船到了广东西江，港湾停着很大的船，一般是做枣子生意的。以前的人做生意讲信誉，有问题的枣子都不要，于是一筐筐的枣子从船上倒下来，我们就在下面拿筐去接，接不到的就在水里捞，捞了好多枣子，拿回去在架头面上晒干来吃。

漓江上有上河帮、毛村帮、湖南帮、桂林帮。上河船比较少，一般停在解放桥以北。上河船比桂林船要小很多，船边没廊桥，船一般是五六吨。上航航道浅，一般是运建材到灵川、兴安。上河船上滩不像下航船，不用撑也不用拉纤，都是用扛的方式，上滩搁浅了要靠扛船。

以前没有航道管理，航道的暗礁没有人专门疏通，开船技术差会有危险。在航道复杂的河段，附近滩的村民就用木板拖开或刮开那些石头，疏通航道。但是不是义务的，村里有规定，河边有个牌子，写着收费，经费属于村里的。

远远看见有船来了，他们会站在河边用个网兜伸出去收钱。来的船是不靠岸的，船上的人就把一些碎钱放在网兜里，一块、八毛，多少不论，没有硬性规定。没有钱，放些生活用品或者食物都可以。我们也能理解村民收钱——他们帮忙把河道疏通了。

訾洲尾有险滩，那是上游的小石头顺水流沉积在滩尾造成的浅水，船也容易搁浅，那个时候船只能凭经验过滩。如果船搁浅了，船上的人就站在水里，在船的左右两侧，逆水方向分别用两根竹子交叉，然后用几块木板插在竹子前，两三个男人就扛着或抬着竹子，用木板阻水，船边水位抬高后，船就可以慢慢出来了，不能硬来，不能用竹子硬撑，这样会磨到船底。

沿途滩浅货重，船上不去，其他船的男人会帮忙，女的就帮着拉纤。小朋友在河边刷滩，男孩子用钩子一刷，就有鱼，滩上鱼多又好吃；女孩子就在水里跳来跳去，摸螺蛳玩。

解放初期，父亲运货去平乐，沿途有土匪，不能走了，就停下来待一段时间，河边也停了好多木排、竹排。后来解放军在船上押船护航，一个班或者一个排，护送很多船一起走。解放军和船民一起拉纤，一起劳动，有他们在，船民们心里就安心了。

我 20 岁的时候，漓航公司航改开始，漓江上开始有拖轮运货。父亲见过世面也看得透，就把家里的船交给公司。那时没有退休工资的，为了一家人的生计，父亲就去七星公园打杂搞卫生，工作积极、认真、负责。到了退休年纪了，公园说父亲虽然年纪大，但是工作认真勤恳，就给了个指标转正。父亲的退休工资比我还高呢。

墙上挂着我父亲的照片，他留着长须，笑得很开心。

我 3 岁的时候，有一次在船上到处跑，湖南船船边的阳桥很窄，一不小心就跌下河，瞬间沉到船底。幸好旁边的船有个水手正好看见，他也是我家亲戚，他马上跳上船尾的小艇，等我从船底浮出来，一把将我抓起来，我这才大难不死。后来我学会了游泳，可以到处游了。

1961 年，我在盐街的航小（即漓江航运小学）当老师。小学有三四百平方米，十几个教室。开始只有一至四年级，后来才有五、六年级，成为完全小学。之后再扩大招生，师资力量不够，教育局就调老师来了。一个班有 50 人左右，共 400 多个学生。

20 世纪 60 年代前期，为了响应国家体委关于广泛开展游泳、射击、登山、通讯等四项运动的号召，锻炼水上过硬本领，准备随时打击侵略者，支援越南抗美斗争。桂林市于 1964 年 8 月 16 日在解放桥漓江段举行了历年来规模最大的横渡漓江活动，还有民兵武装泅渡漓江比赛。我也参加了救护比赛工作——水面巡逻时，看见水里有哪个不对劲了，就丢游泳圈过去救援。

1987 年，漓江上举行龙船比赛，我当时是漓航工会主席，负责联络工作，也是漓航的领队。我也扒龙船，因为打小就待在船上，所以上下龙船如履平地。

2. 毛秀英（83 岁，桂林人，老家湖南）

我是盐街航运小学的老师，在小学里前后待了 12 年。航运小学是漓江航运公司的子弟学校，1958 年创办，1971 年结束，我自始至终都在学校，见证了学校的发展和辉煌。随着航运慢慢衰落，很多船家也不跑货运了，加上后来有政策，学生要就地入学，所以到 1970 年，学生慢慢少了，到最后只剩两个班，就一起并入江南小学去了。小学撤销后，我就回航运公司当集体干部去了。

盐街码头是一条 1 米多宽的斜坡青石板路，雨天石板路滑，走路都要小心，石板路一直延伸到河边，河边是一片沙滩和平路。

解放桥头东西南北都有码头。南面桥头是运瓷器、瓦罐的船。解放桥西岸北面盐街一带水浅，只能用来停船，南面水东门才是大码头。水东门码头大概有 5 米宽，河边还有拴马（船）石，后来修滨江道的时候拆除了。

航小学校旁边也有条小巷子，学校的学生有时到河边捉鱼虾玩。行春门比较大，以前人们可以从王府出来，河边有码头能直接下河，河边停了好多竹排和小船。

漓江涨水的时候，航小地势高，没被淹过，只到屋脚边。盐街边停着的竹排一般会被顺水推下，但在解放桥石墩那里容易堵，下不去。解放桥建好后才拆了原来的石墩。

那个时候，码头的挑夫将货物从船上走跳板挑到岸边，货物再被汽车运走。以前有挑夫队，20 世纪 50 年代有很多很正规的挑夫，他们穿一样的衣服，也有打散工的挑夫，他们很辛苦。

20 世纪 50 年代，桂林有很多竹子房，竹子房造价便宜，工艺简单，老百姓都承担得起。先用木头做房子的框架，房子四周编上竹片挡风雨，长竹子破两半，去掉竹子之间的竹节，一边仰放一边俯放扣好。竹子房不足之处是漏风雨，也有缝隙，后来在竹子上放上草筋灰就好了。

上河船两侧直直的、窄窄的，两头翘，船底平，船不大，一般跑蚂蟥洲、兴安。湖南帮、毛村帮和桂林帮的船属于下河船，船底是半圆的。

盐街巷子里河边都有担子米粉，但是担子米粉不上船，船上的人下船吃或者从竹排上走过去吃。吃完米粉的碗也不用怎么洗，水冲一下就可以了。

3. 廖玉峰（81 岁）

我记得从解放桥到伏波山方向，一共有四个码头，其中三个是用青石砌成，一个由居民房子之间的小巷道自然形成。

盐街最早称为盐行里，20 世纪 50 年代末改名河西街，后来又改成上游里，分上游路、下游路。原来老盐街是指水东门到伏波山一段，后来盐街的范围只到行春门。

那时从解放桥下转到盐街，有个很高的坡，桥头往北就是行春门了，这里整条盐街的路呈斜坡状，行春门是地势低的一端。

第一个通往河边的码头是自然码头。盐街 1 号是我家，房子与解放桥高度一样，路边一排铺面面对解放桥。街委会对面是拉板车的人住的。码头旁边，房子由竹篱笆围成，巷子正中间有两间民宅，靠右通往解放桥的阶梯，桥底有墩子。20 世纪 60 年代，河边停靠有装瓷瓦的船，还有卖沙的。下了第一条巷子左转第一家是水生的家，隔壁是廖家，两层楼，主人喜欢钓鱼。1952 年漓江涨大水，街委会到行春门一带都被淹了，廖家被淹到一楼，当时整个盐街巷子都可以撑船了。

靠左的巷子与第二个码头相通，应该是整条盐街最整齐的一条巷道，路面是非常规整的青石阶梯。加上两边整齐的青砖风火墙，有古朴的气息。航运小学租了周家的房子，地址就在第二个码头左边，后门有个小门可以出来。

第三个码头连接了一条水巷。这里的地势最低，一到大雨天，雨水都往水巷里流，然后汇入漓江。

码头河边停满了竹排，挑夫一般在扁担两头扎一根棕绳，将它穿过竹头的洞眼（原来做竹排时凿好的洞眼）横卡上，一次只能拖两根，挑夫挑起扁担通过这个巷子将竹子拖拉到雨伞厂备用。天长日久，巷子里的阶梯都被打磨得非常光滑，有的路面还形成了凹槽，非常有特点。雨伞厂旁边有家姓陶的，卖煤油灯的。水巷的棕麻厂，后为市五金站宿舍。

第四个是行春门码头，东华门对着行春门。行春门码头是整条盐街最大的码头，也是大件货物的集散码头，由麻石砌成，所以涨水时也能装卸各种货物。

我的家住在雨伞厂对面，在王城城墙边。小时候，我差点被城墙压死。1942年日本军轰炸桂林城时，将雨伞厂炸出了一段8米多的残墙断壁。7月上旬的一天，凌晨四五点钟，轰隆一声巨响，残墙断壁倒了，我家被压垮了一半。

盐街的街坊们事后告诉我，当时城墙倒下来，正好倒在我的床上，床上靠城墙的一头是当时5岁的姐姐躺的位置——她被压死了。妈妈的脚也被压伤。我睡在床的另一头，被床板弹起来掉到地上，刚好躺在被压倒的大衣柜和床边形成的空间里，街坊找到我时，我还在呼呼大睡，街坊们都说我的命大。灾后街坊们帮建起了砖房。街坊们的热情相助，一辈子记在心里。

解放后，社会治安平稳，我们在盐街住的条件得天独厚，不知道多少人羡慕。盐街的孩子们学游泳是无师自通的，尤其是刘家的水生大哥，水性了得，1964年就被招进广西跳水队。那时的解放桥还是木钢结构，光着屁股的男孩子从桥上以各种姿势扎入江中，憋气扎猛子，潜水穿竹排底，还进行狗刨式、自由式游泳比赛。女孩子就捉鱼虾。这就是盐街孩子的夏天。

小时候，盐街的小孩多数是在晚饭后去游泳，但有的小孩喜欢抓鱼，我就是其中的一员。我用小手抓鱼那叫一绝。我用双手摸住石头，就将“哈棒棒”“火柴头”（均为小鱼名字）抓住了，鱼有手指那么大。有时为了方便，我就用较大的石头用力砸向有鱼的石头，让小鱼在下面受力震动晕死。骨鱼和塘角鱼差不多大，鱼头边两根大刺好厉害，徒手抓经常会被刺出血。鳜鱼好吃，有次在急水滩，我将两把河里的绒毛水草抓在手上，慢慢合拢，鳜鱼没有注意，我一把抓住。那时的漓江水非常清澈，鱼也多，下面的小鱼都看得清清楚楚的，当时没有电鱼的（最多也是大网抓鱼），所以鱼儿怎么也抓不完。

大网抓鱼需要四个人合作，其中两个人在河里插上大网，另外两个人拉绳子，绳子六七米长，两人往上游走到一定的距离，将绳子合拢，小鱼一受惊吓，就游向大网里，这时只要抬起大网，小鱼就跑不掉，非常好玩。

猛子是我的好朋友，也是船上人，小时候我和猛子最喜欢去漓江游泳。一次猛子做了一个长1米、宽80厘米的门板，门板的一头还有一根四五米的粗麻绳。门板下面还有4个20厘米的竹筒板子。我感到奇怪，就问他是什么东西，他说先保密。

我和他两人拿着这个东西就往河边下水。从雨伞厂的河边到解放桥大概有100米，到了解放桥边，猛子喊我去河岸边找一块比较重的长形石头。我按他的意思找到了，然后我们用绳子捆好石头，这时他才对我说，我们到解放桥第一个桥墩下去找铜钱，发点小财，这样我们第一次从水下3米多处找到了铜钱、铜板。之后我和猛子还去过两次，收获就没有第一次多了。因为知道的小朋友越来越多，加上涨水后泥沙一堆积，就把这些铜板冲走或者埋到更深的河中去了。

1955年涨大水，我和一个叫黄建中的朋友去游泳，水浑且急，我们从解放桥的第二个墩子游。到漓江剧院后我靠边了，他游不过来，我急得喊救命，这时在漓江剧院附近停着一条阳朔船，一个女孩子就划小船过来救他上岸。后来我这个朋友攒了10多块钱去找这个救命恩人，结果船不在原地了，再后来又经过多次多方寻找，最终找到了女孩子，之后的故事很完美——听说他们在一起了！

我们一般都在盐街一带玩，很少跑过河。桂林市很多小朋友喜欢玩蛐蛐，有种蛐蛐叫“铲马头”，打架很厉害。两只铲马头在一起，见面就打，顶翻对方为止，输的一方就跑了。还有一种是圆头的大蛐蛐，我们喊“嘎啦”（发音），嘎啦打架还用牙齿咬。以前有家理发店，那里有个师傅，有一次在涨大水的时候，他捡到了从上游漂来的蛐蛐，那蛐蛐我们喊“大咕噜”（发音），脖子有一圈蓝色，那蛐蛐打遍桂林无敌手，最后他把这个蛐蛐卖给了梧州老板，得了五担谷子，这价钱够我们一年生活了。

桂林王城里有个喊“大把爷”的人，姓符，在桂林玩蛐蛐是最厉害的。我们就去七星公园里捉蛐蛐，他1分钱收我们的，然后将蛐蛐分类，再3分、5分卖给别人。我家里也有坛坛罐罐，养着蛐蛐。

1944年桂林沦陷后，到处破破烂烂的，盐街还算不错，保存了下来。1963年、1964年盐街河边建了很多临时棚。盐街还有大公厕，男、女各5个位，河边有几家私家搭的厕所，有些人家里也陆续有厕所了，所以盐街的卫生也算搞得好的了。

4. 李义保［65岁，东乡（大圩）龙门村人］

我的印象中，盐街码头是同大圩那些小巷子码头差不多的，因地势平缓，也有一些吊脚楼，但与旧时平乐车渡码头的高吊脚楼没法比。我读书时（1963年），那里不再上下货了。盐街河边停了许多毛竹排子（竹子原材料）。航运小学校舍原主人家就是做竹子生意的，竹子顺漓江、桂江而下到梧州去卖。

伏波山公园门口的癸水门码头应该大些。这段河水急，有点像平乐船运货码头，因以前解放桥边的石头台阶高，水又不深，故大船难靠岸，但定桂门、水东门就方便多了。

记得小时候，解放桥南河岸上有很多石柱，西岸边有一个石柱上刻有“衡阳瓦头帮”五个字，石柱是拴船用的。湖南很多货物用船运到桂林，我妈跟我说，湖南船很大。

春夏时节，漓江经常发洪水，水如脱缰野马，行船非常危险。蚂蟥洲上的上河船是不能下梧州的，他们的船两头尖尖翘起，两侧船板是直立的。学校放假时，我会跟着父母坐桂林漓航货运船下到平乐，时间合适还会去一趟梧州。

我在船上生活到 6 岁，上岸后在訾洲生活，就读于航运小学。我在那读了 5 年书，1968 年转学到朝阳小学（现在的十四中）读了一年，朝阳小学办初中，我转去“五・七”中学（现龙隐小学）。航运小学 1971 年停办，我原来的同学都去了一中。1979 年，南宁大专院校举行游泳比赛，我这个没有专门受训过的漓江船上人，游得还可以。

20 世纪 60 年代，漓江木帆船上的船员经常唱船歌，见什么、想什么都可以拿来唱。在美丽的漓江上，常有悦耳动听的歌声传来。可惜进入 70 年代，机动船普及后，就没有人唱歌了。现在会唱船歌的老人所剩无几，船歌基本上销声匿迹了。

5. 徐秀英（82 岁，船民老歌手）

在平乐装一船锰矿去桂林，到虞山庙码头卸货。水东门以前有码头，但是不在那里起货。苏杭货（丝绸）一般在梧州起货，到桂林水东门码头下货，码头离张永发的店近，其他货则在新码头装卸。我们一般将苏杭布称为“纹纱”，梧州人称为“凉纱”。装苏杭货的是很好的大船，一般请十来个工人，这样航行很快。7—8 吨的小船是不敢装苏杭货的，船上工人少，怕时间赶不到——船家不按时到货会被罚，要扣运费；提前到，则货主有奖。苏杭货要赶在换季前到货。比如夏天，梧州到桂林需要十天，船家每天要撑到晚上 9 点。晚上黑，汽灯就挂在桅杆上，人在船头撑。有首船歌是这样唱的：大光灯挂在桅杆中间，别人问我，我就说是我哥夜赶苏杭……从平乐上来，一般到桂林的第一晚就靠岸在水东门码头，第二天才撑上虞山庙，船没有装货时，就停在虞山庙码头附近放空船，排队等货，有时要休息个把月才轮得到装货。20 世纪 60 年代，我弟弟放假了，我们兄弟三人就和同学一起划艇子去水东门玩，哥哥、弟弟弹琴，我和修配厂的同学唱歌，解放桥上面有一点河滩，大家把艇子停在那里，在河滩中间玩。那时我二十几岁，没货装的时候就在船上唱歌、聊天。

水东门码头一般停的是桂林住家船和苏杭船，我家船小，不装苏杭货。桂林当时有女老板苦瓜八妹、虾公二妹，男老板有程八、全贵德，他们的船是 30 吨的气派大船。

平乐、恭城的货有柚子、柿子、鸡鸭。恭城的货先运到平乐，平乐是大中转地。平乐的青麻运到桂林和梧州，百把斤一捆。桂林货有白果、马蹄，多数往广州运，在梧州一般还装点杂货上来，到了广州可以拉盐上来。

船装好货以后要请人帮工，船家就把竹篙插在船头，拿个帽子放在竹篙头，岸边的伙计看见后，就晓得这家船要请工人了。于是工人就上船来和老板谈价，商讨要请几个人，是否可以一起来。船装的货多，他们的工钱就会多一点。有些工人是几个人一个团队，他们绑着同样颜色的红腰带，戴着同样的帽子，看起来比较正式，比其他散装工人要专业。他们一般会找高档点的船，撑船水平也高些，工钱自然就高些。散装的工人一般是帮小船搬货，工资也低些。船分档次，工人也分档次。

6. 廖师傅（79 岁，蚂蟥洲漓航职工）

我是漓航的职工，漓航职工有 1730 人。漓航在现中山中学处，离解放桥约 50 米。航运小学是漓航的子弟学校，在今逍遥楼旁靠解放桥处的花坛边。

桂林以北没有什么航道，上河船多。上河船是没有廊桥的，船头到船尾只能走舱内进出，我们称其为男人船。因是短途上河船，男人上厕所、洗澡方便，不需要搭围垫。有廊桥的船虽然方便，但是承重大，吃水十几厘米，河浅的地方船过不了，所以有廊桥的船一般跑大河。

上河船运木炭、大米、糖等。上河船上滩和大船不一样，需用竹杠子扛起，我们叫“扛杠子”。船两头，一头一人，麻绳穿起，绑在船边，船头人下河，然后一边拉麻绳，一边拉船。

大船搁浅了，需要“放牛”（也叫“放射”），用一块长四五米的跳板，一头绑绳子，一头放在船舷一侧固定住，再把跳板放横，用于阻水，水位一上升，绳索受力后就往后拉，这样船就脱浅了。

以前叠起的竹排叫大排，要用大船运往梧州。装竹排的时候，竹尾巴上有一排排滚筒，所以，五六天就能拉成大排。水运木头在桂林很少，平乐的珠子洲木场有水运木头。

以前解放桥一带大多停的是平乐、恭城、荔浦的船，由桂林运货到桂江、西江沿岸市县，桂林—平乐称上府河，平乐—昭平称中府河，昭平—梧州称下府河。

徐旭霞，中国职工摄影家协会会员，广西摄影家协会会员

盐街人的四时生活

麻秋鹤

老盐街，是一条从伏波山到解放桥逶迤狭长的百年老街。从1959年元月到1986年12月，我家在盐街居住了28个年头。周而复始的28个春夏秋冬，我目睹并感受到了盐街人的四时生活，至今印象深刻，时常梦里又回到盐街。

20世纪60年代，盐街的居住环境比较差。房子大多矮小破烂，而且既无自来水又无电灯，唯有零星几栋已经多年失修的高屋大宅，隐约透露着那早已逝去的早年盐街的城市风光。道路狭窄呈南北走向，路面仅五六米宽且坑坑洼洼。一旦进入春天多雨季节，原本破烂的路面更是积水成潭，无处下脚，行人只能像扭秧歌一样寻找着地上的高点前行。

盐街不少住户的房子以前曾做过盐铺、盐库和熬盐作坊，长期存放粗盐，由于盐粒中含有氯化镁等杂质，在空气中较易潮解渗入地下，所以一到南风天盐水就形成返潮现象，致使地面潮湿泥泞，要撒上沙子、煤灰防滑才能行走。

春季隔三岔五的回南天让盐街人烦恼。回南天一个周期短则一个星期，长则十天半月，家里墙壁流水，物品受潮发霉，洗好的衣裤久晾不干，只得烧炭烤干。只有到了“南转北，了不得”的时候，一夜北风将空气中的湿气吹得烟消云散，盐街人方得愁眉舒展，笑逐颜开。

熬过潮湿的春季，就到了盐街人放飞自我的夏天了。盐街由于紧靠漓江，在水一方，因此盐街人面水而居，依水而存，因水而兴。家家户户挑水、洗菜、洗衣、游泳或洗澡，吃喝用玩都离不开这条漓江。而盐街人似乎天生都识水性，无论男女老少没有几个不会游水的。如果你在盐街住过几年还不懂游泳，盐街人就会笑话你。

夏日的漓江水丰波清、波澜不惊，是盐街人的最爱。到了休息日和暑假，盐街的少男少女每天总要在河里泡上几个时辰，或到中流游上几个来回；或从解放桥西码头下水游到象鼻山的河滩，然后逆流而上再游回盐街河边；或在泊于解放桥北水面宽达数十米的竹排下比赛“钻迷子”（憋气潜游），看谁一口气钻得又快又远。

有人说，盐街过去盐铺林立，每家的地都是碱的，因此盐街的“盐耗子”（蝙蝠）也特别多。此话虽言过其实，但“盐耗子”确实不少，每到夏天暮色西沉，“盐耗子”就倾巢而出，三两结伴穿行于街巷屋宇之间。

老盐街小巷口的自来水站（罗克中插图）

盐街夏天没有蚊子，家家户户不用挂蚊帐，即便有些人家稍微讲究点，傍晚时也只是在门前屋后烧一把艾草熏一熏，这样能安然度过整个夏季。

久违的和风送走了最后的酷暑，也送来了一股清凉。秋风乍起之时，桂林街边一些性急的桂花树就绽开了花蕾，率先送出幽香。而这时候盐街的街头巷尾，无论白天还是晚上都会传出一阵阵“哆哆哆”很有节奏感的声音，此起彼伏，空气中不时飘来辣椒、蒜蓉、豆豉混合着桂林三花酒的清香。桂林人听声闻味就晓得住在盐街的湖南人，家家又开始剁辣椒酱了。

盐街居民中的湖南人较多，尤以邵阳、衡阳、祁阳居多。

这时候，如果你去盐街走一走就会发现，很多人家的房前屋后空地上、瓦背上摆放着很多竹制畚箕、簸箕，里面晒着切好的萝卜条、蒸熟的茄子条，有的屋檐下还吊着红辣椒、干豆角。一眼望去，盐街住家一时间又仿佛成了乡下的农家小院。

吃晚饭的时候，很多大人小孩喜欢端着饭到屋外街边吃，如果你想了解各家各户吃的什么菜，只要走近看便一目了然。街坊们聚在一起，互相品尝对方家里炒的菜，分享隔壁邻舍做的辣椒酱、茄子榨等。邻里和睦，其乐融融。

印象最深刻的是，每天吃晚饭的时候，总有一个湖南堂客飙着高音喊：“心乃吉唉——回来恰饭哩！短命鬼你死克哪凯克了？”她是在喊儿子回家吃饭，男孩子太贪玩，每天吃饭都要喊。但她的湖南腔夹杂着桂林话，也的确很有意思。

如果在家里不时听到“啪啪”炸响的声音，就说明已经入冬了。入冬后，天干物燥，板壁、家具榫头接缝处收缩开裂，因此才发出如同鞭炮炸响般的声音。而盐街的房子 95% 都是木结构的板壁房，用火自然要格外小心，若是哪家用火不慎，一旦失火必然会殃及数十上百户人家。这时候，住在我家对门的河西街居委会治保委员会的彭委员，就会挨家挨户宣传：天干物燥，小心火烛，一家失火，众邻遭殃！

我家在盐街住了 28 年，直到整条街全部拆除，我都没见过发生火灾。这说明居委会的宣传工作做得很到位，盐街人的防火意识也很强。

整个冬天，盐街板壁房都是很冷的。虽然板壁接缝处都糊了旧报纸，但凛冽的寒风仍会从门窗和板壁结合处的缝隙灌进来，房间里冷得像冰窟，晚上睡觉时常半夜被冻醒。

而比这更冷更无奈的还是下河洗菜和浣洗衣服。河水冷且浅。人在河边给冷风吹得瑟瑟发抖，手冻得通红，冬季洗东西可真不容易啊！

玩耍中的街坊小孩（罗克中插图）

虽说盐街家家户户都通了电，装了自来水，但盐街人过惯了节俭的日子，为了省点钱，凡是费水的洗涤物，还是拿到河边去洗，有时为了在干涸的河床上找到一泓清水，哪怕寒风割面、水冷彻骨，也要脱掉鞋袜卷起裤腿涉水走到河中间。这就是盐街人的冬季生活。

1978 年到 1999 年，前后 21 年间，有上百年历史的盐街，被分作三次拆除了。第一次是 1978 年，建设滨江北路；第二次是 1986 年，年底旧城改造；第三次是 1999 年，扩宽并重建解放桥工程。从此，世居盐街的街坊天各一方了。

前不久，盐街老街坊小聚，当年那些“钻迷子”穿竹排的青葱少年，如今一个个都变成了皓首老头老太太，大家不禁唏嘘，感叹岁月如刀，世事多变。然而不变的是，盐街人对盐街的深情与挚爱。

那些年，经历春的烦恼与煎熬，夏的放飞与欢乐，秋的清爽与丰富，冬的无奈与无畏——这就是当年盐街人的四时生活，诚如人们常说的人生况味吧！

麻秋鹤，中级经济师，老盐街街坊联谊会负责人

盐街街坊亲情

王顺瑶

老盐街，一条以盐命名、以盐闻名的古老街道。这里曾经发生过许多感人的事，上演了一幕幕“远亲不如近邻”的故事。这些故事虽小，却让人倍感温暖。

1952 年 6 月中旬的一天，夕阳西下，位于老盐街的雨伞厂工人已下班，唯厂长和保管员还在处理杂事。

忽然，急促的电话铃声响起，那头传来气象部门的紧急通知：由于上游兴安下特大暴雨，两三个钟头后，超大洪峰将至。

厂长放下电话后，急得如热锅上的蚂蚁，他对保管员说：“河边的临时仓库还有一万多把半成品雨伞需转移到厂里来。但是，工人都下班回家了。怎么办？怎么办？完了！完了！”

这时，保管员略加思索后说：“我有一亲戚的朋友住在厂对面。我去请他找些邻居来帮忙，试试看行不行。”

没想到街坊们听闻此消息后，一下来了 20 多人，包括三位妇女，还有两个十二三岁的“小男人”。

他们二话不说，铆足干劲加油干，硬是抢在洪峰到来之前，将这一万余把半成品的雨伞搬到了安全之地。

厂长被感动得手足无措，赶紧掏出十元纸票来——那时的十元钱，可是一个普通百姓一个月的生活费了——准备发给大家。

然而，众邻居们只是淡然一笑："免了免了，街坊邻居的，相互帮助是应该的，不用客气，不用客气！"

盐街人团结而豪气！

另一个故事，也发生在雨伞厂附近。

抗战时期，日本军轰炸桂林城时，将雨伞厂炸出了一段 8 米多长的残垣断壁。

1942 年 7 月上旬的一天，凌晨四五点钟，"轰隆"一声巨响，居民们起身推门看，雨伞厂的残垣断壁倒了，对面一户廖姓的家被压垮了一半。

周围邻居闻讯立即赶过来救人，很多人只穿着大裤衩，光着膀子，搬砖掀瓦扯木。经过两个多小时的营救，成功将屋内两岁的小男孩解救了出来，同时被救出来的还有被压伤脚的女主人。

清晨时，大家还送来了早餐和用于跌打损伤的药酒，并着手帮他们安排新住所。在众邻居的援手下，一位略懂土木建筑的男子，费时一个星期建起一间 20 余平方米的砖木结构房来。这期间，前来帮忙的人都是自备三餐，没人提过一文工钱。

从此，廖姓一家又有了避风挡雨的家。

邻里和睦，力可断金。邻里和睦，千金难求！

从这两件不起眼的真实故事里，我们看到了老盐街平凡市民的质朴和伟大。

王顺瑶，桂林师范高等专科学校副教授，老盐街街坊联谊会负责人

忆老盐街

周昱麟

我家祖居解放桥（旧时叫中正桥）西头河边的盐街，门牌号为“盐行里 8 号”，前门斜对着长年雾气蒸腾的熬盐厂，后门面临漓江。

小时候曾听家父和祖母说，家里从清乾隆以后世代就做竹木生意。每年春头时，漓江涨水了，便从灵川九屋老家雇工走东江、甘棠江放竹木筏子出来，到盐街的家门口码头前停泊。工人打了尖，歇宿数日，看天气好了，就由管家“匪堆”（九屋土话，意为“福弟”）带队，将竹木排子下放至梧州。往返一次得要一两个月呢。得了银子就回九屋村去置办田地家业，因此成为富甲一方的乡绅。

前一二十年，我的一位九屋老乡来桂林城里工作。她陪我还乡，去看了九屋江头村老祖宗的爱莲祠堂，却踌躇着不敢带我进九屋村。她玩笑着说，听村人说以前旧社会时整个九屋村大半的土地都是你们家的，带你回去，村上人还以为是回来清算了，非骂她不可。

1958 年，我读小学一年级时还住在盐行里。印象中，那是两幢三开间二层的青砖青瓦杉木楼。楼与楼之间有青石板铺的天井（那时叫“天池”，它周边有排水的暗沟），褐色的木楼两边有高大的黑色风火墙。上得楼来，脚踩着杉木楼板吱吱地响，头顶嵌着几块铮亮的长方形玻璃亮瓦，天气好时，抬头可望见蓝天白云。

而从我家后楼上，推开窗子便可望见漓江对岸碧绿如翡翠、云烟笼罩着的訾洲。父亲因此将他的书房命名为“訾雨楼书斋”（“訾洲烟雨”为桂林老八景之一）。

父母当时在全州高中教书，他的两个妹子——我大姑和小姑，分别在湖南长沙412地质队和梧州松脂厂工作。祖母带着我们兄弟姊妹几个住两间房，其余的房都出租。那时外地时不时有钱寄来，邮差就会拍着大门，扯着嗓子叫：“赵安蓉，你的汇款！”

我发蒙读书，是在盐街尽头鞋帽厂车间里的一所民办小学。一个班几十个街民子弟，各人每天都得自己带上“屁股”——一张矮脚小方凳子或一条小长凳子。上课了，竹篱笆墙上挂着一块长方形的小黑板，一位年轻的女教师，写写画画，教大家读拼音字母和唱儿歌。

儿歌朗朗上口，充满了童趣，至今我还记得当时唱的《石榴树》和《美国佬》：

石榴树，开红花，红花开在小明家。小明躲在大门后，妹妹窗口当侦察。

小麻雀，叫喳喳，石榴树下来看花。妹妹忙把哥哥拉，哥哥举枪不理她。

砰！啊哈！小麻雀，不说话，一动不动躺地下。哥哥乐得拍手笑，妹妹乐得叫妈妈，叫妈妈——！

歌唱到收尾时，满教室“妈妈，妈妈”的叫唤，真像是蚂拐（青蛙）闹塘！接着，女教师一摆手开始打拍子，大家又撮口齐唱，像一群鸭子嘎嘎叫。

美国佬，是强盗。脸上笑嘻嘻，背后挎大刀。见了好东西，什么都想要。

要不到，它就抢。霸了土地占了房，杀人放火样样干。它的野心比天大，想拖住那地球往家里搬！

全世界的小朋友，对付强盗，要勇敢。不管它有多么凶，我们的力量比它强。大家齐心团结紧，打倒帝国主义强盗王！打倒帝国主义强盗王！

呜呼，小拳头举成了一片小树林。欢乐的声浪，一浪高过一浪，把一个小小的教室炸开来。六十余年了，这场景还时时浮现在我脑海中。

那时候，一推开盐街我家的后门，出去便是锃亮光滑的青石板码头。到了每年的“三月三”这天，奶奶会笑眯眯地说：“三月三，脱了长衫换短衫。”

她便盯着我们兄弟姊妹几个把周身里外的衣裳都扒光了，我们像青蛙一般“噗通噗通”跳进门口的漓江碧波中。我便似鱼儿钻到竹排下面，摇头摆尾。一会儿凫到水面来，人仰面朝天，袒露了白嫩的肚皮，静静地瞅着蓝天白云出神。隔河对面远处的訾洲上，竹篱瓦舍袅袅升起一团团烟云白霭，浮在宛如绿绸的水流上。

突然间天上撒下一蓬子碎雨，一阵微风吹过，江面上荡开千万朵水花。奶奶急得在岸边跺了小脚呼喊：“下雨了，小兔崽子还不快归家啊！”我腰一挺打个翻身，一个猛子扎到岸边，冷不丁地从水里蹦出来，站到她跟前嚷着：“怕甚的，沾衣欲湿杏花雨，吹面不寒杨柳风！”

当时，我常跟着大一点的小孩横渡漓江。哪怕是春夏间涨了大水，也可以在浑浊的江面上打个来回。生长在漓江边的孩子，哪有不会游水的？

大约是读二年级的时候，我家盐街的房子被“改造”了，大门上挂了漓江航运小学的牌子。我们一家人搬到了的另一条街——福棠里 37 号。上边只分给我们一楼一底约 20 平方的两个房间。1957 年秋天，父亲在全州高中被划为右派，次年便和母亲回到了桂林。年近古稀的祖母和两个妹妹窝在木楼上，哥哥与我，加上父母，挤在楼下潮湿阴暗的木板房里。天一下雨，房里便泥泞不堪，要用脸盆、梯桶来盛水，戽水。我因此患上了风湿性关节炎，读三年级时曾休学半年。幸而家父懂些中草药，将我治好了。

福棠里 37 号是一条长三四十米的狭长弄堂（有点像老北京城里的胡同），住着一二十家人。它的后门连着江南巷，后墙根隔壁便是江南小学。有公共厕所在弄堂尾，上厕所时不时可听得见学校操场的广播和嘈杂的人声。

我家斜对门住的是王德明大叔，他在市里东江皮革厂上班。当时我家穷，小孩多，七口之家仅靠母亲在地区食品公司当会计的每月 30 多块钱，一家人常年少油水，王叔几乎每周都会从厂里捎带些碎肉皮子回来，夜深人静时便悄悄敲门递过来。我们如获至宝，将肉皮子放在煤炉上的鼎锅里炖熟煮烂，大口大口啖了，算是开荤。后来王叔的独生儿子王文胜，到《桂林日报》当了通讯员，因勤奋好学成了记者，与我共事，是很要好的朋友。当年（1975）我从恭城插队返城时，王叔为表示祝贺，还特意给我量了尺码，做了双蛮结实的牛皮鞋。我一直穿了十多年，舍不得丢掉。

二楼还住着秦家六婶娘和他的两个儿子秦思恩、秦思德，大家平常叫他们“恩恩”和“德德”，很斯文诚实的两兄弟，都下放过。还有从湖南过来的宁家伯母和她的两个儿子，宁玉成（去年故去）和宁大成。玉成哥与我昭麟哥1964年一同下放桂林尧山皎霞青年农场六年，之后我哥进了桂林钢厂，他进了桂林五金电镀厂。大成下乡回城后，进了市容局当城管大队长，前几年已退休。楼上还住有陈伯娘和儿子陈小狗，平时寡言少语，与我过从较少。

后面院子里有位屠户，人称“五舅”，颇爱象棋，时常拉了大成哥来陪练。两人不时杀得天昏地暗，忘了吃喝拉撒。每当大成哥局面占了优势，便会高兴地哼起《农业学大寨》的歌曲：

学习大寨呀，赶大寨……干起来，干起来，大寨的红花遍地开；干起来，干起来，大寨的红花，遍地开——

不过，我们这里也有“弄堂歌星”。

后面院子有一家姓李的，家有女孩子叫“媛媛”，她不光人出落得漂亮水灵，更有一副天生的好嗓子，清脆圆润的女高音莺啼燕啭，银铃摇曳。她最拿手的是唱歌剧《江姐》中的“到明天”唱段和《红梅赞》：

到明天——到明天山城解放，红日高照——请代我向党来汇报。就说我永远是党的儿女，我的心，永远和党在一起……

红梅花儿开，朵朵放光彩！昂首怒放——花万朵，香飘——云天外……

荡气回肠的歌声，唱出了对美好生活的憧憬和向往，听来每每令人热血沸腾。

此外，隔壁还有解放东路鸿庆隆糕点厂的阳师傅一家，有女孩叫“琼琼”的；又有曾姓女孩叫“满妹吉”的，似都不甚出众。阳师傅带个徒弟张九斤，徒弟时常给师傅送三花米酒来，师徒俩小饮，酒香溢满小院子。

出到外面院子里有魏家、陈家等几家。大门口的陈伯是个“痨病鬼”（桂林话，意为老肺病患者），一天到晚“吭吭吭”地咳，小孩子们便给他起个绰号“嗯哼”。但他有个打扮蛮时髦的儿子，成天独自在家引吭高歌《克拉玛依之歌》：

你没有草也没有水，连鸟儿也不飞！……克拉玛依，我爱你……克拉玛依，我爱你——

尾音又高又飘，听了令人心都打战。那时我还不懂这是一首什么歌，但是觉得很高级。

为了谋生活，读高小（高年级小学，一般指五六年级）时，我就同父亲在市中区三多路搬运社申请进了板车队，每天早出晚归，平时很少与邻居打交道。我从小辍学，带着两个妹妹埋头拉了五六年的板车，一直到 1969 年初下放恭城瑶乡，当了六年的农民。之后进桂林地区农械厂，又当了五年的搬运工。至高考恢复后，1979 年盛夏，却意外地夺得大桂林文科状元，考上广西大学中文系。

而祖母早在我下放前两个月，1969 年春头病逝。桂林解放以后，她老人家曾将自己陪嫁的丫头（小名“刘姑娘”）认作了女儿，她嫁到阳朔县兴坪镇乡下。“刘姑娘”从小跟着我奶奶，自己都弄不清楚老家是何处，因此将我周家当作了自己的外家。家父从小也就是她背大的。“刘姑娘”嫁给了漓江边一家廖姓的农民，生有一子一女。儿子廖炳忠称家父为舅舅，称我为表弟。他在葡萄镇商业职业技校任教师，退休后返故里。六七年前炳忠表哥仙逝，去世前数月，他将与家父多年往来的信函数封交与我，并一再叮嘱：我听父母说起过，你家盐街的老屋，舅舅曾埋了几坛子光洋在地下呢。

我叹气道，听说 1973 年盐街就拆了，航运小学变了滨江北路，那些东西也早不知所终了。

风物变迁，社会变迁。1999 年，福棠街和江南巷也随着解放桥系统工程的建设而拆迁，消失了。旧时那满街的熬盐作坊，热气蒸腾的景象，早已成为历史的陈迹烟消云散了。

而我这个“老盐街”呢，也再无从寻觅旧物与旧人了。

感慨之余，想起了我十七岁从福棠里下放去恭城，临行曾写有诗一首，且以它作结罢。

少小那知世道艰，光阴虚度十七年。
芒鞋踏碎霜晨月，草笠惊飞霞晚天。
啼晓雄鸡儿立志，高悬玉兔人未眠。
从今洒溢瑶山路，漓水茶江两挂牵！

盐街最后的风景

周昱麟

解放桥建设系统工程是桂林市桥梁建设史上规模最大的跨世纪市政重点工程。

新建的解放大桥有东西两端的立交桥和它们周围的园林、雕塑小品、绿化带，还有 660 米长的宽大引道。因而工程的建设用地囊括了桥两边的福棠巷、解放东路、江南巷、临江下里等地，约 380 户近 3 万平方米的住宅、商业区。其中福棠巷（市民们习惯将它作为盐街的一部分）有公房 115 户、私房 10 户，占整个拆迁户数量的 60%。

盐街的拆迁快慢和顺利与否，直接关系到整个解放桥系统工程的进度。这是一条古老的街巷，市拆迁办公室估计，世代居住在这儿的人们恐怕一下子很难割舍其亲情，春节以前能有 80% 的居民搬走就很不错了。但是，盐街人却令人意想不到地创下了桂林市旧城改造拆迁史上的奇迹。

盐街，是生我养我的地方。因故土难舍，大搬迁时我回去了几次，重温了亲情和旧梦，也记下了几则小事。

1999 年元旦过后七八天，我来到解放桥头的盐街街口。盐街 1 号是一家卖糖烟酒的小店，守店的姑娘肖桂香笑呵呵地对我说："快了快了，前几日上边通知交了户口，就要去验证，等通知一下说走就走了。”

街上闹哄哄的，有的地方正在拆屋，碎石屑哗哗地掉。人们三五成群地在街上来回走着，议论搬家、选新房或旧屋的作价。我回到福棠里 37 号少年时代曾住过的老宅，幽深的巷道中走出一位慈眉善目的老太太来。

“六婶娘！”我亲切地叫她。80 多岁的六婶娘是我家的老邻居，她揉了揉发红的眼睛：“你到底有空来看一下我了，再不回来我们就都搬走了。”“几十年的老街坊，哪忘得了呢？”我笑了笑。六婶娘牵了我的手前院后院地走，告诉我这原是某家某人的房子，住公房的已基本搬清了。

六婶娘说：“去年 12 月 16 日上边发的公告，28 日、29 日两天就大搬家。公房搬完了还剩下私房，每家每户门口我都用毛笔写上‘私房’两个字，免得拆房子的工人弄错。上边给我家分了一套三房一厅，在观音阁，楼层和质量都不错，过几天也准备搬了。但就是舍不得这些老屋老灶，我还是想在老街上的家里住几夜。这些房子多是抗战时期桂林光复以后建起的呀，虽不算文物古董，也有点历史了。”

六婶娘又说：“小胖子，你今天来得正好，快给我们照几张相做个纪念吧。街上要一张，老屋门口要一张，拆了的房子围墙边也来一张。听说以后这里要变成花园了，想老屋子的时候就看看照片吧。”

我默默地按着快门，摄下了旧屋和旧人，心里恭祝她老人家乔迁之喜和健康长寿。

39 号门牌下坐着 70 岁的唐满荣伯娘：“小胖子你过来，跟你讲几句心里话。”唐伯娘领我进邻屋，去看家里打好了包的箱笼和坛坛罐罐，一捆捆的柴火堆在门边。唐伯娘又说：“其实我们现在的想法是以后个个都搬回来。住了几代人的地方，哪里丢得下呢？隔壁的瞎子半夜还在喊：这是我们爷爷的房子哟，为什么要搬啊？喊得人心口都发痛。但大家心里都晓得这是市里的重点工程，要顾大局舍小家。再讲嘛，这么破烂的地方也丢桂林人的脸，心里早就盼着拆迁了。盼了几十年终于要拆了，又实在好难舍得。你说怎么办？”

老人说着话，泪珠子吧嗒吧嗒地直往下落，我也不知道怎么回答，只是紧紧抓住了她那双干瘦的手。唐伯娘一定要留我下来吃顿晚饭，我谢绝了：“满街的街坊见了我都想扯几句家常，我得招呼一下大家。”

来到了街上，大家围拢上来。这个指给我看，那 33 号是去年 8 到 9 月，电影《桂林荣记》摄制组来拍了十五六天戏的地方。高大的青砖防火墙上，“鲤鱼跳水”的浮雕还生动醒目。有人拉了我去屋后墙基脚，摸一摸老城墙的大条砖：“你懂不懂得，我们这条街好光荣的，这砖墙后还有当年打日本人的暗堡呢。”

34 号的李伯伯说：“本来不想搬，因为我退休了每月工资只有四百多，但我有个日杂小门面，一家五口还靠它挣点饭米钱，拆迁了不晓得怎么办？”25 号的一位妇女说：“我们两口子下岗了，只靠着门面做点事。”27 号开旅店的老人家说：“我家大小有 10 个房，拆了还有没有呢？”

我笑说：“你们尽管放心，拆迁办的同志告诉大家，有门面的拆了仍会分配，地点在叠彩公安分局附近，你们要快点去选呀。”

大家哄地笑了。有人便带我去看 10 号的王继湘老人，他算是公房拆迁户的“尾巴”了。我到了老人家中，他倚墙靠着坐在矮凳上，输尿管插在尿道中，脚下有一盆红红的炭火。小儿子王春元说：“不是不搬，12 月二十几号得的钥匙，在观音阁。房子蛮好，就是楼层高了点，老人诊病不方便。已经报告上边了，上边说要在施家园另分一套楼层低的房给我们，分好了就马上搬走！”

我去街上转一圈后，又碰到王春元，他拽着我兴奋地说：“施家园的房子已经分下来了，这两天我就能搬完了！”“恭喜你呀。”我由衷地为他们感到高兴。

23 日黄昏，我再次回到老盐街。满街的大卡车、三轮车和自行车，人们扛着提着大包小包往车上塞。街委会里挤满了人，六旬老人申爱华扯了嗓子尖声说：“报告领导，我家昨天搬小件，今天搬大件，全搬完了。请拆迁小组派人去查看验收。”

许组长把手一摆：“不用了，老人家，我们相信你。”

1 月 14 日，市拆迁办在报上公布了《房屋拆迁公告》，我第二天来到江南巷 5 号的临时拆迁办公室，里边人声嘈杂像开了锅的水。拆迁组长许兰秀哑着嗓子告诉我，公告发布的当天就有 27 户人家签了拆迁合约，大家高高兴兴地准备搬家。因为桂林人的风俗是过年时不搬迁，所以都想早点搬了好过年。1 月 10 日以前公房都已搬完，现在剩下的是私房。

66 岁的刘庚秀脸上挂着泪花，亲手把房门钥匙交到许组长手里：“我家在这里住了一百多年，我也在这里住了一世。旁人若要我搬我决不会搬的，政府要用地我没得话讲，这是我们桂林人自家的工程啊！”

老人泣不成声，女儿用手绢给她擦去满脸的泪水，自己也忍不住失声痛哭起来。

许组长感动得向老人深鞠一躬："谢谢你们，盐街的父老乡亲，你们用实际行动支持了我们的工作，改写了桂林市的拆迁纪录。到今天为止，公告发布的十天内，解放桥系统工程的拆迁工作基本结束，220家私房拆迁户全都搬迁了！"

盐街消失了，宏伟的现代化大桥和鸟语花香的公园，不久将呈现在桂林市民面前。历史不会忘记，盐街的老百姓们为营建这个美丽的家园，也尽了他们的一份力量和责任。

老街坊们莫要哭了！盐街消失了，永远消失了。但它会永久地留在你我的心里……

下辑

桂林街巷漫议

颜邦英

街巷，作为地理实体（如行政区划、村庄、山川、名胜古迹、纪念地、建筑物及企、事业单位等）的一种，具有让人们识别固定的地理位置及其形态特征的特性。在现代，街巷在政治 、经济、文化、旅游、日常生活等方面都起到了重要的作用。

街巷的发展源远流长。里坊是我国古代城市的基础居住单位。里坊制的确立大致在春秋至汉代。当时即以“里”（街道）为界，把区域分割成若干封闭的居住区，通称“坊”；另把商业和手工业限制在一些定时开闭的“市”中。而宫殿和衙署则占据全城最有利的位置，并用城墙保护起来。在唐朝，里和坊都环以高墙，设里门和市门，由吏卒和市令管理，全城实行宵禁，即“昏而闭，五更而起”。宵禁开始和终止时以击街鼓通报，各个城市都建有鼓楼。当时的城市布局大都呈方正形，整齐划一，像围棋盘和菜畦地，故有“百千家似围棋局，十二街如种菜畦”的说法。长安城（今西安）就是这种城市结构的典范。桂林城在唐代也大致按照这种格式建造。唐高宗武德四年（621），桂州总管李靖在桂林筑子城。子城的中心在独秀峰东南（今解放东路和正阳路的交叉处）。子城的北限约在今东巷，东濒漓江，南至大宇大饭店（今桂林喜来登饭店）北，西抵正阳路。因官府衙门均在此城内，故又称衙城。唐宣宗大中年间（847—859），蔡袭增筑外城 1 座，西沿今中山路，北至独秀峰北面，南至杉湖，主要作居民区。唐僖宗光启年间（885—887），都督陈可环（郝浴《广西通志》作“陈环”）在外城之北筑夹城 1 座，由独秀峰北到叠彩山及伏波山一带为夹城范围，主要作商业区。唐代莫休符在《桂林风土记・夹城》中这样描述：“增崇气色，殿若长城，南北行旅，皆集于此。”至于桂林的里坊名，在此文中也可略知一二，“迁莺坊，本名阜财，在市西门。因曹邺中丞，进士及第，前政令狐大夫，改名迁莺坊。在府西门进贤坊长街，因赵观文状元及第，前陈太保改坊名”。这段叙述透露出当时桂林城西门，有阜财坊、迁莺坊、进贤坊长街、进贤坊等里坊名，可知当时西门也在居民区范围之内。

随着城市商品经济的发展，唐代中期以后，侵街建房、坊内开店、开设夜市等破坏里坊制的行为层出不穷。宋徽宗崇宁年间（1102—1106），朝廷开始征收“侵街房廊钱”，实际承认其合法性。此时，城市建城规划，不要求十分方正，内部也不再强求棋盘式的道路及里坊布局，并且取消坊墙。管理制度也出现重大变化，允许街道两侧种树、掘井、设置商店，并沿着通向街道的巷道修建住宅，击鼓不得禁止行人，夜禁放宽。这一时期，出现了繁华的街市，大建高楼、街市、楼阁，官民混居。街巷制应运而生，逐步取代里坊制。商品经济的发展是促进街巷制取代里坊制最重要的原因。

南宋平江府城（今江苏省苏州市）是街巷制逐步取代里坊的代表性城市。刻有南宋绍定二年（1229）平江府城平面图的《平江府图碑》，是郡守李寿朋重整坊市后所刻。据图，宋代平江府城有外城、子城两重城墙。外城呈南北长的矩形，无穿街、直街，街道皆取南北或东西正方向，呈丁字或十字形相交。北半部为居民区，采取街南北向与巷东西向的布置，巷内建宅，巷外街道为商业街。城的南半部官署、学校、寺观较多。子城在城内中部，内为府衙。沿街设店、跨街建坊是街巷制城市与里坊制城市在市容上的根本区别。《平江府图碑》中，子城以南街道多为网状方格，无横排的横巷，有的还有十字形小街，这可能是唐代里坊的残迹。

无独有偶，很巧的是，桂林城也有一块《静江府城池图》的摩崖刻在鹦鹉山南麓，是在南宋第四次修建城池竣工后一个月内制成的，即刻于咸淳八年（1272）。该图比《平江府图碑》晚 43 年，却是中国现存的面积最大的石刻城图。它刻画了当时桂林的全城形制、山川名胜、桥梁，特别标注了戍军寨、硬楼、团楼、亲兵寨、戍将衙、小教场等军事设施及军事机构，也用线条标示了道路，但遗憾的是，竟没有表现当时桂林城的街巷状况，也没标明一处街巷名。这对于了解、研究桂林在宋代的街巷制不能不说是一个极大的遗憾。

为何出现上述情况？或是当时桂林城的街巷制不成熟，未引起足够的重视？更大的可能是《静江府城池图》主要是出于军事防御的需要而制作的。

宋代以后的城市沿用里坊制城市的方格网街道，坊内开辟十字干道，称十字街，坊内支路称“曲”。又把坊内街、曲改造成以东西向为主的巷，以利建造南北向的住宅，巷可直通干道，交通十分便利。元明两代仍沿用这种道路网，也有为了适应地形或因扩建和改建而形成的斜行、环行或放射状道路网。街和巷作为城市道路的名称沿用至今。

为了了解桂林在宋代至明代时的街巷制状况，特别是查找街巷名，我查阅了南宋范成大著《桂海虞衡志》，南宋周去非撰《岭外代答》，明代邝露撰《赤雅》，明代徐霞客著《徐霞客游记》，清代汪森辑《粤西文载》，清代谢启昆修《广西通志》，林半觉、张益桂主编《桂林石刻》等地方文献及相关资料，竟如大海捞针，所获甚少。上述典藏在涉及某物的地理位置时，远的大都以城为标杆，以东西南北为方向，以里为距离量度单位，如说城北多少里；而近的则多以山或衙署、寺观等建筑物为标杆，以东南西北或前后左右为方向，以步为距离量度单位，如说府衙前多少步。极少指明在何街巷。现摘录几则标明街巷的实属凤毛麟角的记述：

本州城南厢左界通波坊女弟子区氏八娘舍钱镌造日月光菩萨二躯永充供养。时至和元年五月二十一日记。（《桂林石刻》“宋·区八娘龙隐岩造像记”，至和元年为公元 1054 年）

寄居静江府春台坊……皇宋绍兴壬申岁四月……（《桂林石刻》“宋·海庵老人黄篆醮感应颂并序”，绍兴壬申即公元 1152 年）

十字街李大惠重新鼎建……。壬申年二月……（《桂林石刻》“元·隐真岩建阁施舍题名碑”，壬申年为元宁宗至顺三年，即公元 1332 年）

（五月）初七日……遂南行二里，出十里铺。铺在斗鸡西……由铺南进灵懿石坊……（《徐霞客游记》）

（五月）初九日……乃从县后街西入宋室廉泉园。（《徐霞客游记》）

（六月）初三日……余闻郑子英言十字街东口肆中，有《桂故》《桂胜》及《西事珥》《百粤风土记》诸书。（《徐霞客游记》）

从上面摘录的几则记述来看，宋、明时期，桂林城的街巷制仍不够完善、规范。除十字街比较稳定外，县后街、十里铺算不算正式的街道名还很难说，而通波坊、春台坊、灵懿石坊则残留了里坊制的痕迹。另据清嘉庆七年（1802）刊本《临桂县志》载，明代的坊巷，也只有迎恩坊、吕氏坊、百岁坊等20余条坊名，没有街巷名。因为关于桂林街巷的信息太少，所以，我们对宋代至明代桂林的街巷实际状况不甚清楚。

不过，据1986年桂林市地名委员会办公室编纂的《桂林市地名录（一）》记载，榕荫路明代称榕树楼街，榕城路明代称城隍庙巷，解放东路明代称为水东街，八桂路明代称五通巷，叠彩路明代称水车巷，三皇路明代称三皇庙巷，文明路明代称坝头巷（即五岳观街）。可惜的是，均未说明出处。如果确实如此，那么桂林街巷制在明代已有较大发展。

桂林城的街巷制，到了清代才比较规范完善。清嘉庆本《临桂县志》专设了街巷栏目，主要以城门分别标示，计城中鼓楼大街等17条，东江门内东门大街等21条，东江门外东门外大街等3条，浮桥东水东街等15条，宁远门内南门大街等8条，宁远门外南门外大街等7条，西门内西门大街等10条，西门外西门外大街等11条，安定门内北门大街等12条，安定门外北门外大街等6条，丽泽门内塘子巷等8条，伏波门内伏波门大街等7条，伏波门外马家仓街1条，迎春门内内大街等4条，迎春门外太平坊街1条，文昌门内内大街等9条，文昌门外外大街等6条，共计146条。据清代苏宗经辑《广西通志辑要》（光绪十五年，即1889年）刻本卷首的清代《桂林城图》（道光二十五年，即1845年），凤凰街、上十字街、下十字街、南门大街、富珠街、螺丝街、福堂街、全善街、水东门街、后库街、义仓街、西街、五岳观街、户长街及麒麟巷、科第堂、义学巷、东巷、西巷、天平坊、王辅坪、依仁坊、老提塘、马庄脚、美仁里、史巷、姥巷、车井巷、棠梓巷、百岁坊、边隅巷、小井边、白果巷、井巷、通泉巷、狮子林、铁穿椂、梓橦巷、副爷巷、经堂里等40条街巷均有标注，分布全城东西南北。再往后，清光绪三十一年（1905）刊本《临桂县志》也专设了“街巷”栏目，也以城门分别标示，计城中鼓楼上大街等街巷23条，东门内东门大街等街巷25条，东门外东门外大街等 21 条，南门内南门大街等 9 条，南门外南门外大街等 7 条，西门内西门大街等 17 条，西门外西门外大街等 13 条，北门内北门大街等 17 条，北门外北门外大街等 7 条，丽泽门内丽泽门大街等 10 条，伏波门内伏波门大街等 8 条，伏波门外马家仓街 1 条，迎春门的迎春门大街等 8 条，迎春门外太平坊街 1 条，文昌门内文昌门大街等 18 条，文昌门外文昌门外大街等 6 条，共计 191 条街巷。清代嘉庆本《临桂县志》与清光绪本《临桂县志》相距 103 年，光绪本比嘉庆本所载桂林街巷名多 45 条。以东门外为例，光绪本标示了盐街、庙巷口街，这是嘉庆本没有的。此时期桂林的街巷制有了很大的发展，趋于规范、完善。不少街巷的格局、名称一直沿用到民国时期甚至新中国成立后，如王辅坪、后库街、东巷、西巷、全善街、盐街、水东街、竹木巷、西城脚、白果巷、朱紫巷、科第塘、凤凰街、学院街、义学巷、棠梓巷等。与此相应，《桂林石刻》从乾隆至光绪年间比较密集地出现了王辅坪大街、通泉巷、花桥坊、凤凰街、小井边街、临江街等街巷名，有的街巷人们耳熟能详，一些老人能津津有味地述说它们的风貌以及所发生的故事。

随着社会的发展，到了民国时期，街巷已成了城市建设和管理的重要单位，也是人们生活不可缺少的地理实体。1933 年的《桂林街市图》，标明了一些新出现的街道。例如，因叠彩山南侧开办了法政学校，所以该校南面就有了法政街；街道扩展到城外，漓江东岸有了五通街、泥湾街等。另外，该图没有出现巷名，又把一些巷扩展成街，如义学巷、棠梓巷、白果巷、经堂里改为义学街、棠梓街、白果街、经堂街，是何缘故，尚不明白。

1940 年，析桂林县城及灵川县小部分置桂林市，桂林从“县”变成“市”，这是桂林城市发展的里程碑。桂林的城市建设进入一个新阶段，街巷的建设及其名称的确定更为严格规范，需要呈报市道路街巷标准图及说明书标准表，并经反复修改，最后由桂林市市长及广西省政府主席亲自核准。路设甲种路、乙种路、丙种路、丁种路、戊种路、己种路、庚种路，街设甲种街、乙种街（即乙等巷）、丙种街（即丙等巷）、丁种街（即丁等巷），分别规定了其宽度，包括全宽、车道宽、人行道宽。街巷名要以桂林市各个区为单位呈送报告表，经市里批准。以当时的八桂区为例，报告的街名包括行政街名和街内里巷名称。例如，行政街王辅街包括正阳路、老仓巷、社公巷；行政街盐行街，包括东环路、盐行里、上河里；行政街水东街，包括桂东路、福堂里、司盐巷；行政街正阳街，包括正阳路、东巷、西巷、江南巷、仁寿巷、兰井巷；行政街十字街，包括中南路、中北路；等等。合计 16 条街，70 条里巷。

解放前由桂林市文献委员会编写的《桂林市年鉴》初稿在“市区地理”栏目附录了《桂林市街道新旧名称对照表》，该表以行政街名、现在街名、原有街名、备注四项分类，按八桂区、西南附廓区、培义区、凤北区、东江区分别列录。资料翔实完备，可信度高，对了解桂林街巷状况，特别是民国时期桂林街巷的变化来说，是一份极其珍贵的材料。以凤北区为例，行政街名伏和巷，现在街名省府路、东华路老埠巷、东华路（原有街名小教场）、中华路徐家巷、中华路中条巷、伏和路（原有街名伏波门）、中华路太和里、中华路北一里（原有街名城边巷）；行政街名驿前街，现在街名龙珠路、驿前直里、驿前横里、复兴巷（原有街名牛圩巷）、新码头、博爱里、蚂蟥洲、磨面洲、新菜园。

中华人民共和国成立后，随着城市的快速发展和信息化时代的到来，地名管理要求统一、严肃、准确。从国家、省（自治区）到市相继成立地名委员会及其办公室。桂林市于 1981 年 8 月 11 日组建了地名委员会及其办公室。1986 年 1 月 23 日国务院发布《地名管理条例》，其中第六条（六）规定：“城镇街道名称，由直辖市、市、县人民政府审批。”桂林市地名委员会办公室根据上述有关规定，1986 年 10 月 15 日，在 1982 年全市地名普查的基础上，编纂了《桂林市地名录（一）》，铅印出版，内部发行。其中，街巷等地名表分为四栏，包括标准地名、汉语拼音、起止点、历史沿革。秀峰区录列有解放路、中山中路等 32 条街；叠彩区录列有中山北路等 29 条街；七星区录列有自由路等 35 条街；象山区录列有中山中路等 46 条街。四个城区共录列了 142 条街。为使大家对录列的内容有所了解，仅以象山区某些街为例：

标准地名中山南路，汉语拼音 Zhōngshān Nán Lù，起止点南门桥至八一桥；历史沿革，清，由北至南称南门外大街、缺江口、火神庙街、二里店，民国，北段称南薰路，南段称尚智路、二里店，1958 年南站至八一桥称桂青路，1979 年统称今名。

标准地名可成里，汉语拼音 Kě Chéng Lǐ，起止点中山南路至朱紫巷；历史沿革，民国称白家园、何家地，1950 年称可成里，1967 年改称前进二巷，1979 年复名可成里。

标准地名民主路，汉语拼音 Mínzhǔ Lù，起止点文昌桥至安新村委会；历史沿革，清代北段称文昌门外大街，南段称护国寺街，民国二十五年（1936）改称文外街，1947 年改称民权路，1953 年改称民主路，1967 年改称红卫路，1979 年复名民主路。

从上可知，《桂林市地名录（一）》不仅收录了桂林市所有街巷名，而且对这些街巷的历史变化作了较为明确的记述，十分有价值。

在桂林市街巷资料的整理编纂工作上，有一份材料是不能忽略的，就是饶华长先生在 1990 年至 1996 年间编纂的《桂林路巷志》（标准地名），该志分别刊载在桂林市地名委员会办公室所编《桂林地名集刊》（内部出版）的第一、二、三辑中。其中第一辑刊载了《秀峰区街道地名志（一）》；第二辑刊载了《桂林街道地名志（二）》秀峰区所辖巷里、《桂林街道地名志（三）》叠彩区所辖街道、桂林街道地名志（四）》叠彩区所辖巷里；第三辑刊载了《桂林街道地名志（五）》七星区所辖街道、《桂林街道地名志（六）》七星区所辖巷里。该志收录了秀峰区、叠彩区、七星区所辖所有街道巷里，并以每条街、巷为对象，记述该街、巷的地理位置、起止、长度、形状、结构材料、街巷主要建筑物及交通状况、历史变动、在该街该巷发生的重大事件、历史遗迹等等。当然，由于各街巷的实际情况和能搜集到的资料不同，所记项目的内容和详略也不相同。饶华长先生长期在桂林市地名委员会办公室工作，敬业勤奋，《桂林路巷志》是他的力作，也是桂林市以“志”为体裁编纂桂林街巷资料的尝试。该志记录的桂林街巷的信息量极大，是了解、研究桂林街巷状况不可多得的材料，弥足珍贵。

随着桂林市城市的快速发展，特别是 1998 年桂林市进行了大规模城市建设改造之后，桂林市城市街巷格局发生了很大变化，许多街巷消失，也出现了不少新的街巷，而保留的街巷面貌也焕然一新。桂林市用时四年完成的桂林市第二次全国地名普查工作，为了解、研究桂林街巷的变化打下了坚实的基础。笔者期盼有关机构和有识之士继续做好桂林街巷资料的整理、研究，拿出有分量的成果来。

街巷是人们生活不可缺少的地理实体，是大家不可忘却的乡愁，也是老百姓身边的城市文化载体。如何传承、弘扬街巷文化，让它成为城市文化的一个重要部分，在继承中华优秀传统文化中创新，并将之融合到社会主义核心价值观中，在“爱国爱家爱桂林，讲德讲孝讲文明”的创城活动和城市建设管理上发挥积极作用，是城市管理者和有志于此的人们的一个课题。

2018 年 10 月 19 日

八十年沧桑

——桂林民居的变迁

魏华龄

我第一次到桂林是1933年秋天，到现在（2013年）已有80个年头了。① 80年沧桑，桂林的民居已经历了几代的演变，今昔对比，可以说是截然不同。今日的桂林民居已不再是80年前的桂林民居，而是更加现代化，居住环境也更加宜人了。

20世纪30年代初，桂林的城区人口不过六七万，当年民居多为桂林传统建筑。按家庭经济情况、所处地面的大小，建筑有五开间、四开间、三开间、两开间之分，这类民居一般四周都有封火砖墙，房屋建筑都为木结构。所谓“开间”，是指房屋的山墙与山墙之间为一开间，也即房屋的横面跨度。五开间的建筑，一般设计是中间一开间为厅，俗称“堂屋”，相当于今天的客厅，两边为住房，每边各有两个相连的套房，共为8房1厅，多为大家庭适用。四开间建筑，是任择中

① 魏华龄，1919年生，桂林的百岁老人。

南环路的老民房（黎明强摄，桂林图书馆供图）

间一开间为厅，一边二套房，另一边一套房，共 6 房 1 厅。三开间建筑，一般是中间一开间为厅，两边各有一个套房，分为前、后房，可单独与厅相连，共 4 房 1 厅，多为中等收入家庭选用。二开间建筑，一般是一开间的前房为厅，后房为住室，另一开间是前、后为一套房，共 3 房 1 厅。

除开间外，还有一进、二进、三进之分的，以上是指一进类型。所谓“进”，是指房屋的进深，每进之间的间隔留有空间，俗称“天井”，供采光或种养花鸟，两侧边附有披厦通道，最后一进的后面一般为厨房、浴室、厕所、杂物房等，面积宽敞的还有花园。房屋除四周用砖墙防火外，其余各进间隔均为木板结构，且

西门桥头老建筑（黎明强摄，桂林图书馆供图）

多为平房。屋顶为人字坡架构，盖上青瓦。大门较为考究，门口亦称“门楼”，前道为大门，一般设在靠左面一开间，门框多用石柱，门扇均以原木拼接、镶嵌而成，有的还加包铁皮，十分坚实牢固。后一道为府壁门，一般用六扇门组成，平时只使用左边两扇，府壁门起到屏风的作用，开门后外人无法一眼望到屋内一切。府壁门的上方较为通透，有的采用方格，有的雕凿各种装饰，有的在大门之外还有一道推门，以增强大门的护卫作用。厅堂一般用于家人聚会和接待宾客，正面半壁置香火台，以供奉祖先神龛、牌位。室内地面一般为坚实的三合土，很光洁，也有的铺以木板，可以防潮。像这类几开几进的民居，是桂林较古老的传统式建

● 东镇路拆迁前民房（麻承福摄）

● 江南巷拆迁前的老民房“赞盧”（麻承福摄）

● 繁花里拆迁前民房（麻承福摄）

筑，颇具地方特色和民族风格，可惜这类民居，现在没有留下一座原始建筑作为建筑文化遗产传承后世了。

至于一般民居，多在小街僻巷，房屋建筑较为简陋，结构多以竹木为主，人字坡屋顶，盖以青瓦，四周间隔均以木板或竹篱披灰而成，一般无封火墙，少数只在两侧用砖筑山墙防火，有一开间也有两开间的，为节省土地，多为两层楼房，少数为三层。

1936 年，广西省政府由南宁迁桂林，桂林成为广西政治中心。1937 年 7 月 7 日，全面抗日战争爆发，1938 年 10 月下旬，广州、武汉相继失守，沿海及沦陷区疏散和逃难的人大批涌入桂林，桂林人口倍增，住房特别紧张。加上自广州、武汉失守后，日军对桂林不断进行狂轰滥炸，投放大量的燃烧弹，民居、商店大半被毁。而逃难的人群源源不断地拥入桂林，致使桂林人口由战前的六七万，到 1940 年初增至近 20 万，再到 1944 年桂林疏散前竟达 50 余万。要解决这么多人口的住房问题，只能因陋就简，就地取材，大量采用桂北出产的南竹为建筑材料。因此，这一时期的桂林民居，除少数官员和有钱人修建砖木结构的小别墅、小楼房外，绝大多数平民百姓只能建简易住房栖身，其结构以竹、木为主，有的全部以竹为材料，柱子、门窗、盖瓦用竹子作材料，隔墙则为竹篱披灰，连室内的桌、椅、坐凳、沙发、床以及书架，也是竹制品，这是抗战时期桂林民居的一大特色。

1944 年，桂林疏散前共有房屋 52557 间，经日军飞机多次轰炸和撤退时纵火焚烧，到 1945 年 8 月统计，残存房屋只有 487 间，房屋被毁率竟达 99%，损失惨重，为桂林历史上一次空前的浩劫。我于 1945 年 10 月回到桂林，只见“颓垣断壁，满地蓬蒿，极目荒凉，无异旷野”，这也是一位记者在抗战胜利后对桂林的真实记录。1945 年 12 月，我到桂林市立第一小学（解放前省、市实验小学）任教，住的就是一间背靠断墙三面透风的竹瓦、竹篱结构的简易房，当时的条件只能如此。

1944 年秋，日军侵桂，城防司令部限期疏散，老百姓四处逃难，颠沛流离，原有的房子都烧光了。抗战胜利后老百姓回到桂林，只见一片废墟，满目凄凉，何以为家？一些人拉关系，找门路，到银行贷款，建了一些简易砖木结构的两层楼住房，有的官员还建了小别墅。一般老百姓告贷无门，只好自力更生，因陋就简，收集些旧砖头，稍买一点竹木材料，利用原有的断墙残壁在各自的房屋地基上搭建了一些临时住房。这些临时住房，有许多一直沿用到解放以后，由于年久失修，有的早已东倒西歪，风雨飘摇，成了危房。这些简易住房，解放后经过几次旧房改造，居民住房开始由传统的独家独户院落式向集体住宅楼、居民小区转变，房屋结构也从竹木、简易砖木结构逐步向砖木或砖混结构发展。屋内设施也开始由集体厨房、厕所、浴室逐步发展为单元式独立厨房、厕所、浴室配套的住宅，一般为 2 房 1 厅，但面积较小。这种状况一直延续到 20 世纪 70 年代。

到了 80 年代，政府为改善人民生活与居住条件，开始大量拨款兴建住房，并进一步改造危房，投资渠道增多，住房建设进度加快，建筑质量和标准也有所提高（但比之现在仍然是低标准）。住房结构也以砖混结构为主，楼层一般为 4 层至 6 层，大部分为单元式，配套齐全，户型以 2 室 1 厅为主，3 室 1 厅次之，每户建筑面积大多为 50 平方米，少数有 70 平方米，楼房的外形和室内布局几乎千篇一律，“火柴盒”盛行起来。

自 90 年代起，桂林开始房改，原有房屋逐步转为商品房，新建住房一律实行商品化，职工可以集资建房，也可以自筹资金建房，投资渠道进一步扩宽，住房建设速度也进一步加快，住房建筑样式、规格也进一步多样化，室内的装饰和陈设更加现代化。近十多年来，桂林民居建设与时俱进，日新月异，一批新的居民小区先后建成，小区环境更加宜人。进入21世纪，人们所关心的，不仅是拥有一套宽敞、舒适和生活方便的居所，而且进一步关注居所周边的生态环境。21世纪的桂林民居，正朝着这样一种新的理念转变。

2013年

千年文教街——桂西路

凌世君　黄伟林

在中国传统城市的规划布局中，几乎都会有十字交会型的街道，称为十字街。而十字街又往往是一个城市的中心节点，商业繁华之地，比如洛阳、襄阳、贵阳、赣州、南昌、哈尔滨等城市，现在还有十字街的街名，还保持着商业繁荣的格局。

作为有着两千多年建城史的桂林，自然也有自己的十字街。桂林的十字街是桂林古城核心区所在，也是桂林城区内最早有街名记录的街道。在南宋《静江府城池图》上，今十字街的道路标识仍依稀可辨。元至顺三年（1332）刻于月牙山的《隐真岩建阁施舍题名碑》上，镌刻记录了南宋末年一次捐款修庙活动，施主中有“十字街李大惠”，证明至少在730年前，桂林市区内已有十字街街名。

今天与十字街相连的四条路，南北纵贯的名中山路，十字街以北叫中山北路，十字街以南叫中山南路；东西横穿的叫解放路，仍以十字街为界，十字街以东叫解放东路，十字街以西叫解放西路。

花开满树，单表一枝，这里我们来说说解放西路。解放西路东起十字街广场，西到翊武路，与西凤路对接，全长只有580米。今天这个街名，是1949年新中国成立以后改的，带有明显的时代烙印，寓意着桂林人民翻身得解放。而1946

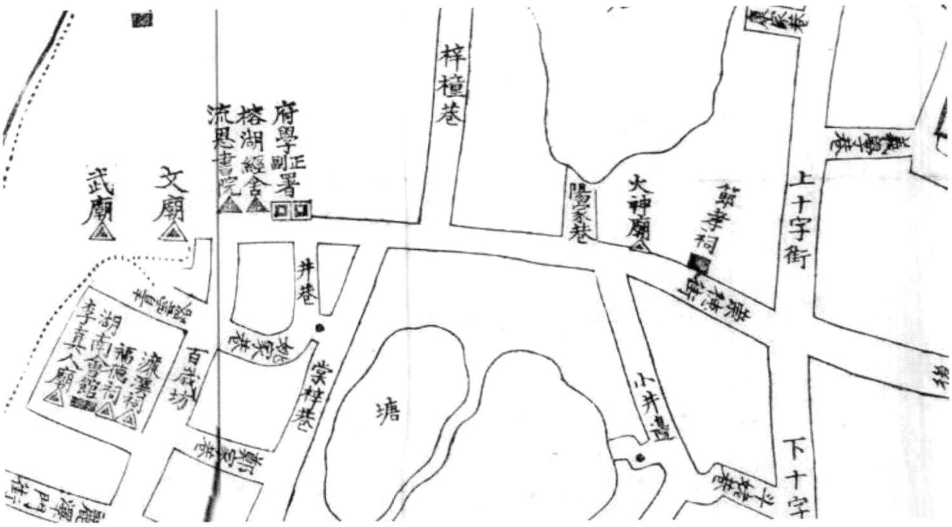

● 清末绘制的桂林市地图——《广西省城图》（局部）

年到 1949 年间，这条街以蒋介石的名命名，叫中正路。再往前溯，在清末第一幅以现代测绘技术绘制的桂林市地图——《广西省城图》上，我们可以看到，这条街道叫崇德街，街的北半幅，有许多重要的公共建筑，比如街东头的节孝祠、火神庙，街西头的府学正、副署及榕湖经舍、流恩书院、文庙、武庙等。

唐大历年间，李昌巙任桂州刺史兼桂管观察使，提倡尊孔读经，于是在桂林独秀峰下的读书岩前建宣尼庙，“设东西庠以居胄子”。所谓“庠”，即古代的学校。这是在桂林创办的第一所府学，也是广西创办的第一所官办学校。自此之后，广西各地的缙绅富户，也相继捐资办学，公馆、私塾到处可见。宋代以后，府学校址辗转迁移，南宋乾道二年（1166）府学教授江文淑因感生员增多，校舍不足，奏请迁移校址，翌年经略使张维迁府学至城西始安郡治所故址，也就是今天解放西路西段，府学校址才基本确定下来。此后千余年间，这里始终是粤西地区儒学文化的中心。

在 20 世纪初西风东渐、咸与维新的大潮中，1905 年 9 月 23 日，由广西巡抚张鸣岐倡议，在桂林千年府学的旧址开办了广西第一所完全采用西式教学方式和教学内容的桂林府中学堂，也就是今天我们看到的桂林中学。在校园内的奎光楼旁矗立着 11 件古碑，最早的两块石碑刻于元代，记录了儒教中古老严格的祭祀仪式——释奠的有关情况。说起这两块记录释奠仪式的碑记，还有一段曲折的故事。释奠，是古代学校的一种典礼仪式，即陈设酒食以祭奠先圣先贤，同时儒学生徒也借此学习礼仪。为了能正确地演练仪式，使“礼达于天下”，南宋嘉定十年（1217），广西提点刑狱吴纯曾刊刻了《释奠牲币器服图》和《释奠位序仪式图》（以下简称《释奠》二图）石碑于府学中，给广西所有儒学生徒的释奠活动提供了一个范本。南宋德祐二年（1276），元军攻陷桂林，《释奠》二图石碑毁于战火，所幸的是，有墨本（拓本）传世。南京一位叫鲁师道的儒学教授偶然获得了《释奠》二图墨本，悉心加以收藏。元贞元年（1295），鲁师道获得了调往静江（今桂林）府学的机会，遂携带《释奠》二图来到了桂林。于是，在二图石碑损毁 20 年后，它的墨本又回到了桂林的府学之中。其后又几经周折，才刊石留存至今。无言的石碑告诉我们，中国传统文化正是通过这些祭祀礼仪、国学经典影响着一代又一代的桂林人。

● 1944 年的十字街，图上的街道为桂西路（图片来源：桂林市秀峰区档案馆）

● 1989 年十字街及解放西路鸟瞰
（图片来源：桂林市秀峰区档案馆）

● 1989 年解放东路和解放西路路口
（图片来源：桂林市秀峰区档案馆）

2000 年，桂林市解放西路改造，这些石刻原拟移往桂海碑林。后经桂林中学建议并出资，将府学文庙石刻移至校园内奎光楼西侧，由此形成了学校的“府学文庙碑林”。

《广西省城图》上标识的榕湖经舍，是清代榕湖书院的别称，又称“经古书院”，清道光十四年（1834）广西巡抚郑祖琛在孔庙左侧（今桂林中学校园内）建有讲堂 3 间，宿舍 17 间。同治十年（1871）巡抚康国器重修，并奏请颁赐“经明行修”匾额，时为秀才应乡试肄业之所。王拯为山长时，订有《藏书借书条例》。沈秉成任广西巡抚时，曾序刻《榕湖经舍藏书目录》。后迁到桂山书院一起办学，改为桂林公学。光绪二十八年（1902）书院停办。著名山长有吕璜、郑献甫、王拯、唐景崧等。榕湖书院与桂山书院、秀峰书院、宣成书院同为清代桂林四大书院。

20 世纪二三十年代，西风东渐，桂林古城向近现代城市迈进，1933 年到 1936 年间，为了迎接省会回迁，也为了适应经济社会发展需要，地方当局对桂林城进行了一次现代化改造，拆毁城墙、城楼，扩宽马路，修建现代桥梁。改造完成后，在当时的市政处门前的榕湖边上，也就是今天榕湖玻璃桥旁的湖岸，修建

● 桂林中学“府学文庙碑林”
（图片来源：桂海碑林博物馆）

了市政纪念碑。对一些城市街道进行了更名，崇德街也许就是在那时改为了桂西路，也就此开启了一段辉煌的历程。

桂林文化城的亲历者魏华龄老先生在95岁高龄时曾经以《桂林抗战文化一条街——桂西路》为名描述过这条街的盛况：

桂西路（现名解放西路）原名崇德街，是一条很小的商业街，在抗战以前并不著名。自1938年武汉、广州沦陷以后，桂西路逐步成为文化事业的集结地和传播地。在这里，书店、出版社林立，图书报刊琳琅满目，文化活动活跃，被誉为“书店街”。其实，这里不仅有书店，还有报社、文化团体和学校。所以，与其名为书店街，还不如说它是桂林抗战文化一条街更为恰当。抗战时期，桂林的出版发行事业极盛一时，1938至1944年先后开设的大小书店、出版社（当时出版发行不分家）就有170多家，出版各种图书2200多种。这样多的书店，在不到100米的桂西路容不下，后来的只有向桂西路两侧的阳家巷、太平路、棠梓巷、府后街发展，并向榕荫路延伸。当年所谓的“文化城”，实际上就集中在桂西路这一条街的周围。你若有机会漫步桂西路，就如进了密密的书林里，难怪20世纪80年代上海学林书店出版的一本以桂林文化城为背景的长篇小说，书名就叫《在密密的书林里》。在“书店街”里，最先受益的当属同在一条街上的桂林中学的1000多名学生，他（她）们每天上学和放学，都要出入这条街，甚至为书香所吸引而遨游在书林里。同时，桂林中学大礼堂还是抗战时期举办各种展览和文艺演出的场所。

在这些书店和文化单位中，最受青年和知识分子欢迎和光顾的是新华日报桂林营业处、救亡日报社、新知书店、读书生活出版社、生活书店和文化供应社，以及广西省立艺术馆、中华全国文艺界抗敌协会桂林分会。人们对桂西路的向往，不单是由于这里书店多，看看书，而是因为这里是中国共产党信息的来源、这里是马列主义毛泽东思想的传播地、这里是爱国主义作品的集结地、这里是文化工作者活动的集散地……

尚存下来的各种文字资料，尤其是抗战文化城亲历者的回忆，为我们重现了当年桂西路的盛况：抗日战争时期，中山北路名中北路，中山南路名中南路，解放东路名桂东路，解放西路名桂西路。其中，桂西路全国闻名，以“书店街”著称。

这书店街之名不是自封的。1942 年，茅盾从香港流亡到桂林，写了题为《雨天杂写》的系列随笔，其中《雨天杂写之三》写道：

桂林市并不怎样大，然而“文化市场”特别大。加入书业公会的书店出版社，所闻将近七十之数。倘以每月每家至少出书四种（期刊亦在内）计，每月得二百八十种，已经不能说不是一个相当好看的数目。短短一条桂西路，名副其实，可称是书店街。

1942 年出版的《桂林市指南》有一节《桂林的书店》，文中写道：

桂林的书店，以桂西路为最多，若从十字街向榕荫路走，在左边的有中国文化服务社、商务印书馆、提拔（拔提）书店、建设书店、文化供应社、改良军用图书公司、联合书局等，在右边的有上海杂志社、东方图书公司、大华、北新、时代、武学、中华、世界、军民、正中、科学等。

上面这些书店大都不存在了，但其中一些书店至今仍然赫赫有名，比如商务印书馆、中华书局，它们是中国出版界的百年老店，当年分别在桂西路设有分馆、支局或分局。

这说的是 1942 年的情况，实际上，1942 年以前，桂西路还有几个很著名的书店，比如新知书店、读书生活出版社桂林分社、崇德书店。

这三家书店何以著名？原来，新知书店、读书生活出版社加上生活书店，即如今生活・读书・新知三联书店的前身。民国时期中国最著名的三大出版机构商务、中华、世界，今日中国最著名的三大出版机构商务、中华、三联，当年皆在桂西路设有总店或分店，桂西路称为书店街，名不虚传。

不过，1941 年 2 月，新知书店和读书生活出版社先后离开了桂林，不再在桂西路营业。

那么，崇德书店何以著名呢？

桂林市档案馆编印的《桂林游览史料汇编》中的《桂林市街新旧名称对照表》表明，桂西路属于崇德街，崇德街是行政街名。崇德书店的名字应该来自其所在街名。据桂林市文化研究中心和广西桂林图书馆编的《桂林文化大事记》可知，崇德书店 1938 年 9 月 1 日创办，10 月 28 日被敌机炸毁，书店因此结束营业。不过，根据巴金在桂林撰写的散文，崇德书店被炸毁的时间却是后移了。

1939 年 1 月，巴金在桂林写了散文《桂林的受难》，写他 1938 年底在桂林经历的多次轰炸，其中第四次轰炸发生在 1938 年 12 月 29 日，在巴金看来，第四次大轰炸是最厉害的一次，他如此写道：

在那天我看见了一个城市的大火。火头七八处，从下午燃烧到深夜，也许还到第二天早晨。警报解除后，我有两个朋友，为了抢救自己的衣物，被包围在浓焰中，几乎迷了路烧死在火堆里。这一天风特别大，风把火头吹过马路。桂西路崇德书店的火便是从对面来的。那三个年轻的职员已经把书搬到了马路中间。但是风偏偏把火先吹到这批书上。最初做了燃料的还是搬出来的书。

● 桂林读书生活出版社的工作人员留影（图片来源：桂林市秀峰区档案馆）

崇德书店的遭遇给巴金留下了很深的印象。写完《桂林的受难》十来天后，他又一次走到桂西路。他经过商务印书馆，整洁的门面完好如旧；他走过中华书局，没看到什么特别景象；当他过了新知书店，他想寻找那个图书成了燃料的崇德书店，想看看那三个职员善良年轻的面孔，然而，“怎么我要去的那个书店不见了？”他这样写道：

啊，街道忽然短了，凭空添了一大片空地。我看不见那个走熟了的书店的影子。于是一道亮光在脑中掠过，另一个景象在眼前出现了。我觉得自己被包围在火焰中。一股一股的焦臭迎面扑来，我的眼睛被烟熏得快要流出眼泪。没有落雨，但是马路给浸湿了。人在跑，手里提着、捧着东西。大堆的书凌乱地堆在路中间。……

我再往前走，我仿佛还走在和平的街上。但是一瞬间景象完全改变了。我不得不停止脚步。再没有和平。有的是火焰，窒息呼吸、蒙蔽视线的火焰。墙坍下来，门楼带着火摇摇欲坠；木头和砖瓦堆在新造成的废墟上，像寒夜原野中的篝火似地燃烧着。是这样大的篝火。烧残的书页散落在地上。我要去的那个书店完全做了燃料，我找不到一点遗迹了。

正如巴金所描写，这个 1938 年 9 月开业的崇德书店，不多久即遇上了日机大轰炸，烧为灰烬。犹如昙花一现，从此桂西路再无巴金熟悉的那个崇德书店。

如今与解放西路交叉的太平路上还存有救亡日报社址，《救亡日报》是和太平路联系在一起的。然而，据夏衍回忆，《救亡日报》除在太平路 12 号租有办公社址外，还在桂西路 26 号租了一间很小的“营业部”。《救亡日报》桂林版的第一张报纸于 1939 年 1 月 10 日出版。1941 年 1 月，“皖南事变”发生，《救亡日报》受到警告，不久，生活书店被搜查，最后，《救亡日报》于 1941 年 2 月 28 日出版终刊号，3 月 1 日停止发行。

其实，桂西路不仅有书店街的称号，而且还有文化街的称号，似乎，文化街的命名还在书店街的命名之前。

1941 年，一位名叫尹牧的作者发表了一篇《桂林漫笔》，其中写道：

十字街头往西，那是桂西路，在葱翠的路树隐藏下，排列着十多间的书店：

上海杂志公司、新华日报馆、文化供应社、东方图书社、时代书局、北新书局、中华书局、世界书局、商务印书馆、中国文化服务社、武学书馆、建设书店、正中书局、军用图书杂志社、拔提书店，这就是被人称誉的“文化街”，这街上每天都有无数的读者出入于书店间，尤其是晚上，更是挤满了人。自生活书店、读书生活出版社、新知书店相继被封之后，生活书店换上了国防书店的招牌，读书生活出版社换上了一个中国文化服务社，文化供应社代替了新知书店。然而，街道上仍是一样的热闹。

称桂西路为书店街，如果以写文章做比喻，可谓抓到了重点；称桂西路为文化街，则是兼顾了全局。因为，桂西路除了书店林立，还有两个重要的机构，一个是桂林中学，另一个是广西省立艺术馆。

桂林中学是桂林的百年老校，1927 年迁至当时的崇德街，即后来的桂西路，因此，整个抗战时期，桂林中学都坐落于桂西路西头北侧。

抗战时期的桂林中学更是广西基础教育第一学府。一方面，当时桂林中学的教师称得上名家俊彦，荟萃一堂；另一方面，来自广西甚至全国的少年精英皆汇聚于此。

从教师方面说，著名作家王鲁彦、著名历史学家孙毓棠、著名篆刻家李白凤都曾在该校执教。

从学生方面说，著名物理学家李林、中国核潜艇工程总设计师黄旭华、新派武侠小说创始人梁羽生当时都在桂林中学就读。其中，李林 1938 年至 1940 年就读于桂林中学高 9 班，梁羽生 1941 年至 1944 年就读于桂林中学高 33 班，黄旭华 1941 年至 1944 年就读于桂林中学高 35 班。

桂林中学与书店街是一种非常合适的搭配。学生正是求知欲最旺盛的年龄，书店则是精神食粮的仓库。原来上海《良友》画报的总编马国亮当时正担任《广西日报》的编辑，1947 年，他写了一部长篇小说《命运交响曲》在香港的报纸连载，1986 年由漓江出版社出版，里面专门写了桂林图书业的繁盛，其聚焦的地方正是桂西路：

桂西路一带都是新开的书店，大的小的，各有其吸引读者的力量。每天下午四五时以后，每一间书店无不挤拥着各种买书看书的人们。事实上抗战了几年，

● 20世纪三四十年代桂西路上的桂林中学校门
（图片来源：桂林市秀峰区档案馆）

读书的人增加了。那时候的公务员和一切做生意或各种行业的，都比抗战前更爱看书，半是因为这班人大都是刚离开学校不久的人，还带着一点学生时代的气质，既然自己有了收入，就不吝惜多买几本书。另外的原因却是战时生活太单调了：没有太多的看不完的电影，没有使你足以留连忘返的跳舞场，更没有可以公开的麻将赌博，晚上除了到茶馆喝喝茶吃一两块点心之外，就是回家睡觉了。于是书籍慢慢成为消遣的一部分。既然别的消磨时间精力的途径减少，不管是自己甘愿的还是无可奈何的，任何手头上能够有几块余钱的人，都会走进书店里翻翻这本那本书，然后选买一两本回家。

书店业的繁荣，原因之一是战时生活单调，第二个原因，就是学生数量增加。马国亮分析道：

第二个使书店业繁荣的理由是学生的数目增加了。抗战前许多农村的子弟都没有机会念书，许多小地主都无法供给子女入学。战时粮价涨了，从前每月卖了

● 20世纪三四十年代的桂林中学
（图片来源：桂林市秀峰区档案馆）

二十担谷还不够一个儿子的一个学期的学费的，现在每月一担半担就够了。粮价上涨至少使一部分家里有几块薄田的人可以把儿子送到县城里读书。这样一来，学生的人数激增了。在中国，学生历来是出版业的最大主顾，只有他们才是主要地维持着出版业的人；也只有他们才是求知欲最强的，努力想从书刊里追求他们所要找寻的答案。

《命运交响曲》专门写了当时中学生对图书的热爱，这部长篇小说带有很强的写实色彩，若加推测，这些学生原型当与其时桂林中学学生有关。

事实上，武侠小说家梁羽生也对自己在桂林中学的读书生活念念不忘。其中有两个细节他经常回忆。一个是梁羽生到桂林中学读书之前已经有很好的旧文学功底，但正是在桂林中学，在李白凤老师的引导下，他对新文学形成了正确的认识，产生了较大的兴趣；另一个是他博览群书，他博览群书的地方不是图书馆和阅览室，而是书店，桂西路上鳞次栉比的书店极大地满足了他的阅读兴趣。当时的书店对读者相当宽容，哪怕不买书，也放任读者在书店里看书。即便如此，梁羽生还是不好意思在书店里长时间地只看不买。好在桂西路上的书店实在太多了，他可以把一本书分在几个书店里看，在这个书店看几十页，那个书店看几十页，一本几百页的书，分成三五个书店就读完了。这种读书方式，一是加快了阅读的专注度和速度，二是加强了阅读的记忆力。但是它的前提条件就是书店的密集，能够让阅读者在很短的距离相继进入不同的书店。梁羽生的这种阅读经历恰恰证明了当时桂西路上各种书店林立。

桂林中学不仅培养过一批文能安邦的文人，也培养过一批武能定国的军人。其中，抗战时期著名的空军烈士何信、莫休、蒋盛祜都曾在桂林中学上学。何信墓碑有《烈士传略》，其中写道：

临枣一役，以我机十四架与敌机十七架战斗，击落其七，安然返防。不图于回抵马牧集上空，猝与敌机廿余架遭遇，发生激战，历时既久，油弹俱穷，复能奋其余勇，乘机向敌猛扑，卒将敌机击落，随与偕亡。此次杀敌情形，当地人士目所共见，痛其壮烈牺牲，哭声为之震地。

在台儿庄战役纪念馆，能够看到何信事迹的详细介绍和相关影像。

桂林中学的对面，即广西省立艺术馆。关于这座伟大建筑所承载的一段辉煌历史，另有专文叙述。

沿广西省立艺术馆继续往西，就到了桂西路西头，从《时光未老　故纸犹温》一书可以看出，直至 1934 年，桂西路西头的桂林城墙尚保存完好，离桂西路最近的桂林城门为丽泽门，出丽泽门，即桂湖，为桂林城市西面的护城河。如今，桂林西面城墙已不存，丽泽门亦不存，但桂湖尚在，桂湖西面的骝马山、老人山尚在，老人山以山形像老人而命名，它仿佛一个历尽沧桑的老人，俯瞰着桂林千百年的城市变迁。

如今的解放西路，仍然是横贯桂林东西的交通干道。昔日的建筑早已毁于战火，文化城的荣光仅仅留存在人们的记忆中，但令人欣慰的是，战后重建的广西省立艺术馆还在，百年名校桂林中学还在，文化城的血脉依然延续着。

凌世君，中共桂林市委党史研究室三级调研员，桂林抗战文化研究会会长
黄伟林，广西师范大学教授、博士生导师

摩登伟丽的广西省立艺术馆

黄伟林

坐落在解放西路西南侧的广西省立艺术馆，是如今桂林市中心尚存的屈指可数的几座民国建筑之一。由于其南侧和西侧有许多建筑的遮挡，使得这座无论造型还是色彩都很别致的建筑并不引人注目。然而，时间回溯到70多年前，这座建筑却是中国“第一个伟大戏剧建筑”[①]。

中国戏剧人对这座艺术馆的热爱从当年西南剧展的亲历者张客在1982年的回忆中可见一斑：

> 这是当时西南各省唯一专供话剧演出用的剧场。欧阳予倩同志为建造这座剧场，煞费了苦心；话剧工作者都把这里当成自己的家，每当走进这座剧场时，踏进家门的心情便油然而生。当时不少话剧工作者向往着抗战胜利后，能多建几座专供话剧演出用的剧场，以利于推动话剧运动。有的说等自己年迈苍苍演不动戏

---

① 《盛会盛举盛况空前　西南剧展开幕》，《大公报》1944年2月16日，收入《西南剧展》上册，漓江出版社，86页，1984年2月第一版。

了，就去看守剧场，甚至再来桂林看守这座艺术馆剧场，为话剧事业再尽绵薄之力，也就于愿足矣。[①]

一个艺术馆，通常包括三个方面的形式内涵：一是艺术馆作为物质实体的建筑本身，二是艺术馆作为组织机构的建制职能，三是艺术馆开展的文化活动。在中国现代文化史上，广西省立艺术馆在这三个方面均堪称卓异。一是其建筑本身，如上所述是中国第一个伟大戏剧建筑；二是其职能体制在全国当属创举[②]；三是因其新厦落成而举办的西南剧展为“中国戏剧史上空前盛举”[③]。

广西省立艺术馆能够在中国现代文化史上享有如此重要的地位，与一个人有关，这个人就是戏剧大师欧阳予倩。欧阳予倩是广西省立艺术馆机构的创始人、艺术馆馆厦的创建人及西南剧展的创办人。

1938 年 5 月，欧阳予倩应广西戏剧改进会会长马君武的邀请到桂林改良桂戏。到桂林后，欧阳予倩为南华戏院排桂戏《梁红玉》，为国防艺术社排话剧《曙光》《青纱帐里》和《前夜》。之后离开桂林去了香港。

1939 年 9 月，欧阳予倩再次应邀来到桂林。这时武汉和广州均已沦陷，桂林已经成为文化中心，欧阳予倩出任广西戏剧改进会会长，对原“戏改会”所属的桂剧团进行了整顿，命名为“桂剧实验剧团”，欧阳予倩兼任团长。

1940 年 3 月 3 日，广西省立艺术馆成立。据陈珂的《舞古今长袖　演中外剧诗——欧阳予倩评传》，广西省立艺术馆最初是徐悲鸿创立的美术馆，因徐悲鸿要去重庆创办美术学院，他便委托欧阳予倩承接该馆。欧阳予倩接手后，于美术部外，为该馆增设了戏剧部和音乐部。

1946 年出版的《桂政纪实》对广西省立艺术馆的成立有较详细的记录：

二十四年，广西即有筹设“美术院”之动议；迨二十五年，省政府迁桂后，进行设计规划，更为积极。二十六年，即于桂林中山公园内，建筑“美术学院”；虽因抗战军兴，未能按照原定计划全部完成，而鉴于抗战时期，需要艺术教育之迫切，乃利用其已成部分，对于艺术教育工作人员，施以进修之训练。二十七年，

---

① 张客《忆西南剧展》，收入漓江出版社《西南剧展》下册，361 页，1984 年 2 月第一版。
② 《西南剧讯》，《戏剧春秋》1940 年第一期，39 页。
③ 《西南首届剧展今日隆重开幕》，《大公报》1944 年 2 月 15 日。

开办“省会国民基础学校艺术师资训练班”及“中等学校艺术教师暑期讲习班”，以加强各级学校之艺术教育工作。二十八年，复筹设“音乐戏剧馆”，并继续办理“艺术师资训练班”。二十九年，以艺术教育原包括美术、音乐、戏剧三部分，不必分立，遂将音乐戏剧馆改组为“广西省立艺术馆”，其组织，分美术、音乐、戏剧三部，于是年三月成立，开始工作。①

根据这段记录，可知广西省立艺术馆与徐悲鸿原拟创办的桂林美术学院有某种渊源。如今的广西省立艺术馆给人的印象似乎只有演出功能，相当于一个剧场。但根据上述文字，可知广西省立艺术馆建立的初衷为的是艺术教育。对此，《桂政纪实》还有明确说法：

二十九年三月，始设置省立艺术馆，以为艺术教育之研究、改进、辅导、推广之机关。②

欧阳予倩本人当年在文章中亦写道：

广西省政府设立艺术馆本有两重意思：一来是为了适应“抗建”宣传的需要，二来是要想建立一个艺术教育的基础。所以艺术馆一方面极力注重研究与训练，同时于当前的宣传工作，也努力从事，从不曾忽略一点。大体说来，艺术馆担负的全部任务是——

（一）培养推行艺术教育的干部。

（二）从实际行动，有系统地研究各艺术部门的理论和技术，以及推行艺术教育的方法。

（三）利用各种艺术作抗战建国的宣传。有人说艺术馆不完全象个研究机关，又不是宣传队和政工队，这种情形在目下自属不能避免。③

---

① 《桂政纪实》，文 311 页，广西省政府十年建设编纂委员会编印，1946 年 4 月出版。

② 《桂政纪实》，文 310 页。

③ 欧阳予倩《省立艺术馆的工作概况》，原载《建设研究》1941 年第五期，《桂林文史资料》第四辑收入该文。

艺术教育不仅包括戏剧艺术教育，还包括美术和音乐教育。广西省立艺术馆成立之初的新闻报道，不仅明确表明了广西省立艺术馆艺术教育的功能，而且对戏剧、美术和音乐三部的情况皆有所说明。请看下面两则新闻：

广西省立艺术馆之成立，在国内尚属创举。计分戏剧、美术、音乐三部。由欧阳予倩任馆长兼戏剧部主任。美术部主任由徐悲鸿氏担任。音乐部主任将由陈洪氏担任。戏剧部下属话剧实验剧团与桂剧实验剧团。话剧方面，曾演出《国家至上》，闻现正排演夏衍氏之新作《心防》。桂剧方面曾演出《桃花扇》《人面桃花》《搜庙反正》《胜利年》诸剧。最近又有欧阳氏所作《渔夫恨》及《忠王李秀成》《木兰从军》等剧上演。又，新建之广西剧场，不日即可落成。①

广西为提倡艺术教育起见，特创办省立艺术馆，业经省府修正通过，并已委任省府顾问欧阳予倩氏为馆长。该馆内共设美术、音乐、戏剧三部，美术部由张安治等负责，其下设绘画、雕塑（拟缓办）、工艺图案三组，音乐部部长经聘马思聪充任，该部分声乐与器乐两组，至戏剧部部长则由欧阳自兼，其下分话剧组与歌剧组，并拟附设舞蹈班，话剧组正在组织话剧实验剧团，歌剧则已有桂剧实验剧团。此外早已开办之艺术师资训练班，亦辖于艺术馆之下。全馆经费，年约国币十万元。最近据欧阳表示，艺术馆之组织，注重在艺术的实地研究，馆内人员，分工合作，各责所长，与一般艺术工作队不同，异日范围扩大后，将举办戏剧、美术、音乐等学校，造就大批干部，俾展开艺术工作云。②

这两则当年的新闻表明，当年的广西省立艺术馆在全国属于首创。对此，欧阳予倩的继任——党明在回忆文章中也曾谈到：

艺术馆的组织，在本省来说，还是一种创举，因为本省的首创，黔、粤两省也相继成立了。③

---

① 《西南剧讯》，39页。
② 《广西省立艺术馆近况》，《教育通讯》（汉口）1940年第16期，8–9页。
③ 党明《六年来的广西省立艺术馆》，原载《广西省立艺术馆开幕纪念特刊》，1947年1月1日桂林出版，收入《桂林文史资料》第四辑。

这个全国首创以艺术教育为功能的艺术馆，分戏剧、美术和音乐三部。艺术馆馆长为欧阳予倩，下设三部的主任：戏剧部主任由欧阳予倩兼任，美术部主任由徐悲鸿担任，音乐部主任由马思聪担任。三个部的主任均为相关领域的大师。不过，徐悲鸿并未就任美术部主任之职，美术部的负责人实为张安治；马思聪亦未就任音乐部主任之职，音乐部的负责人为胡彦久。由此可见，只有欧阳予倩，他既是广西省立艺术馆的创始人，又是名副其实的首任馆长，而且还兼任戏剧部的负责人。而美术部和音乐部的实际负责人，一位名为萧痕的作者在其 1943 年发表的一篇文章《略叙广西省立艺术馆》中曾专门写道：

美术部名誉部主任是徐悲鸿，实际代拆代行的是代主任张安治。有十三太保担当着这一部的重任，桂林十字路口有一块观众最多最被人注目的广告牌，那上面贴的是美术部出版的“每周画刊”，而今已出到八十期，从未间断。在书店则可以买到他们出版的《收获》和《克敌》木刻集，《战时素描画册》《战时美术论丛》等书。以前还可以经常在《扫荡报》上看到《美术专页》，而今因该报改组而停刊。

绘画研究会是为便利爱好美术人士业余进修和研究而设的，毕业生有二百人。工商美术供应社专门协助各界设计图案，受惠者有更生磁器厂等。[①]

音乐部前主任是胡彦久，新主任是陆华柏。[②]

张安治是美术界知名人士，也是徐悲鸿的学生，陆华柏是音乐界知名人士，其到桂林与徐悲鸿有关联，胡彦久是音乐界知名人士。由他们主持广西省立艺术馆的美术部和音乐部，亦是一时之选。

严格地说，1940 年 3 月成立的广西省立艺术馆，只是一个组织机构，因其馆厦尚未建设，其工作处于借地办公的状态。对此，当年广西省立艺术馆美术部的工作人员朱锡华有文章回忆：

艺术馆由欧阳予倩先生任馆长，原定下设戏剧、美术、音乐三个部。建馆初

---

① 萧痕《略叙广西省立艺术馆》,《艺丛》1943 年第 2 期。

② 同上。

期，戏剧、美术两部最先同时成立（音乐部由于当时条件不成熟暂未设立，延至后期才成立）。戏剧部主任由欧阳馆长兼任，美术部主任由张安治先生兼任（张同时在广西艺术师资训练班任美术教师。艺术馆馆部与戏剧部办公地址设于三多路马房背；美术部租赁太平路十八号李宅为工作室（后迁至榕荫路）。住地十分接近，联系方便，每星期一照例还到馆部举行“纪念周”活动。①

当年桂林新中国剧社的理事长瞿白音写于1958年的回忆文章中专门谈到广西省立艺术馆的建设：

广西省立艺术馆成立于1940年3月，馆址在桂林榕荫路后面一条陋巷里的一所破旧民房，经常演出时，需要以高价租用戏院，对于工作的开展，是非常不便的。因此，艺术馆本身有建筑馆址的迫切要求。广西省政府对于艺术馆所提出的要求虽然同意，但只拨了一块地而不给建筑费。于是，艺术馆只好采取了募捐建馆的办法。在欧阳予倩馆长苦心筹划之下，一方面广发捐册，向社会募集建筑基金，一方面设计兴工，进行建筑。工程是在1942年开始的，由于经费的短绌，战时物力的艰难，曾经一再受阻，进行得很不顺利，直到1943年冬，工程才算是大体上完成了，预期1944年2月全部落成的希望，可以实现。②

当年桂林文化城重要的本土文化人李文钊1964年专门有文章回忆欧阳予倩建设艺术馆：

艺术馆规模虽不小，但馆址是借用的，设在榕荫路转角的一小巷马房背内，房屋破旧局促很不相称。尤其是当时演唱活动较多，自己没有剧场，每次演出需向其他剧场或电影院租用，极感不便。因此，包括一个剧场在内的馆址是十分需要的。但建筑新馆，伪省府并未拨款，欧阳是以贷款方式来筹建的。在得到当时中建公司张复初先生赞助之下，以相当快的速度在预定的期限内——一九四四年

---

① 朱锡华《广西艺术馆美术部在抗战时期的美术活动》，收入杨益群编著《抗战时期桂林美术运动》，633页，漓江出版社，1995年9月第一版。

② 瞿白音、田念萱《回忆西南第一届戏剧展览会》，原载《中国话剧运动五十年史料集》第2辑，收入《桂林文化城纪事》，漓江出版社，1984年11月第一版。

二月十五日落成。①

广西省立艺术馆剧场的落成，据李文钊的回忆文章：

一九四四年二月十五日，广西艺术馆的落成典礼举行了。西南剧展的开幕式举行了。这不仅是艺术馆的喜事，不仅是桂林戏剧界的喜事，同时也是全国话剧界的喜事。因为当时在全国还没有一个专供话剧的剧场，话剧的演出要向其他剧院租用，不仅不适合而且受一定的剥削，有时还受到剧院老板的冤气，话剧演出受到的限制是很大的。广西艺术馆落成，在桂林话剧界说有了专供话剧演出的、新型的、自己的剧场，在全国话剧界说，这也是一个很大的鼓舞。所有桂林的剧人，所有来参加西南剧展的几十个剧团的朋友，都为中国第一个话剧场的出现，感到由衷的高兴。②

桂林文化城研究专家魏华龄的文章中说得更为详细：

艺术馆刚成立时，没有基建拨款，也没有馆址，办公暂时租用马房背小巷的一间民房，欧阳馆长则租住在榕荫路13号，离办公地点很近。艺术馆不是机关，它是一个文艺活动团体，经常要演出，要举办展览等等，自己没有剧场，每次演出要租用私人剧场，不但要付出一笔很大的租金，而且剧场不适合话剧演出和音乐演奏的要求，直接影响到演出效果，怎么办？在欧阳馆长的多方筹划下，当时的广西省政府不得不拿出一笔钱，但是不够，决定自力更生。为了筹募新馆建筑基金，欧阳馆长发动戏剧界明星，在广西剧场举行联合义演，这次义演持续了9天，收获不小。艺术馆新馆址于1943年春开始筹建，由著名建筑工程师钱乃仁设计，中兴建筑公司负责承建，3月开工，1944年2月竣工。艺术馆剧场的设计是按话剧演出的要求，使舞台布局和剧场音响效果都比较理想，共有800多个座位，是当时全国仅有的一座新型的话剧剧场。③

---

① 李文钊《广西省立艺术馆》，《桂林文史资料》第四辑收入该文。

② 同上。

③ 魏华龄《欧阳予倩与广西省立艺术馆》，收入魏华龄编著《桂林文化城人物选辑》，《桂林文史资料》第五十四辑，桂林市政协文史资料委员会编。

李文钊、魏华龄所说不虚，不妨看看当年的记者如何看这座剧场：

艺术馆剧场建筑设计都是新颖的，容有两个舞台面，舞台上预备装设轨道，使得舞台面可以灵活推动，可以节省布景时间。舞台面（口）也增高到二十五尺，布景较大的戏也可以上演了。

演话剧的，现在总算自己有个地方了。①

无论是当时的新闻还是后来的回忆，都表明这座剧场是当时中国第一座专业的话剧剧场，而且，这还是一座建筑风格上融贯中西、美轮美奂的剧场：

桂西路的末端，一座渠渠的大厦，作赭红色，栋宇辉煌，美轮美奂，有古代宫室之华，得西洋建筑之粹。②

田汉在回忆文章中也说：

予倩费了很大的气力也听了无数的闲话，在桂林中学对面建筑了一座艺术馆，有办公厅，有宿舍，更有画廊和一个很摩登伟丽的剧场。③

遗憾的是，这座灿烂辉煌、摩登伟丽的剧场，建成不到一年，即在战火中沦为废墟。据当年亲历者所见："复员归来，艺术馆经过敌寇的营掠，只剩下一片瓦砾之场。"④"我们从昭平回到桂林，触目是破墙败瓦，以前的巍峨艺术馆，只剩下

---

① 默寒《西南剧展开幕前后》，《新华日报》1944年3月2日，收入《西南剧展》上册，漓江出版社，1984年2月第一版。

② 云在华《纸上银幕——桂林的戏剧节》，《大公晚报》1944年2月19日，收入《西南剧展》上册，漓江出版社，1984年2月第一版。

③ 田汉《欧阳予倩先生的道路》，原载1946年9月12日《文萃》第47期，收入苏关鑫编《欧阳予倩研究资料》，中国戏剧出版社，1989年1月第一版。

④ 党明《六年来的广西省立艺术馆》。

一堆灰烬了。”[①]“作为本部工作据点的剧场，已经被毁于炮火，失去了剧场，也就像作战失去了堡垒……”[②]田汉的文章亦写道：“桂林被围，经过自己放的和敌人放的大火，艺术馆和广西剧场同样是‘片瓦无存’了。”[③]

据陈珂《舞古今长袖 演中外剧诗——欧阳予倩评传》，“1945年10月20日，（欧阳予倩）率领广西艺术馆的工作人员返回桂林。昔日文化城，经过日寇的浩劫已面目全非。欧阳予倩所苦心经营筹建的艺术馆和广西剧场，也已荡然无存，只剩下一片瓦砾了。”[④]

“欧阳予倩没有被这悲哀击倒，胜利后居然第三次又建剧场……”[⑤]1946年2月15日，欧阳予倩主持广西艺术馆重建的奠基仪式。[⑥]

1945年10月返回桂林，1946年2月广西省立艺术馆就开始重建，前后不到4个月的时间，欧阳予倩究竟有什么样的能耐去筹集重建的经费？一篇题为《欧阳予倩先生离桂内幕及今后动向》的文章涉及了欧阳予倩重建广西省立艺术馆的经费来源：

> 那个辛辛苦苦由欧阳先生一手创造出来的“艺术馆”却给敌人毁坏得什么都没有了；要重建又得要经费，而省政府很穷，拨不出钱来。后来欧阳先生和省政府商得两全的方法，就让全馆报90个工作人员的名额而实际用35个人，空下55人的薪水虽然有限，但连同生活补助费一起留下来，数目也相当可观，重新盖造“艺术馆”的经费就可由此得来了。[⑦]

魏华龄的文章也谈到艺术馆重建的一些情况：“重建新馆仍由原建筑设计师钱乃仁设计，华夏建筑公司承建。……广西省立艺术馆的重建直到1946年12月底

---

① 殷之濂等《广西省立艺术馆三十五年度各部工作报告》，原载《广西省立艺术馆开幕纪念特刊》，1947年1月1日桂林出版，收入《桂林文史资料》第四辑。

② 同上。

③ 田汉《欧阳予倩先生的道路》。

④ 陈珂《舞古今长袖 演中外剧诗——欧阳予倩评传》，上海古籍出版社，2012年，237页。

⑤ 田汉《欧阳予倩先生的道路》。

⑥ 苏关鑫《欧阳予倩年表》，收入苏关鑫编《欧阳予倩研究资料》，中国戏剧出版社，1989年1月第一版。

⑦ 俞晨《欧阳予倩先生离桂内幕及今后动向》，原载《西南日报》1946年11月11日，收入苏关鑫编《欧阳予倩研究资料》，中国戏剧出版社，1989年1月第一版。

才竣工。”①

这个重建的艺术馆，据俞晨的文章说，“可以使许多朋友要演戏有剧场，要开画展有画廊，要谈天有小屋子，要集会有会议厅，是一个多么值得保存的地方呀！”②

可惜的是，正当广西省立艺术馆重建之时，1946年7月，欧阳予倩到上海看望母亲兼医治足疾，在上海期间参加了文艺界悼念李公朴、闻一多的会议并慷慨陈词，1946年8月，当欧阳予倩重返桂林，发现环境氛围对他很是不利，遂辞去广西省立艺术馆馆长职务，于1946年9月离开了他生活长达7年的桂林。壮士一去兮不复还，从此欧阳予倩似乎再也没有到过桂林，这也就意味着欧阳予倩没有亲眼见过落成后的付出了他大量心血的广西省立艺术馆。

西南剧展全称为西南第一届戏剧展览会。西南剧展是一个包括戏剧演出展览、戏剧资料展览和戏剧工作者大会三大内容的戏剧活动。从1944年2月15日开幕至5月19日结束，历时90多天。据1944年5月19日的《大公报》，西南剧展演出单位30个，演出节目计话剧23场，歌剧1场，京剧29场，桂剧8场及民谣舞蹈、傀儡戏、魔术、马戏各项，总演出场数170场，观众数量达10万人以上；戏剧资料展览为期半月，展出22个单位团体，参观人数3万多；戏剧工作者大会达15天，分专题演讲、工作报告、提案讨论等项。③

1944年2月13日，《力报》引用赖贻恩神父的话：“这次剧展能集半个中国的戏剧团体于一地，在中国史上可以说是伟大创举。”④

1944年5月17日，《大公报》转引美国权威戏剧评论家爱金生在《纽约时报》刊登的文字：“如此宏大规模之戏剧盛会，有史以来，自古罗马时代曾经举行外，尚属仅见。中国处于极度艰困条件下，而戏剧工作者以百折不挠之努力，为保卫文化、拥护民主而战，给予法西斯侵略者以打击，厥功至伟。此次聚中国西南八省戏剧工作者于一堂，检讨既往，共策将来，对当前国际反法西斯战争，实具有重大贡献。”⑤

---

① 魏华龄《欧阳予倩与广西省立艺术馆》。

② 俞晨《欧阳予倩先生离桂内幕及今后动向》。

③ 参阅丘振声、吴辰海《旌旗此日会名城——西南剧展概述》，收入《西南剧展》上册，漓江出版社，2页，1984年2月第一版。

④ 《在剧展招待会上欧阳予倩报告筹备经过》，1944年2月13日《力报》，收入《西南剧展》上册，漓江出版社，79页，1984年2月第一版。

⑤ 《西南剧展的荣誉》，1944年5月17日《大公报》，收入《西南剧展》上册，漓江出版社，158页，1984年2月第一版。

这个在开展之初即被当时各种媒体称为“中国戏剧史上的空前盛举”① 的西南剧展，究竟是因何发起、由谁发起？自然值得一说。

《当代文艺》1944 年创刊号上发表了欧阳予倩《关于西南第一届戏剧展览会》一文，欧阳予倩在文中说到：

这回的展览会，不是少数人号召起来的，是大多数戏剧工作者的要求。最初几个朋友谈起的时候，并没有打算大规模地举办，只想就广西省立艺术馆新建馆址落成的机会，邀请近邑几个团队连续演几个戏，恰好“新中国剧社”回到桂林，四队的同志也来了几位，大家一谈，展览会的组织就被提出，恰好九队副队长刁光覃同志也到了桂林，各方面的朋友相聚商讨，办法就大体决定了。瞿白音同志自告奋勇拟“通启”和“简则”，有的便私人写信征求各团队的意见，四队、七队、九队，首先决定参加，曲江方面也托朋友来问，充分作参加的准备。为着办事的简单便利起见，推“省艺”主办，这在省艺同人是引为荣幸的……②

这篇文章专门附录了欧阳予倩致戏剧工作者的信，其中写到：

我们应该承认，在这些战斗的日子里，我们彼此间还没有充分的联系，缺乏相互观摩和借镜的机会，缺乏分享彼此得失忧乐的愉快。这在我们的工作上，是一个不容忽视的损失。为了迎接更艰辛的战斗，更繁重的任务，我们必须弥补这些损失。桂林的戏剧工作者有鉴于此，拟就广西省立艺术馆新址落成之机会，于民国三十三年二月十五日戏剧节，在桂林举行戏剧展览会及戏剧工作者大会，推本馆主办。诚挚地向敬爱的同志们邀请，请同志们热烈参加。为了地方辽阔，交通不便，我们想暂以粤、湘、桂、黔、滇西南五省及其邻省闽、赣、鄂等八省为基本单位，定名为西南戏剧展览会和西南戏剧工作者大会。③

从欧阳予倩当年的文章可以清楚地看到，西南剧展最初的动议是就广西省立

---

① 《戏剧史上的空前盛举　西南剧展开幕》，原载于 1944 年 2 月 25 日《新华日报》，收入《西南剧展》上册，漓江出版社，93 页，1984 年 2 月第一版。

② 欧阳予倩《关于西南第一届戏剧展览会》，原载《当代文艺》1944 年创刊号，收入《西南剧展》上册，漓江出版社，42 页，1984 年 2 月第一版。

③ 欧阳予倩《关于西南第一届戏剧展览会》，收入《西南剧展》上册，44 页。

艺术馆新馆落成的机会而举办的一个庆祝会，主办单位是广西省立艺术馆，但由于戏剧界各路精英的思想碰撞，竟然形成了西南剧展这样一个“中国戏剧史上的空前盛举”。

田汉当年的文章与欧阳予倩的说法基本相同：

这次西南剧展的发起，一半是偶然的。广西省立艺术馆建筑新馆，包含一颇为精美的剧场。为着这剧场的开幕，主持者欧阳予倩先生想邀一些团队来热闹一番。但在筹备中意义和规模逐渐扩大，成为今日这样包含西南八省戏剧工作者一千余人集中桂林互相观摩的盛会。这在中国戏剧史上是创举，同时替将来更盛大的中华全国戏剧工作者年会奠定了一个重要的基础，实在值得注意。[①]

两年后，田汉在《新中国剧社的苦斗和西南剧运》一文中回忆到：

《金玉满堂》的上演期，桂林的戏剧界在商量着如何迎接行将到来的新订的戏剧节——二月十五日。某日我在中正大桥的东堍遇瞿白音兄。他和我谈到西南戏剧展览的计划。他已经和予倩先生谈过，我也极赞成他的旺盛的企图心，答应尽量帮助这一理想的实现。[②]

根据西南剧展两位重要领导人的回忆，可见，西南剧展最初的构想是为广西省立艺术馆的落成而策划一个戏剧活动，但当欧阳予倩与新中国剧社瞿白音、田汉等人商量他的想法时，方案逐渐扩大，最后形成了“中国戏剧史上的空前盛举”——西南剧展。

作为广西省立艺术馆馆长，欧阳予倩是西南剧展常务委员会主任委员，当时《大公报》记者写道：

艺术馆在剧作家欧阳予倩的领导下，始终是站在西南剧展的宝座上，领导西

① 田汉《戏剧节与西南剧展》，原载《中学生》第74期，收入《西南剧展》上册，漓江出版社，47页，1984年2月第一版。

② 田汉《新中国剧社的苦斗和西南剧运》，原载《评论报》（上海）1946年1–2期，收入吴辰海、丘振声、唐国英编选《戏剧运动》，180页，广西人民出版社，1992年11月第一版。

南剧展的展开的。艺术馆不是一个纯粹为艺术而艺术的剧团，他们乃是一支文化军。事实上，桂市各校任何一次上演话剧，艺术馆的工作同志，都应邀前往导演和担任演出顾问的。这次剧展的展出，十分之八以上是欧阳予倩先生在苦心策划的，虽然报纸上筹委会的名单是那么一大片。[①]

如今，这个曾经创造过“中国戏剧史上的空前盛举”的广西省立艺术馆依然矗立在解放西路。她的西面，是碧波荡漾的桂湖，桂湖的西面，是巍然挺拔的老人山。老人山就像一位历尽沧桑的桂林老人，见证了广西省立艺术馆的辉煌、劫难和生生不息的奋发图强精神。

---

① 《剧展中的话剧团》，原载1944年2月16日、2月17日《大公报》，收入《西南剧展》上册，漓江出版社，252页，1984年2月第一版。

光彩的一页

——桂林原工商业者优良传统散记

魏华龄

中国的民族工商业在解放以前，是从封建主义、帝国主义、官僚资本主义的层层夹缝中生存和挣扎过来的，桂林的原工商业者也不例外。这样的生存环境决定了我国民族工商业者的两面性，在民主革命时期，有爱国的、革命的一面，也有妥协的一面；在社会主义革命和建设时期，有积极的一面（如爱国守法、接受中国共产党的领导，走社会主义道路，为社会主义服务），同时，也有消极的一面；进入到改革开放和现代化建设新时期，工商联成为进一步为社会主义服务的政治力量，原工商业者已经成为社会主义劳动者，他们坚定不移跟党走，尽心竭力为“四化”。有些优良传统，到今天仍然值得珍视和弘扬。

一、重质量、塑品牌、守信誉

张永发的染水——永不褪色

过去在桂北一带流行有“张永发的染水——永不褪色”的说法。该店老板自认为张永发是永远发达的金字招牌；许多顾客也认为张永发的青蓝布染水好，货真价实，尤其是“包退包换”，顾客心里踏实，以至张永发的生意兴隆，“红极一时”。

张永发的创始人是湖南籍的张海清。清光绪七年（1881），他随父亲来到桂林，先做货郎担，在桂北一带赶圩，赚了一点钱，张海清摇身一变，在漓江东岸五通庙前街开了一间张永发染布店。张海清善于经营，狠抓染布质量，塑造品牌。他在店门口挂的广告写道：“本店采用上等蓝靓，专染家用青蓝布，货真价实。童叟无欺，货物出门，包退包换。”张海清的“包退包换”这一招，在桂北农民顾客中引起了强烈反响，张永发的青蓝布，用后的确不褪色，于是“张永发的染水——永不褪色”，一传十，十传百，传遍了桂北各地。张永发布店果然顾客盈门，应接不暇。张永发就是这样，重质量，塑品牌，赢得广大消费者信赖。也因此，张永发生意由小到大，由张海清到张香圃（张海清的第四个儿子），从一个货郎担起家，前后约半个世纪的时间，到 1949 年桂林解放前夕，一跃成为桂林第一大富。

黄昌典，买笔不用选

在提倡写毛笔字的年代，无论是大人还是小孩都知道“黄昌典，买笔不用选”。这说明了黄昌典的毛笔在广大消费者心目中有着极高的信誉。

1949 年前，桂林的制笔业，大大小小一共有 20 多家，比较著名的有生花馆、太极图、邹乾元、黄昌典等，而黄昌典在桂林制笔业中首屈一指，生产的品牌有加料乌龙、寸楷羊毫、五紫五羊、七紫三羊、鸡狼毫、纯颖鸡狼毫等。毛笔质量的优劣，取决于制笔的原材料与生产技术，二者缺一不可，有了优质的制笔原材料而无制笔的精良技术，或者有了高超的制笔工人而缺乏优质的制笔原材料，都不能生产出优质的毛笔。

黄昌典毛笔的创始人是黄松山和陈春廷，湖南人。两人都是制笔工人出身，陈春廷不仅比黄松山年长，制笔手艺也高于黄松山，尤其是制大兰竹笔和条幅笔，积数十年之经验，掌握了一套制笔绝技，并总结形成秘本。但陈春廷好酒贪杯，靠一点微薄的工资不够花，常向店主或同事借钱度日，也因此而讨人嫌。在伙伴中，黄松山与陈春廷甚为相投，陈春廷也把黄松山引为忘年知己，并收黄松山为义子。在收养礼的当天，陈春廷将自己的制笔工艺手抄秘本赠给黄松山，黄松山如获至宝。

光绪二十四年（1898），黄松山、陈春廷一同在桂林司门口开设黄昌典笔社，由陈春廷亲自掌握制笔技术，把好质量关，产品受到当年秀峰书院书家的赏识，赞为“极佳”。这样。黄昌典的名声很快就传开了。

黄昌典的制笔工艺讲求精细，在陈春廷的手抄秘本上有这样几句话：“小尾勾尖，一整一清，揉至寸口，方可放心。”这四句话是制笔人的行话，既概括了制笔的全过程，又说明了制笔的要点。在一般情况下，制笔经过“整”这道工序——将笔尖上的杂毛提净，并将笔头揉过一番，把岔毛揉掉。这样“整”过以后，一支毛笔的制作就算基本完工，可以上市了。可是黄昌典的笔，按陈春廷的质量标准和制作程序，还要再“清”一次，即质量检查，将完工的毛笔复检一次，检查每支毛笔的笔尖是否有突出的细毛，然后再轻揉几次，看是否还有岔毛或不妥的地方。这样“清”一次要多付50%的“整”笔工费，许多厂家为了免付“清”笔的开支，省掉了“清”的工序，而黄昌典的笔则非清不可，这样，就100%保证了毛笔的质量，在市场上赢得了“黄昌典，买笔不用选”的声誉。

此外，桂林的“老三宝”——豆腐乳、辣椒酱、三花酒，在解放前就驰名省内外，也无不是以质量取胜，以优质塑造品牌，赢得消费者的信誉。

二、热心公益事业

在20世纪20年代，桂林有个慈善机构叫慈善堂，它是1928年由桂林几家中药店老板发起，带头捐款，加上各界人士赞助而建立起来的。在慈善堂内分设有育婴堂、爱经堂等，分别开展各项慈善事业。

育婴堂

地址在崇善路。主要任务是收养一些孤儿、弃婴，负责他们的生活与教育。育婴堂还面向社会，免费为社会儿童接种牛痘等。婴儿长大后，如社会上有人愿意领养，可与育婴堂接洽，办理相关手续，并保证不转手买卖，否则育婴堂有权提出上诉，追究刑事责任。

爱经堂

地点在西华门天主教堂对面。有坐堂医生，主要是为贫苦病人看病，免费施药；此外，还负责救济灾民，埋葬街头巷尾无人收殓的尸体；对于社会上的贫民，每天早晚在爱经堂有白稀饭供应。

成立平民医院

1927 年至 1937 年间，市商会为解决贫困市民看病难的问题，曾在福建会馆内（今漓江大瀑布饭店旁）设平民医院，用中草药为患者治病，就医有困难者经街道证明后免收医药费，必须住院的免收医药费和住院费。院内设有病床 30 张，有中医师 2 人，外科兼骨科医生 1 人，每天就诊人数在 50 人以上。该院成立 10 年，医治患者达 20 万人次。

樟树国药房为难民义诊施药

抗战时期，全国各地逃难来到桂林的人很多，一时医疗卫生设施跟不上，许多人生了病都得不到及时医治。当时医药业中有家叫“樟树国药房”的店，地点在小十字街（今王城商厦对面），是医药行业中较大的一家，在桂林的知名度很高。该店有一位坐堂的老医师，医术高明，樟树国药房的老板看到许多难民求医难，毅然决定每个星期天为难民义诊施药，消息传开，每逢星期日，药房门庭若市，老百姓广为称赞。樟树国药房这一善举，一直坚持到 1944 年秋。

集资建校办学

抗日战争爆发后，特别是武汉、广州沦陷以后，各地内迁的人剧增，桂林城市人口由十万增加到三四十万，中小学校远远不能满足需求。为解决外地来桂青少年就读问题，市商会自 1938 年起，鼓励企业家集资建校办学，通过各省旅桂会馆，以同乡会名义发动号召，并得到各省籍企业家的积极响应、大力支持。先后建成私立逸仙中学（广东会馆主办）、私立黄花岗纪念学校（福建会馆主办）、私立松坡中学（湖南会馆主办）、私立文山中学（江西会馆主办），以及阳明小学和公益小学。桂林沦陷期间，松坡中学被毁，抗战胜利后，仅张永发老板就捐资 100 万元，其他湖南籍企业家共捐资 200 万元，重建校园，使松坡中学得以复课。

三、风雨同舟、荣辱与共

黄旷达与八路军桂林办事处

民国初年，在法政街口（今叠彩路口）有一家酒坊，叫万祥醩坊。醩坊是一个姓黄的老板开的，名叫黄旷达，他的酒坊专酿三花酒，加上师傅的酿酒绝技，推出一种特殊的“肉冰烧”，异常香醇，口感特别好，远近闻名，于是万祥醩坊很快就发展起来了。到了抗战前夕，因对面粉铺不慎失火，殃及醩坊，房子毁于火灾。抗战爆发后，许多外地人逃难来桂林，住房紧张。1938 年下半年，黄老板设法把万祥醩坊重建成砖木结构、三开二进的二层楼房，内有空地，四面有封火墙。

1938 年 9 月，武汉沦陷前，中共中央南方局决定在桂林设立八路军桂林办事处（简称“八办”），特派副官刘恕和熊子民两人打前站，到桂林筹备办事处事宜。刘恕来到桂林，首先是找房子，经朋友介绍，找到当时桂北路 138 号万祥醩坊房东黄旷达先生。房屋新建，地点也合适，经过洽谈，很快达成协议，除前楼的一开间及后楼给黄旷达经营万祥醩坊和住房外，其余全部租下来了。10 月下旬，武汉失守，武汉八路军办事处大批人员经长沙于 11 月陆续抵达桂林。“八办”机关就设在万祥醩坊内，对外挂的是“国民革命军第十八集团军桂林办事处”牌子。办事处处长是李克农，后勤人员则另驻桂林北郊的路莫村。

“八办”进驻桂林后，黄老板发现这些军人和国民党军队完全不同，“他们首长士兵人人吃穿一样，同志们说话非常和气，尤其是李克农，平易近人，说话和蔼可亲”。在国民党顽固派掀起的第一次反共高潮中，国民党当局经常派宪兵、特务到万祥醩坊，对黄旷达进行恐吓、威胁说：“你为什么把房子租给八路军？你要叫他们走！”黄旷达说：“八路军是抗日军队，他们同我住在一起相处很好，我根本没有理由叫他们走。”1941 年 1 月 20 日，“八办”奉命撤回延安，黄旷达一家与“八办”相处两年多，感情很深。临别时，李克农特将景德镇的小茶壶送给房东留念，另外还送了一匹灰布给孩子们缝衣穿。当办事处的同志坐上汽车离开时，大家都互相挥手告别，依依不舍。

赵浩生与共产党人

赵浩生，抗战时期为桂林盐业同业公会理事长和桂林商会常务理事，受他三弟赵藩生的影响，经常接触进步书刊，思想觉悟有了提高，“认识到能救灾难深重的中国于水火者，只有中国共产党”。1938 年，中共地下党员李庚、郑代巩来桂林从事学运工作，经三弟介绍住在赵浩生店内，受到热情接待。1939 年，又经三弟介绍，与八路军桂林办事处干部吴济英相识，吴济英曾利用赵浩生的商店作掩护并传递过信件。1942 年，李济深主任举行茶会，推销美金储蓄券，赵浩生应邀参加，踊跃认购，并动员工商界同人认购，在短期内完成任务，受到李济深的器重，李济深的密友彭泽湘曾在赵家住了两年之久，赵浩生由此结识了田汉、欧阳予倩等文化界进步人士。1941 年“皖南事变”后，受三弟之托，曾掩护中共地下党员李庚（解放后任全国文联书记处书记）、蒋宗鲁（解放后任江苏省委统战部部长）隐居赵家两个多月后平安离桂。田汉领导的新中国剧社演出《再会吧，香港！》遭国民党禁演，一时经济陷于绝境，赵浩生知道后，借予巨款，支持该社渡过难关。当时，新中国剧社、湘剧宣传队以及西南剧展推销“荣誉券”，大部分由赵浩生协助推销购买。1983 年 12 月，文化部为酬谢赵浩生抗战时期对新中国剧社的资助，特汇来 1000 元人民币，全国文联书记处书记李庚还给赵浩生写了一封信，信中说：“党不会忘记在困难时期曾经帮助过党的朋友的。”赵浩生认为，自己能得到党的关怀并被党的领导同志引以为“朋友”，这是他“一生最大的欣慰和光荣”。

支援解放军和抗美援朝

1949 年，解放大军南下急需粮草，军管会要求市商会协助筹集军粮，以应急需，在商会会长卢燕南的发动和带领下，短短三天时间，就向桂林各粮商借到大米 30 多万斤，柴草数万斤，如期完成筹粮任务，支援了解放全广西的工作。

1951 年，为支援抗美援朝，市工商联发动全市工商企业捐款，共捐现金 16.5 亿元（第一套人民币），占全市捐款总数的 50% 以上，30 万块光洋，近百条金砖，合计可买一架飞机。其中，魏康侯（曾任桂林商会副会长）除捐资外，还将数代相传的清乾隆年间的大铜鼓也捐献出来，一时传为佳话。

四、坚定不移跟党走，尽心竭力为“四化”

从 20 世纪 50 年代起，经历了土地改革、镇压反革命、“三反”和“五反”，以及农业、手工业和资本主义工商业的社会主义改造，工商业者在中国共产党的领导下，通过学习，提高思想认识，都比较顺利地走过来了。1956 年，一批骨干分子和代表人物还加入了中国民主建国会。虽然此后历经“文革”，但桂林的广大工商业者与全国人民一道，与中国共产党风雨同舟、荣辱与共，终于迎来了祖国新的春天。正如 1979 年 10 月 19 日邓小平在宴请各民主党派和工商联代表大会代表讲话时所指出的那样：“在万恶的林彪、‘四人帮’横行的十年里，各民主党派和工商联被迫停止活动，很多成员遭到了残酷迫害，绝大多数人经受住了这场严峻的政治考验，仍然坚信共产党的领导，没有动摇走社会主义道路的决心，这是难能可贵的。”[①] 又说：“各民主党派和工商联同我们党有过长期合作、共同战斗的历史，是我们党的亲密朋友。”[②] 工商联在传达邓小平讲话和学习过程中，大家的心都热乎乎的，感到无比的温暖和激动。尽管大家都年事已高，但都有“报国之日苦短，报国之心倍增”的情怀，都表示一定不辜负党的期望，解放思想，实事求是，团结一致向前看，并按照全国工商联提出的“坚定不移跟党走，尽心竭力为‘四化’”的号召，作出新的贡献。

以酱料厂钟建全为例，1956 年 1 月全行业公私合营时，他积极响应党的号召，带头组织并厂，维护资金完整，受到省、市人民政府的表彰。1956 年 2 月，中国新民主主义青年团中央与中华全国民主青年联合会在京召开全国工商界青年积极分子大会，钟建全和徐祖宏代表桂林出席，并受到毛主席等中央领导同志的亲切接见。合营后，钟建全任酱料厂会计，因系原工商业者，曾先后四次下放车间劳动，“文革”中又受到不公正的待遇，直到 1976 年才恢复原工作。但无论遭遇何种情况，他的报国之心不变，始终兢兢业业，加强财务管理，仅一年时间，就使酱料厂经济效益（利、税）比上一年增长 33%，以后工厂的经济效益持续上升。1977 年广西轻工业局发文，推荐桂林酱料厂财务管理业绩和经验，1978 年钟建全被评为桂林市模范会计，并被任命为财务科长。1979 年他出席了全国工商联第四届会员代表大会，受到邓小平等中央领导的亲切接见，1981 年参加了全国工商联在北京召开的为“四化”服务经验交流表彰大会，1987 年钟建全光荣地加入了中国共产党，成为桂林工商界中加入中国共产党的第一人。

① 人民日报社人民手册编辑组．人民手册 1979 年［M］．北京：人民日报出版社，1980.
② 本书编写组编．邓小平理论学习辞典［M］．北京：党建读物出版社，1999.

民国期间的桂林商业

庞铁坚

民国期间的桂林，除了 1944 年 11 月至 1945 年 7 月的沦陷时期以及此前此后的一小段时间变得凋敝以外，总的来讲，是比较繁华的。上海“八一三”淞沪抗战后，受战局影响，许多的工商业者和文化人陆续西撤，不少人和机构在桂林安顿下来，带动了桂林商业的发展，也带来许多时尚的消费元素。抗战胜利后，随着人们对生活恢复信心，消费也日见振奋，出现许多的新奇玩意儿。《桂林日报》《救亡日报》《广西日报》《小春秋》等报刊上，各类商业广告占据重要版面，也从一个侧面映衬了那个时代的商业景象。

馆址在义学巷 15 号的中国照相馆，照相设备先进，显然是桂林照相界的巨头，常在报纸上刊登广告揽客：本店有怎样的相机、闪光设备，提供怎样的服务，在何时段可提供六折优惠。这类广告，说明照相留影是当时的时尚生活之一。

1947 年新开业的中国摄影社不甘居后。这家位于大十字街（即今十字街）的后起者在《广西日报》发布广告称该社：

巨型万能影机　最新灯光装置　原子放大相机　沪港摄影技师

合式大学士服　艺术水油彩相　新颖结婚礼服　美观特制相卡

位于中山中路24号的湘桂茶庄，则特备各省名茶，欢迎批发零售。看得出，这家茶庄的业务，不仅涵盖了桂林市区，连周边各县也是它的重要销售范围。

战后，生活逐渐好转，人们不但要满足日常生活所需，也开始注重在消费场景下的社交。1947年夏天，位于环湖北路的湖滨酒店在《广西日报》刊登了大幅广告，称店内附设露天茶座，提供“大筵小酌，茗茶美点；冰藏果露，雪糕汽水”，环境方面亦是“风景优雅，湖光宜人；厅房皎洁，座位舒适”。位于中山中路221号著名的桂林大酒店，则增设了早午茶市，特聘港沪厨师精制各式美点。并且“不论大筵小酌，均由桂市名厨主持”，环境上“风扇设备充足，厅房通爽舒适”，服务上“招待殷勤周到”。有消费能力的市民，往往选择这类条件好的餐馆待客、聚会。

位于独秀峰下的中山公园月牙池畔，则设有露天茶社，价格亲民，以供市民消费。因为中山公园紧邻省政府，故省里开会时，往往也会拨些款项到这家茶社，托茶社为与会者提供早餐。茶社则与名酒家合作，专为与会者提供精致茶点，故颇得好评，也使生意愈加兴隆。

今人难以想到的是，那时的月饼市场竞争也是异常激烈的。1949年10月上旬，《广西日报》连续刊登了数则月饼广告，如位于中正东路的均昌号、五昌号称二店联合大减价，特制加料的中秋月饼，照码七折优待顾客。同样位于中正东路群众电影院对面的另一家新金山饼家不甘示弱，也在报上刊登广告，称其精制的各式中秋月饼“材料上等、货色新鲜、味道爽口”。

民国的桂林，时尚风已经劲吹。1947年8月17日，《广西日报》刊登了多则中国国货公司的廉价商品广告，有科学咖啡壶、泰康饼干、织锦粉盒、晨风口琴等。这家位于乐群路口的国货公司，也卖外国商品，比如它就是英国克加路单车在桂林的总经销商，其发展的代理商一为正阳路诚德庄，二为中山中路德昌车行。

中山中路上的大华雪机（也就是冰柜）行，专营雪机买卖及修理，并零售冰淇淋，这是兼做商家和孩子的生意。

中正西路的上海美发厅和香港美容院，打出的卖点则是：沪港师傅、电式烫发、自备电机（公用电网经常停电，电力缺乏保证）、日夜服务。泰森西服店、开罗服装店、镜明镜店等，面对普通大众的日常生活，也注重抢占消费的时尚前沿，比如裁剪西服，就是为了满足市场对西式服装的好奇。毕竟，战争期间，桂林来过不少的外国人，市民们见得多了，加上不少外埠有身份的人也在桂林定居下来，对西式生活的需求有所增加。泰森西服店位于正阳门附近，就是针对官员们的需求而开。《小春秋》还刊登过一件趣事：省议会开会时，建设厅长身穿蓝布衣服出席开幕式后，就迅速换上了西装。可见，穿西装是那时有身份者的象征，建设厅长之所以要勉强穿蓝布衣服出席开幕式，无非是顾忌到议员和记者的说辞罢了。

今人所知的张永发绸缎号，是当时桂林最大的布行了。这家布行换季时的广告非常大气——“冬季袍料、世界匹头、驼绒卡机、自染青布、备货充足、规模最大”。

那一时期，桂林市的消费能力从消费结构也可以看得出一二。比如，绝大多数普通市民主要在小餐馆里消费，但一些有影响的大酒楼也是宾客盈门的。众所周知的美丽川菜馆，几乎每周都在报纸上刊登广告，这个习惯一直延续到桂林解放。美丽川菜馆之所以有实力坚持在报纸上做广告，自然是有稳定可观的收入做支撑，且这份收入也需要持续的广告去维持。

除了美丽川菜馆之外，中正东路紫金电影院隔壁的潇湘酒家，以湘菜闻名。正阳路北口的会龙居，则以地羊（狗肉）驰名，它的广告，还别出心裁地将监制人梁宝华的名字刊登上去，这确实在很大程度上会引导消费者的选择，产生名厨崇拜效应。中山中路的中原饭店主推和菜，走亲民路线。同样位于中山中路的新泰山饭店却并不是卖鲁菜的，而是卖粤菜的，请的粤港名师主理。

随着西风东渐，西餐、咖啡等消费在民国的桂林已经不是稀罕事了。抗战期间，美国飞虎队驻桂林，这些军人的行为举止不可避免地影响着桂林这座城市。英国、法国、荷兰等国的国民也有不少来往于桂林。更早一些时候，上海沦陷后，不少上海人也来到桂林，而上海人早就深受西式生活影响。这些因素合成的结果，使得那时的桂林也有较强的西式生活色彩。环湖路上的百乐门饭店是美国大兵爱去的地方，那里设了舞厅，备了红酒，装了霓虹灯，颇有些灯红酒绿的样子，著名作家黄裳当时担任过驻桂林飞虎队的翻译，在回忆录中专门写过这家餐厅。中南路上的三教咖啡馆是从武汉迁来的，其西餐主要是俄国大菜，做得非常正宗，还供应罐头名酒。浙江大学校长竺可桢经常到桂林公干，如无应酬，则喜欢到三教咖啡馆去解决吃饭问题。逢西方节日，一些提供西餐的酒店餐厅还会有优惠活动，如桂林大酒店西餐部就在圣诞期间提供优惠价的西餐，其菜单是：

一、酱果多士　　二、桂林浓汤
三、焗猪排　　四、美式煎粉
五、免治烤茄　　六、烧肥山鸡
七、圣诞饭　　八、奶油布丁
九、牛奶啗咕　　十、鲜果

不知道上述菜单中的“桂林浓汤”，是把西餐里的罗宋汤之类命名为桂林浓汤呢，还是一款有正宗桂林味道的浓汤？

民国时期的交通工具多为私有，由行业协会组织协调运输市场。战后，社会秩序稳定后，桂林汽车商业同业公会通告：从八步、平乐、荔浦到全县（今全州县）之运输汽车，需要到各县办事处登记，以便安排客货轮流运输。设在中南路新漓江旅店的联信运输行，规模较大，自揽客货运输业务，其业务包括专营车运、接运客货、信托委任、代客买卖。

不过，市场稳固的班线运输，其实还是在政府手里。1948 年 5 月 14 日，《广西日报》刊登了公路总局的广告：

交通部第三运输处桂林站
定期班车　新车新胎　座位舒适快捷　随时售票
逢星期三、六晨开荔浦　准时开行
联运：柳州、南宁、贵县、玉林、濛江、容县、戎圩、梧州
常备新型货车　承运全线整车　零担货物　手续简单
地址：榕城路 51 号

因为政府直营的运输公司实力强大，私企若想与之竞争，只有降价或者寻找市场缝隙这条道了。位于西城路的桂安汽车行，主要经营来往于义宁（今五通镇）、两江的这条线路，故注重顺路搭载沿途客货，以货运搭客、安全快捷为招牌。

湘桂铁路若新开行客运列车，也由交通部门在报纸上发布公告，公布列车所

编车次号、启程时间、经停各站、停留时间、各等次票价等事项。1946年12月27日,《小春秋》报道：

湘桂黔铁路桂永间明日起开行公务列车。每周两次附办营业，票价千元。

本报讯：湘桂黔铁路桂林至永福间定明日起每周开行公务列车两次，并附带办理营业。每逢星期四及星期日上午八时（南京钟，即本市钟七时），由桂林南站开出，十一时许到永福。下午二时（即本市钟点一时）由永福开返桂林南站，五时可抵达。桂永间已设各站办理客货票价手续。据悉，桂林至永福三等票价一千元（只有三等卡），桂林至苏桥七百元。票价各站均有公布。另，永福至雒容间路线现加紧修筑，约下月中旬桂柳可全线通车。

航空方面，主要有中央航空公司和中国航空公司经营经停桂林的航线，偶尔也有亚欧航空公司的航班。经停桂林的飞机，为美制和德制两种，都是14客位。乘客需要先预订机票，再在确定的时间到该公司驻桂林的办事处，写保证书，然后购票、乘车前往机场。飞机上不提供餐食，也不允许拍照。据记者调查，乘客在战前以商界人士为多，在战争期间以政界人士军界为多。虽说机票高昂，想买到票却不容易。竺可桢率浙江大学撤退到宜州期间，数次到重庆出差，要先乘坐一天的汽车到桂林，再从桂林飞重庆。为了确保拿到机票，就需要通过省政府的关系先打招呼，才有可能拿到航空公司预留的机票。

民国期间，桂林已经是著名的旅游城市。在交通条件改善以后，住宿也是非常重要的环节，建国旅馆、建新旅馆、新中国旅馆、乐群社等，都不吝做广告，如位于三多路的桂林新中国旅馆广告：

桂林新中国旅馆　谨择于一月一日开幕

西式房屋　厅房宽大　空气流通　街道适中　西式盆塘　新婚礼堂

包办宴席　设备齐全　招呼周到　房价低廉　如蒙光顾　无任欢迎

一些旅游者在笔记中还记录了他们乘坐长途汽车从广州或者柳州到达桂林汽车站时，站前就有很多旅馆的服务人员竞相拉客的情形。

阅读这一时期的当地报纸，会发现有不少旅馆招租、转让的广告，也有一些浴池转让的消息，这从一个侧面说明那时的桂林服务业是相当活跃的。

1938 年 2 月 29 日，《广西日报》有消息称，鉴于外地旅桂人士日多，乐群社理事会急需筹办旅舍招待。闻现已向省党部宿舍及中北旅馆洽商，租赁省党部宿舍为第一旅舍部，中北旅馆为第二旅舍部。

民国时期的桂林旅游也已初具规模——书店里有《桂林导游》之类书籍和《桂林风景地图》《桂林名胜地图》等旅游资料出售，七星岩有导游服务。1943 年，中国工程师学会第十二届年会在桂林召开，约 1500 名代表与会，会议组织了专列游灵渠和船队游漓江，并为代表们准备了附有桂林街道图的会议指南。中国旅行社则在桂林设有分社，为游客提供购票、订房等旅游服务。

总之，那个时期的桂林商业，在业态上比较丰富，经营元素方面也较为时尚，充分体现了这座岭南名城的韵味。

庞铁坚，桂林旅游学会会长，广西桂林图书馆理事会理事

商埠名街——水东街

钟　毅

每一次走过水东门（当然，如今早没城门了），望着桥下汩汩流淌的江水，我就禁不住想起年幼时在水东街生活的往事：盐街上古老的城墙，解放桥头吊脚楼上飘出的米粉香，吃着“抖着肺”酸菜发出的“啧啧”声响，鸿庆隆诱人的月饼，路灯下少年相互追逐嬉戏的身影……一时间，仿佛时光倒流，又看到了那些古街繁华的过往，青石板铺就的街道旁，木制楼阁错落有致，青瓦飞檐流光溢彩，木制雕花的门窗，在岁月侵蚀下失去了光鲜的色泽，微风拂动的桉树叶下，仿佛还有多年前船工的号子声在悠悠回响。

水东街，就是现在的解放东路。明代，称水东街；清代，西段称后库街，东段称水东街；民国，称桂东路；1946 年曾称中正东路，1949 年底改称解放东路。

一

据老辈人回忆，从前，水东街是桂林漓江边一条十分繁华的街道，各种商铺一家紧挨着一家。不管大的商铺还是小的商铺，都有一块很漂亮的招牌，它们都比较讲究，匾额既是文化，也是招牌，更是他们自己的诚信标志。在这条不足两公里长的街上，最多的是洋杂店，如今叫百货店。“百货”这个词，过去多以“洋杂”代称。1949年前，桂林城像样些的百货店门口，都会写上“专营环球洋杂商品”等字样，以招来客。

鸦片战争后，洋货开始源源不断地流入我国市场，我国民族工业在外来强大势力的侵袭影响下，受到无情打压，市场上到处充斥着贴着外国商标的洋货。老百姓日常照明用的煤油、点火用的火柴、缝纫用的线、洗衣用的肥皂、挡雨遮日用的雨伞等无不是来自外洋，因此，当时的人们把煤油叫作“洋油”，把火柴叫作“洋火”，把棉线叫作“洋线”，把肥皂叫作“洋碱”，把雨伞叫作“洋伞”，我们甚至到了连钉子都靠外国制造的地步，称其为“洋钉”。

随着洋货像洪水般涌进国内市场，洋杂业也应时而兴，纷纷开业。当年桂林城的洋杂店大都集中在过去的后库街、水东街、十字街（现中山中路）一带。

据老一辈人回忆，当时在解放东路上营业的洋杂店主要有：均利（老板苏少林）、德隆（老板姓麦）、复兴元（老板刘炳元）、广裕昌（老板陈孟铭）、莫玉和（老板莫玉和）、顺泰来和顺泰和（两家老板均为赖裕甫）、乐源和利安昌（两家店均为一唐姓老板所开）、新光（老板姓辛）、绍元兴（老板姓曾）、魏金和（老板魏金甫）、阳昇兰（老板阳德卿）、刘仁和（老板刘仁和）、元和（老板姓邓）、德兴隆（老板姓魏）、广昌仁（老板姓黄）、源泰隆和民友（两家老板均为程濬春）、黎松记（老板黎伯通）、黎友记（老板姓黎）、友联（老板黄振威）、利华（老板元祖耀）、永安（老板黄以法）以及华兴、大同、复兴、信昌（四家店老板均为章仲实）。

其中，均利是桂林开得较早的一家洋杂店，地址在后库街，即现在的解放东路西边。店主苏少林，他从清朝末年就开始经商，因当时家中贫穷，没有本钱，他便去梧州向亲戚借了50两银子作本，在梧州购买了些洋杂货物，运回桂林，先是与人合伙在后库街开了第一家洋杂店，后来因生意好，挣够了本钱，于是又与其弟苏敏修在后库街尾，后来的鸿庆隆（糖烟酒店）旁，开了间更大的店，铺名叫日日安杂货店，除卖洋杂百货外，还兼生产糖果、饼食和熬酒。后来苏家又在水东街开了间客栈，在十字街开了家均利分店。

虽说当时解放东路上洋杂店不少，但店铺之间还是相对和谐友好的。如均利洋杂店对面，有一家叫德隆的洋杂店，是由钱庄转行来的，生意也十分红火。民国初年讲究时尚新风，于是两店便相约大年初一同时开门营业——要知道过去，春节的头三天，所有商铺都是关门歇业的。由于两家大商店带了个头，第二年，桂林城里的不少商店春节期间便都开门营业了。

当年开在水东街上的洋杂铺都不大，但大家的货品都比较全。偶尔，也会冒出一两个大老板来，像临桂六塘人章仲实，当年就在水东街开了三家店：华兴洋杂店 1926 年开业；接着大同、信昌两家店铺又于 1933 年先后开张。另外，抗战时期章老板还在建国商场（现中山北路）门口开了家名叫复兴的洋杂店。一人独自开四家洋杂店，在当时的桂林也算是件轰动的事。

民国初年，广东人在正阳门开的顺泰来及在后库街开的顺泰和都是比较大的洋杂店，两家店都以批发为主，兼营零售洋杂。特别是顺泰和，其规模和兴旺程度在当时可算是桂林第一家；业务除洋杂百货外，还经营布匹、五金。而且它的批发生意也相当广泛，南至阳朔、荔浦、蒙山一带，西到融安、融水、柳州、宜山、河池、南丹直至贵州，北到湖南等地。

据老一代商界前辈回忆，自清末以来，在桂林开设洋杂店又略具规模的有 50 多户，而开在解放东路一带的洋杂店竟有 28 家之多。难怪人们说，按比例计，解放东路可以说是桂林商铺最多的街道，从十字街至解放桥，在短短不足两公里的街道上，竟有数百家商铺，这不能不说是个奇迹。所以，有人称解放东路为桂林洋杂铺第一街，也是不无道理的。

湘桂战役是桂林历史上最大的一场劫难，由于敌众我寡，桂林于 1944 年 11 月 10 日沦陷。从 9 月份开始，各商户就纷纷逃难，肩挑行李及货物，疏散到附近县份的山村、岩洞躲藏，但都不可避免地遭到敌军搜山烧毁或土匪强人的抢劫。有一家经营了几十年的复兴元百货店，商户逃躲到灵田山区，满以为安全，谁料半道却遇到了日军，货物全部被洗劫一空。当年，不少商户都先后遭受了类似的厄运，以至光复后，桂林商业的繁华程度比从前差了很多，元气很久都恢复不过来。①

---

① 上述部分资料见李常光《桂林百货业简史》，收入《桂林文史资料》第十三辑，1988 年，178 页。

二

从历史的角度来说，水东门码头历来都是桂林漓江上重要的商埠码头，除了洋杂店外，旧时，解放东路上的土产贸易及漓江航运业也是非常繁荣的。当时土产业的经营范围很广，特别是在解放前，可说基本没有限制，粮食、盐、竹木、棉布、酱料、文具、纸张、糖、煤油等都可经营，既能大量批发，又可收购囤积。可以说，当时的土产贸易对桂林本地区的物资交流、市场繁荣起过非常大的作用。

桂林在20世纪20年代以前，交通向来不便，没有铁路和公路，土产贸易主要靠漓江水道与外界进行沟通。那会儿行驶在漓江上的木船都没有如今的动力装置，除了顺风顺水时，风帆能助把力外，其他时候，全都靠人撑和拉纤，其艰辛程度可想而知。当时漓江上的船往南顺水要一个星期，逆水上来则要两个星期，若遇河水干枯，则需一月之久；往北逆水的船，一年只有在涨水期间运三四次，顺水时，每月都会有小船和竹、木排从全州、兴安往来桂林。

抗战前的桂林还只是一个仅有六七万人口，荒僻而落伍的小城。随着太平洋战争的爆发，上海、香港、广州、武汉、长沙等大都市的民众，成群地向桂林撤退，桂林人口急剧膨胀，最多时已愈60万人，顷刻间便把桂林变成了一个繁荣的都市。这一时期，也是漓江航运最发达的时期，每天穿梭于江面的大小船只不下四五百艘，每日的吞吐量有数十万斤之多。

既然有这么多的货物要装上、卸下，必然会需要很多的人力。据笔者母亲回忆：当年水东门码头边上就有不少的挑夫行，行口一般是一至两间空房，多时有二三十个挑夫坐在里面，挑夫们的行头就一根扁担和棕绳，全是清一色的汉子，随时等候客商招呼。没事时，他们喝酒、打牌、扯板路（聊天），或横七竖八地在房里的木板上躺着……

如今，挑夫们的身影早已淡出了漓江的码头，人们再也听不到挑夫们的声声号子，但码头上青石板中那深深浅浅的足印却留了下来，总会让后人从中窥见先辈勤劳的美德。

遥想漓江航运的繁盛时期，停泊的木帆船从浮桥两边一字排开，桅杆林立，桨橹交错，绵延数里。奔流不息的漓江水，雄浑豪放的船工号子构成了桂林航运这幅历经千年的美丽画卷。真可谓：“千家屋舍接长川，古渡斜阳乱泊船。春树春波浑不辨，一林樯画一江烟”。

运输业在抗战前，主要靠水路，为上下货物方便，旧时水路运输多集中在对河东江路靠近漓江的泥湾街，又称“后街行”。另一部分，则分散在水东门、南门一带。当年较大的水面商号有肖德生、陈荣记、永泰、左泰记、福泰林、周有信、玉和庄、庆昌利、振泰顺、安泰源等。其中江西帮的以经营大小湘纸、官堆纸为主，广东帮的以经营粮、油、糖、纱布为主，湖南帮则兼而营之。

如开设在水东街的泰兴来，负责人王仲屏，他经营的大小船只常达七八十艘。该店在梧州的老板是陆冠芝，他平时经营、贮存的油脂达数百桶，棉纱二三十件，食盐十余万斤，米一二十万斤，其生意之大，资金之雄厚，在当时几乎是无人可及。

旧时，由于漓江沿岸都停有不少船，一些船家干脆就在船上开起了铺子，锅头碗盏、日用百货都有，顾客都是附近居民和过往的船家，生意也还算红火。

1949 年后，由于人民政府在某些物资（如粮食、油脂、食盐、布匹等必需品）上逐步地进行统购统销，桂林的这个行业也随着形势的发展，先后进行了两次改组。最初称为“运销业”，行使一年多后才改为土产业，营销商品有毛竹、苓粉、黄蜡、香菇、松板、硫磺等。推销对象有辽宁、北京、天津、绥远（今内蒙古自治区中部、南部地区）、石家庄等省市。当时水东街经营土产的行号有：正大庄，经理龙玉安，后转入五金公司；荣德行，经理龙德懋，后转入天南线厂；合兴庄，经理王植三，后转入卫生材料厂；协记庄，经理朱润恩，后转入手工业社；均源行，经理傅受之，后歇业；广荣庄，经理蒋国祥，后转入牙刷厂；安记，经理陈洪太，后歇业；永安和，经理田子永，后转入造纸厂；金城行，经理宁未龄，后转入牙刷厂；和生庄，经理罗嘉伦，后转入玻璃厂；振太兴，经理聂贤才，后转入百货公司；桂立行，经理秦芳煊，后停业；生生行，经理周展权，后停业；通力庄，经理王鸿生，后转入玻璃厂；建丰号，经理黄联苍，后转入国药业；协兴庄，经理冯时金，后停业；同利昌，经理赵学华，后转入百货公司；合成行，经理张玉成，后停业；永茂号，经理邓时和，后转入百货公司；大信行，经理姚植庭，后转入牙刷厂；德溢庄，经理张溢屏，后转入织布厂；富国，主管土产公会，后转入玻璃厂。①

---

① 上述部分资料见田子永《桂林市土产业简史》，收入《桂林文史资料》第十三辑，1988 年，191—193 页。

三

除洋杂店和土产贸易运输行外，旧时水东街和后库街还有不少店铺在桂林市名头也是很响的。

以烟厂为例，从前水东街一带就有三家，一是鸿庆隆对面的广芝南，二是车馨兰，三是黄鼎福。其中，又以车馨兰规模最大。车馨兰烤烟厂就在笔者外婆家的隔壁，1949 年后改为煤建公司。车馨兰虽然门脸不大，但很深，从前面可一直通到中山中学的围墙边，人走进去就会闻到一股呛鼻的烟味。据笔者母亲回忆，烟厂是广东人开的，老板姓车，但平时很少过来，生意全凭其儿子打理。他们卖的烟都是自己加工的，手工刨制烟丝，烟刨好了，就用印有车馨兰店名的纸盒装好，有一两和二两之分。因离得近，笔者母亲小时候便常去车馨兰领了烟盒回来糊，以补家用。

车馨兰卖的烟，分为烤烟和生烟两大类，烤烟叶要经过炭火或煤火烘烤，其烟丝橙黄，味淡；生烟丝则是直接晒干，不经过任何加工，烟丝颜色变化不大，味比较重，有时还会带点叶青味，味特苦，烟雾很浓烈。车馨兰除卖切烟丝外，还兼卖卷烟纸、纸媒儿、铜烟嘴、烟杆、水烟袋。

水烟袋多以白铜制作，亦有用青铜、黄铜或锡制作的。富裕人家用水烟袋较为讲究，在烟嘴部分有以翡翠、玛瑙装饰的，连接部分则用金、银镶嵌。在农家，水烟袋也有以竹制者，往往也别具风格。用水烟袋吸烟，烟从水过，烟味醇和，令人十分受用。

张永发布店，是桂林的一家老字号绸布店，一楼为店面，原地址在今十字街东北角（解放东路与中山中路交接处），20 世纪末，桂林市旧城改造才将其拆除。张永发是个布店，但这家布店最出名的不是它的布，而是它染布的水。从前张永发的染布厂在东江穿山路一带，1949 年后并入了桂林五一染织厂。张永发卖的布都是自家染的，洗到烂都不会褪色。

张永发的老板名叫张香圃，湖南零陵县人。其父张海清早年由湘来桂，靠一副货郎担，走街串巷，经营日用小百货为生，至中年已有不少积蓄，于是弃担开店。经仔细考察，最终选择了本钱少、发展前途好的染织行业。其父很有些经营头脑，除了采取许多措施方便顾客外，更特别讲究质量，就算顾客买货出了门，发现质量问题，他照样还会给退换。因为他觉得口碑就是一个商铺的生命，店铺的诚信与否，百姓都会记住。良好的信誉为其赢得了很多回头客，以至不少人宁肯多花些钱，多走路，也要到他们店里买东西。

其父发家之后，又在老家置办了良田千亩。此时的张香圃已接受多年良好教育，正在广东黄埔中央军政学校（即黄埔军校）受训，两年后回到零陵，在湘军中任连长。其父眼看年事已高，便要求张香圃弃戎从商，继承自己的事业。于是他只好按其父的意愿弃武经商，在桂林开设张永发商号，织布、经营染坊和销售布匹绸缎。由于张香圃经营有道，讲究信誉，其货品又货真价实，销路颇广，他不久就成为当时桂林的巨富。

1956 年张永发、新兴、永济织布厂合并为公私合营的五一染织厂，张香圃出任厂长，并于同年加入中国民主建国会。他历任中华全国工商联执行委员会委员、政协广西壮族自治区委员会委员、自治区工商联副主任委员、桂林市人大常委会委员、政协桂林市委员会委员、市工商联委员、中国民主建国会桂林市委员会副主任委员等职，直到 20 世纪 80 年代初去世。[①]

从前，张永发布店的铺面宽敞，进门两边的柜子里摆满了各色的丝绸布料，好似如今的超市，可任由客人挑选。中间是一溜儿长案板，头顶上有两根绳子，绳子上有几个铁夹子，连接着收钱的柜台。客人选好布料后，售货员就算好钱，写在纸单上，把客人的钱和纸条用铁夹子夹好，“唰”的一声，工友把铁夹顺着绳子投往收钱柜台。等售货员把布包好了，里面的收银台“唰”的一声，铁夹顺着绳子又回来了，上面夹的是补找的零钱和给客人的凭据。

记得笔者小时候就常随母亲和姨娘去张永发的店里“扯布”，之所以将买布称之为“扯布”，说来其中还真有几分道道呢。“扯布”的第一步是顾客挑选好要买的布料、布色，这期间售货员会不厌其烦地将货架上竖摆着的布一匹匹搬下来任你挑选，他会不时地在一旁给你介绍布的品质、花色及适合什么性别和年龄的人穿戴。当你最终选中要买的布，并告诉其尺寸后，售货员便会按你要的尺寸量好，并在布上剪个小口子，而后，售货员便双手顺着剪开的布口子，“唰”的一声撕扯，你买的布就下来了，一连贯的动作娴熟而麻利。

不过当时七八岁的我，并没有这份耐心看大人挑挑选选，更多的时候是跑到张永发的后院天井，看那里的鱼池和假山，摸那假山上不停往下流淌的清流。有

---

① 上述部分资料见刘开泰《张永发的改造史》，收入《桂林文史资料》第八辑，1985 年，226 页。

时也会跑到张永发右边转角处的人民照相馆的橱窗前，看看里面帅哥、美女的靓照，或跑到布店左边的冰室，用平时吃早点省下来的五分钱，买杯菠萝冰水。捧在手心，刚开始舍不得喝，只是小口小口地嘬，直到大人买好布出来，在冰室门口高声大气地喊了，慌乱中，只好将那剩下的大半杯冰水一口灌下肚去，末了便捧着冷得生疼的肚子，满脸懊恼地走出来。

冰室旁是紫金电影院，后改为桂林电影院，当年电影院除了《地道战》《地雷战》《南征北战》等几部经典影片，就没什么电影可看了。票价一角钱一张，不贵，但很难买到票。以至年少的我每每从张永发扯布回家，路过电影院门口时，总会异想天开：等自己长大了，最好是能到电影院守门。想法虽然很简单，但很实际，因为到时就能天天有电影看了。

小十字街口（现正阳步行街与解放东路交会处）的鸿庆隆，是解放东路上一家有名的糖烟酒店。老板徐祖鸿，最先接手的是其父开的一家小店，只是到了徐祖鸿这一代才逐渐红火起来，最后竟发展成了一家前店后厂的大商场，并改名鸿庆隆。

小时候，笔者就常听外婆提起鸿庆隆的月饼，说如何如何好吃。与今天的机器制作不同，那时鸿庆隆的月饼是用模子经人工一个个做出来的，品种不多，大概只有豆蓉蛋黄、五仁果子、五仁叉烧三四种，但不同的月饼有不同的花样，看一眼就想吃。

1949 年后，鸿庆隆后面的糕点作坊改造成了糖烟酒公司糕点厂，“文革”时期，学生时兴学工、学农，笔者就曾到厂里去学过一个星期的工。工厂平时生产饼干、面包、白糖饼，七月半过后，厂里便开始生产月饼，春节前两个月，则开始赶制桂林人家过春节必不可少的南糖了。

南糖是桂林酥糖、寸金糖、芝麻片、花生酥、花生糖的总称。始产于清代乾隆年间，是桂林人春节必备的传统年货和款待宾客的佳品。南糖以芝麻仁、花生仁、白糖为主要原料，具有香、甜、松、酥、脆的独特风味。桂林酥糖是南糖中的珍品，它吸收了前代“城内酥”“城外酥”两大派系的制作技艺，将精心配制的粉状原料压成长方形小块，四小块为一包。桂林酥糖入口酥松易化，细腻滋润，老少皆宜。寸金糖则有“南糖一枝花”的美称。呈柱状，比小指略细，寸许长，中空酥心，外布芝麻仁，色泽似金。芝麻片外形方正，薄如蝉翼。花生糖和花生酥各具特色，令人食之不忘。

当年鸿庆隆旁边还有一家名叫黄福泰的大药房，其特色就是自己生产各种中成药药丸，特别是一到晴朗的晚上，黄福泰药店附近的人行道上就会坐满了药店请来的妇女和儿童，他们每人膝盖上都放着个搓药丸的盘子，看黄福泰搓药丸，便成了当时水东街上一道奇特的风景。

四

靠山吃山，靠水吃水。水东街上除了洋杂店、贸易行，以及张永发、车馨兰、鸿庆隆、黄福泰这些铺子外，还有不少有特色的小吃店和靠手艺吃饭的人家。

早先，水东门是有城门的，从城门下去就是浮桥，1939 年为修中正桥才将城门拆了。旧时，水东门码头两边还有很多代客买卖的商铺。代客买卖就是船家或附近的农户，将他们的货物寄放在一些商家帮代卖，待下次拿货来寄卖时再结账。当时，代客买卖店铺最多的是在水东门边的腰街一带（现滨江南路）。

从前，水东门桥头两边依次有不少小摊贩，有卖快餐的，米饭用甑子装着，菜则用盘子装好摆在桌面上，客人随到随点；还有卖甜品、稀饭、糊辣、油条、包子的，甜品有糖炒粑、油堆、汤圆……

除此之外，在水东街上，还有不少令人食之难忘的小吃店和摊点。如小十字街的东南角，从前就有个姓马的回民开了一家油鲜子店，他店里做的油鲜子集香酥脆嫩、松软鲜美为一体，是桂林风味小吃中的精品。油鲜子原是桂林回族大户人家节日待客或自家食用的物品，其用薄面皮包着馅心，煎蒸而成。清末民初开始流行于市，抗战时期最为兴盛。

油鲜子用料精致，制作非常讲究，工序十分复杂，火候难以掌握，而且油鲜子都是现做现卖现吃，出锅上盘后，淋上酱油、麻油、香醋，再放点芫荽、辣椒，吃起来特别爽口。

新中国成立后，这家油鲜子店改成了米粉店，如今，在桂林已经见不到这样鲜美可口的特色风味了。

正阳路转角处还有一家摆小人书（连环画）的摊点，那是笔者少年时代最眷恋的地方，记得当时在解放东路小学读书，放学后，我总会不由自主地折进店去，掏出两分钱交给守书摊的老头，从书架上选本稍厚的小人书，接着便坐在书店门口的台阶上，慢慢地将书看完，才依依不舍地回去。

从小十字街过去，旧时有一排布店、镜子铺和搪瓷铺。这中间有个摊子十分特别，它有一个十分奇怪的名号，叫“抖着肺”。其实，这只是一家卖酸菜的摊点，“抖着肺”是别人给老板起的绰号，桂林话中“抖着肺”就是撞上“狗屎运”（运气好）的意思。后来笔者才知，“抖着肺”这位老板实际姓查，叫查明德。他的小摊子，就摆在解放东路小学（如今的市教育局）的门口。据老辈人讲，“抖着肺”不仅靠这酸菜摊子养活了一大家子人，而且还靠它挣钱在后库街上盖了一幢大房子。难怪，人们要喊他“抖着肺”了。

“抖着肺”卖的酸都是自家腌的，白萝卜、大白菜、包包菜、子姜、莴笋、黄瓜、胡萝卜、辣椒等，有的刨成丝，用小碟装着，上面还撒些芝麻、芫荽；有的则切成两指宽，甚至是整片嫩叶，用一小竹签串起，长长一片，干净清爽，十分诱人，看一眼就会令人口水直流，吃了还想吃。

新中国成立后公私合营，“抖着肺”查明德进了糖业烟酒公司，与笔者母亲一起当了售货员，每回我到商店里玩，见到“抖着肺”，母亲总是要我叫他一声伯伯。而“抖着肺”则会摸着我的头，讲一大堆夸人的好词好句。

旧时桂林街道上的房屋大多是木板房，为了防患火灾，桂林的街道相隔不远就会横着辟出一条街来，一来防火，二来又增添了商铺。

新中国成立后，其中有一条街道便成了桂林市工人文化宫的所在地。文化宫给笔者留下最深印象的是，一进大门就是一个大大的水池，水池中有不少假山，并有曲桥相连，游人可围着水池边走边欣赏池中的锦鲤，亦可从曲桥上走到池中的假山上坐下小憩聊天。

改革开放初，文化宫进门的左边是笔者就读的职工大学，右边有个影院和路天舞场，每到华灯初上，便是文化宫最热闹同时也是反差最大的时候，一边是如饥似渴的莘莘学子在埋头学知识；另一边则是歌舞升平的舞场，里面人影幢幢，人们随音乐翩翩起舞。

从前，解放东路上还有一家小有名气的松枝山毛笔店，店主人姓尹，叫尹松山，店在鸿庆隆旁边，主要卖笔墨纸张。店主人尹老板是个十分独特的老头，长年留着一捋山羊胡子，有一定文化底蕴，写一手好字。20 世纪 30 年代他曾拾到一个包，包中有不少现金及房产契约，但他不为所动，登报招领，其拾金不昧的精神一时传为佳话。

桂林的制笔业在 1923 年以前就有许多家，比如生花馆、太极图、徐玉隆、黄昌典、邹乾元等，逐渐发展中，又有了志文堂、徐中书、有福堂、林志成、元文堂等一些小店。到抗战时期，已扩大到20多家店，从业人员百余人。

制笔业中最大的要数黄昌典和邹乾元两家，他们都开设在司门口（现依仁路文化宫右边），每家有工人20多人。

当时桂林好的毛笔有加料乌龙、八法小楷、寸楷羊毫。比较硬性的有紫狼毫、五紫五羊、七紫三羊。抗战后就只有鸡狼毫。1954年到1955年间，随着政府大力普及文化教育，桂林毛笔年产量曾一度达到了十多万支。

鸿庆隆往东还有一家棕刷厂，棕刷厂在新中国成立前属开行口（贸易公司），新中国成立后桂林的几家牙刷厂经公私合营，最后合并成了一家棕刷厂，主要生产牙刷、衣刷、鞋刷等。

笔者的外祖父就是在水东街扎牙刷的，当时扎牙刷的大多是私人小作坊，属于水东街上比较穷的人家。由于那时还没有塑料，好些的牙刷柄用的都是牛腿骨，刷毛则是猪毛，一般一节牛腿骨只能做成三把牙刷。扎牙刷的第一步是先将牛骨锯成片状，而后用刀砍成型，再打磨、钻孔、扎毛。由于其工序多且复杂，产量低，价钱自然也就不便宜。所以，过去能用得起牙刷的都不是普通人家。

水东街东头靠盐街江南巷的地方，还有家值得一提的工厂——梳篦厂。这是一家生产梳子、篦子的工厂。从前，梳子和篦子都是人们日常生活中必不可少的用品。由于生活环境差，几天不洗头，头上就会长出虱子来，而篦子就是人们拿来梳掉头上虱子、虮子（虱子虫卵）的用具，所以当时几乎家家都会备一把篦子。梳篦的主骨用骨头，上面文字图案都是手工雕刻的。后来改用塑料和竹子，图案也改进成手工印刷了。

篦子的篦齿比梳子要密实许多，一齿紧挨着一齿，几乎不留缝隙，因为只有这样才篦得下那些紧扒在头发上的虱子、虮子。篦子制作起来十分复杂，要经过几十道手工工序才能成品，费时费工，又浪费竹子。

据史料记载，桂林篦子生产始于唐代，由竹、木、骨等材料精制而成。清代时竹篦工艺十分精细，篦梁大多雕刻有桂林山水，品种有10余个之多。1925年桂林成立篦业公会，会址在行春门，1926年有会员140人。梳篦行业有11家，1946年发展到40多家，从业人员200多人，年销300多万把，远销华北、东北及东南亚各地。

如今随着卫生条件的改善，已很少有人长虱子了，于是篦子也就慢慢退出了历史舞台。

浪淘尽，千古风流人物。因河而生的水东古街，就这样在漓江的波涛声中静静地走过了上千年的岁月。从隋唐时期，这里就是岭南重镇——桂林的货物集散地，北边来的丝绸、陶瓷、棉花、石膏顺江而下，南边出产的稻米、茶油、生麸、桐油等山货特产沿江而上，南乡北地的客商在这里往来贸易，南腔北调的地域文化在这里融合交汇，形成了水东街独特的古街风韵。

然而时代始终在不断前行，随着公路、铁路交通的不断发展，水运已渐渐退出了历史舞台，水东门码头作为桂北重要的水路码头，最终消散在了时代的记忆中。但水东街作为漓江畔最鲜活生动的历史标本，它承载的不仅仅是过往的辉煌，更是浸润着桂林人善行天下的家国情怀。在过去的漫长岁月里，它就这么默默地安居于漓江一隅，任时光流转，任繁华来了又走。无数客商来来去去，水东街并没有想过要留下谁，只留下了那一份历经岁月而不变的纯真和质朴，以及无数悲欢离合的故事在城门、码头、老街、大院之间起伏跌宕。水东街却始终宠辱不惊，笑看花月春风……

钟毅，桂林电视台原副台长，一级编导，桂林市文联副主席

正阳东西巷

莫菡栖

东巷·初见

与东巷的初见，应是在20年前。

穿过邈远的岁月，努力寻觅那一点模糊的记忆——彼时我尚不知道这条黯黑曲折的巷子就是东巷，它藏在东华门旁，太不起眼，很容易就让人无视地走过了。那时人们叫它“盐街”。巷子里有很多隐秘的香烟私售点。随便走到一处昏暗的旧宅门口，压低声音问：“有烟吗？”十有八九能得到肯定的回答。因着这个缘故，我一度以为它叫作“烟街”。

2012年，我知道了这条老巷的名字——东巷。不知道为何，我总觉得跟这条旧巷有神秘缘分，莫名就喜欢。好多次我独自在东巷里漫行，旧巷跟喧闹的街市不过一个拐角的距离，却似隔了悠长岁月，没有霓虹，没有车流，几近无人。破败的院落里有断壁残垣和静默的草木。古旧的宅门透出的灯光，迷离昏黄。喧闹城市如同幻境，安静的东巷里，我却如黑夜里的一尾鱼，在时光的河流里安心游弋。

东巷的夜空没有明亮霓虹，却有漫天的云。三两颗星星在云翳间闪烁，云团一朵一朵聚集，又在不知不觉中散开。瞬息万变的天空，一如无尽变幻的人生。你可以感受，可以看见，却无法改变。这古城墙下的老巷，深深淹没了多少聚散无常，如同飘忽的流云和闪烁明灭的星星。

没有人是因为偶然走进我们的生命。

我相信，东巷也一样。

2013 年 5 月，根据桂林市委组织部和统战部的安排，我到秀峰区挂职，专门负责东巷改造前的历史文化挖掘、整理和研究工作。我给自己印了一张名片：东巷游民——“我不在东巷，就在去东巷的路上”，由此开始了我与东巷的痴恋。

东巷·历史

自古以来，东巷所在的区域就有着丰富的历史文化积淀。根据史料记载，唐代武德年间，李靖修建子城，开创了建筑桂林城池的先河，子城算来即在东巷区域内。《读史方舆纪要》引《城邑考》：“桂林子城，在漓江之西，周三里十有八步，高一丈二尺。”唐代莫休符《桂林风土记》载：“独秀峰：在郭中，居子城正北百余步。”“夹城，从子城西北角二百步，此上抵伏波山。缘江南下，抵子城逍遥楼，周回六七里。”文中所及，正是东巷逍遥楼一带。查历史地图，宋元时期东巷区域应为静江府治所在。有明一代，明太祖朱元璋封侄孙朱守谦为靖江王，设藩于桂林，修建靖江王府于独秀峰南侧。根据皇家传统建筑布局原则“左宗右社”可知，以正阳门为中门，左侧东巷即为靖江王府宗庙所在地，这一点，在之后的考古工作中得到了印证。

至清代，独秀峰下的王城变成了科举考试的贡院，昔日的王府禁地渐渐有了人烟——赶考的书生学子总要有落脚地，客栈饭馆就多了起来。更有不少人觉得这个位置实为风水宝地，择地建房的人趋之若鹜，其中不乏有钱有身份者，由此，正阳门以东就慢慢形成了东巷，以西则为西巷。抗日战争爆发之前，东巷成了桂林城的一个重要之地，达官贵人聚居，各地会馆云集。熊同和药号、巨丰泰药号、鸿庆隆食品、童兴和汾酒、曾迎兴板鞋、苏玉和油纸伞等几个桂林老字号亦在此发源并壮大，这一带还慢慢形成了桂林总工会和各种行业工会。彼时的东巷鸿儒谈笑，白丁往来，热闹非凡。以短短的兰井巷为例，兰井巷 1 号是气派的回族大户“马家大院”，2号则是书香世家谢宅，而被视为桂林人心目中的“同仁堂”的熊同和药号，后门就开在兰井巷里。由于江南会馆、浙江会馆、广东会馆、江西会馆等均在周围林立，由此就形成了江南巷、兰井巷、仁寿巷和东巷，而老百姓则习惯把这一片区域统称为东巷。

被老百姓称为东巷“四大家族”的，其实都是桂林城里有名望的家族。从正阳门东巷口往里走十几米就会看到气派华丽的岑氏宫保第；接下来是人才辈出的“兄弟翰林”龙家；站在江南巷口，往左是东华门旁的书香门第谢家；往右的江南巷1号，则是广西同盟会秘密基地，号称“三朝元老”的魏继昌魏家。直到现在，还有老桂林人记得魏继昌的样子，他出门上班总是用一根指头粗的铁拐棍，把巷子里的青石板戳得“咄咄咄”地响，他的黑色伏尔加轿车，就在巷子口恭候着。

2013年8月30日，考古人员开始在东巷进行挖掘工作。神奇的是，刚掀开表层浮土，就出来一只锈迹斑斑的铁鼎，依稀能辨出“仁寿宫”和“乾隆”等字样，想来是仁寿宫的铁质香炉。仁寿宫是江西民众供奉他们的保护神“许真人”

● 2013年8月30日，东巷出土的清乾隆时期仁寿宫铁质香炉（莫菡栖摄）

2013 年，从正阳门王城里侧往外看，当时正阳门两侧全是小餐馆（麻承福摄）

之处，铁鼎出土正是在仁寿巷中，即东巷的江西商人聚居之处。之后这附近还出土了“重造建昌会馆”石碑刻一块，而建昌会馆，正是江西会馆的一种。此后的考古工作中，陆续发现了唐宋至民国各个历史时期的遗迹及遗物，如琉璃瓦片、瓦当、筒瓦、各种地砖和石构件、古钱币、陶器和瓷器残片等，尤以明代靖江王府宗庙遗址以及清代岑春煊家庙遗址最令人震撼。

考古发现，明代靖江王府宗祠平面分布大致呈“回”字形，外面一圈由门楼、外围墙组成，里面一圈由前殿、左右配殿、大殿及内围墙组成，内外围墙之间有道路连通，在外围墙的西南角开有一门与宗祠西面的院落相通，其整体布局与明代早期陈琏在《桂林郡志》里绘制的《王府图》布局情况基本吻合。发现的外围墙相当完整，墙体为“砖包土”墙，即墙体中间为板筑夯土，外侧分别用青砖包砌，然后再在青砖上面批上白灰浆，最后批上含有红色颜料的灰浆，形成红墙。

叠压在明代宗祠之上的，是清代两广总督岑春煊的家庙，也就是岑氏家族祭祀祖先的地方。考古清理出来之后，墙基、台阶、地砖、柱础、鹅卵石地面，与

● 图中依次为2013年的正阳路东巷8号、6号、4号和2号。改造前的东巷路面狭窄破损，房屋破旧（麻承福摄）

岑氏故居遗留下来的最后一进木结构建筑互相呼应，再现了往昔岑氏宫保第的显赫与辉煌。

东巷的辉煌自清代一直持续到了民国时期，巷子里高墙大院鳞次栉比，西洋风格的建筑也出现了。这一段并不算长的巷子，留下了许多名人足迹和传奇故事，充满了繁华和荣耀的气息。

然而，此番太平盛世景象随着抗战爆发而告终，昔日种种喧闹富足都如同幻梦一般破灭消逝。桂林城的人都在逃亡，东巷居民流离失所。待到抗战胜利，人们陆续回到故土，发现美好家园尽毁，整个桂林城都成了废墟。据 1944 年民国桂林市政府统计，全市屋宇为 52500 余间，民国三十八年（1949）版《桂林市年鉴》载，抗战后“剩余房屋 471 间”，不足百分之一！昔日繁华东巷，几乎被夷为平地，仅有东巷 20 号和岑家大宅最后一进被日本军队用来驻扎和养马才得以幸存。

人们在残垣断壁上重建家园。有的使用废墟上的旧砖瓦，有的用竹子和竹篾搭建成低矮棚户栖身，稍有积蓄的重新盖起青砖瓦房，但始终是简陋逼仄，完全不能跟昔日的气派相比了。东巷至此元气大伤，慢慢退出历史舞台，再也无法重振辉煌。

随着时间流逝，东巷越来越破败，慢慢被人们遗忘，如同一个耄耋老人，历经繁华与沧桑之后，反倒超然遗世了。破旧的老巷污水横流，房屋搭建得杂乱无章，一团一团的电线如蒙尘的蛛网。而住在这里的人们，多半对东巷昔日的辉煌懵然不知，只有一些上了年纪的老桂林人，偶尔经过狭窄的老巷子时，还会津津乐道起它当年的繁盛和传奇故事。然而，那些光怪陆离的旧梦，和如箭的光阴一起，已经越飘越远了……

东巷·岑氏宫保第（前尘）

1842 年，广西最西端的西林县。这里属于云贵高原余脉，土岭连绵，沟壑纵横。杳无人烟的荒僻小路上有一个孤单渺小的身影，这是一位背负着重重行囊的少年，带着几分稚气的疲惫面容上有倔强的神色。他，就是后来的云贵总督岑毓英。

这一年岑毓英尚未满 13 岁。他背着沉重的行李书籍，带上干粮步行 100 多公里，到教育条件较好的云南广南府城读书。身为广西人，却为何要到云南读书？

原来西林虽属广西境内，距离云南省府昆明 460 公里，距离贵州省府贵阳 540 公里，而离当时的省城桂林却有 810 公里。由此可见，少年岑毓英要到云南读书，实在是不得已之举。就在那时候，他暗暗下定了决心，决不让自己后代的求学之路再像他这么艰难曲折，吃尽苦头。

或许就是在那一刻，就注定了后来东巷宫保第的存在。

1845 年春夏间，未满 16 岁的岑毓英回西林应童试。先赴西林县试取列第一名，再赴泗城府试取列第一名，最后赴奉议州院试取列西林县学附生（秀才）第一名。院试结果公布时，广西学正周缦云特意让岑毓英站到前面，表扬他取得的好成绩，劝勉他要读有用书、做不朽人，认为将来他“可成大器”。

此后的岑毓英没有辜负期望，一路青云。事实上他是一个文武双全之人，以战功先后署宜良县知事、路南州事、澄江知府，代理云南布政使。1868 年春，清廷任命他为云南巡抚，1873 年秋兼署云贵总督。由此，岑毓英成为当时中国八位封疆总督之一。

久居昆明的岑毓英心念家乡子弟，“西林距省会二千里，子弟读书、应试既苦道远，又鲜观摩”。1873 年，为了便于子弟入学，岑毓英在教育条件好的广西省城桂林东巷内购屋置地。他从邓汝芬等人那里，买下了水东门内仁寿宫井巷的三所旧宅，并用银一万零五十二两六钱九分二厘新建 25 间房，在东巷原靖江王宗庙遗址处建成气派的“岑氏宫保第”。宫保第与当时的广西贡院毗邻，且专门建有家塾。家塾设经蒙两馆，每年送给教师的报酬费约二百两银，家塾中肄业子弟每人每月给买学习用品费用二两银，可见岑毓英对自己的家族子弟寄予厚望。

谁也没有想到，地处偏远的西林岑氏会成为一个极其显赫的家族。岑毓英病故后，其同父异母的弟弟岑毓宝代理了云贵总督，而岑毓英之子岑春煊官至两广总督，由此达成了清代历史上颇为荣耀的“一门三总督”。

少年岑春煊长住东巷岑氏宫保第内。彼时的东巷北临王城，八桂学子云集；东连盐街和漓江，商贾众多；南面一带戏院林立，歌舞升平。作为岑毓英第三子，人称“岑三”，又因这位公子哥放浪形骸，颇有几分天不怕地不怕的样子，被桂林人偷偷称为“癫三”。这个家境殷实的官宦子弟，开始了一段轻狂不羁的岁月。说起东巷“癫三”，整个桂林城无人不晓。1879 年时，岑毓英考虑到“滇桂僻处边地，弟子见闻隘陋，无所师法”，也为断绝岑春煊在桂林结识的一帮不务正业的朋友，便命其到北京学习。怎料赴京后的岑春煊旧习未敛，成了有名的纨绔子弟，与劳子乔、瑞澄并称为“京城三恶少”——“自负门第才望，不可一世，黄金结客，车马盈门，如宴也。”几年后，声名狼藉的岑春煊回到桂林东巷宫保第闲居，收敛心性，重拾荒废的学业。在父亲岑毓英的安排下，1885 年岑春煊在与东巷宫保第几乎只一墙之隔的广西贡院参加乡试，考中举人。

由此，24 岁的岑春煊方成大器，登上了晚清的政治舞台，先后任工部郎中、光禄寺少卿、大理寺正卿等。1894 年，中日甲午战争爆发，岑春煊上书请赴前线，受命到山东黄县布防。清朝战败后，签订了丧权辱国的《马关条约》，岑春煊对此愤懑难平，辞职离京，回桂林东巷闲居。桂林城是他熟悉的，东巷更是他熟悉的。回到这里，有时跟着艄公泛舟漓江之上，徜徉于山水之间，有时于家中塾馆藏书楼中沉浸于书卷之中，有时踩着东巷的青石板踱到不远处与龙家兄弟饮茶。龙家是桂林城的书香门第，龙朝翊、龙朝辅兄弟及龙泽厚更是当时的新锐青年，每每论及维新变法，大家都觉热血澎湃。1894 年末和 1897 年初，康有为两次来桂讲学，成立桂林圣学会，创办《广仁报》宣传维新变法，岑春煊和龙家兄弟都成了积极参与者。岑春煊还时常邀请康有为到家中畅谈，两人的关系非常密切，还一起到唐景崧的五美堂戏台看戏、下棋。

彼时的东巷宫保第，成了岑春煊与康有为指点江山、畅谈新法的最佳场所。两个晚清历史上的重要人物，在东巷碰撞出了思想上的闪耀火花。

1898 年，岑春煊再次进京，受光绪皇帝召见，趁机上书，条谏时政，得到光绪皇帝赏识，授广东布政使。至此，晚清政局中“南岑北袁”的局面基本形成，岑春煊也成为袁世凯一生最头疼的政敌。光绪二十九年（1903），广西发生会党起义，清廷破了“本地人不任本地官”之例，任命岑春煊为两广总督。此后岑春煊历经“护国”“护法”运动，几经宦海浮沉，晚年居住上海，1933 年病逝于上海。

而东巷岑氏宫保第，历经战乱兵燹、时代变迁，当年的高宅府邸、显赫荣耀已烟消云散，仅存的塾馆（即后来的东巷 9 号），成了桂林城清代木结构建筑的一颗遗珠，让现今的人们能借此一窥当年的岑府风采。

2013 年启动的东巷考古工作中，发现了岑氏宫保第的家庙，庭前气派的三排石阶，大而规整的条石地基，数量众多的石柱础，无一不在诉说着东巷宫保第昔日的荣华。尤为让人震惊的是，岑氏家庙正好建在了靖江王府的皇家宗庙之上，不知是当时岑毓英的无意之举，还是特意而为？这，也成了一个没有答案的问题了。

东巷·岑氏宫保第（今生）

2013年5月，我入驻东巷改造项目组，专门负责东巷的历史文化挖掘、整理和研究，其中一项就是对文物建筑和历史建筑的梳理和研究工作。东巷民居共有356户，但留存下来的清代建筑仅有两处，民国建筑四处，其中包括不可移动文物四处（东巷2号、7号、16号、20号），历史建筑两处（东巷4号、9号）。东巷改造时，秀峰区政府组建了专门的工作组，对上述留存下来的古建筑进行清点、记录，列出保护建筑名录，并请桂林市文物工作队（今桂林市文物保护与考古研究中心）按照文物标准完成保护修缮。

东巷9号为当年岑家的家塾，紧邻岑氏家庙之后，是岑家大院仅存的建筑，其两侧及背面被清水封火墙围护，屋脊高度8米，明间面阔4.58米，次间面阔3.2米。檐柱与金柱之间为前廊，前廊上部为卷棚轩顶，额枋、抱头梁、封檐板、

● 2013年7月13日，东巷9号岑家院内（莫藟栖摄）

卷棚轩顶等木构件均刻浅浮雕，造型为花草、蝙蝠等。然而，彼时的 9 号已经面目全非，淹没在岁月的风尘和人们的漠视里，曾经高大气派的两层楼塾馆，被东巷的住户分割改造成充满烟火气的数个摇摇欲坠的破败复式单元楼。但是，当你进入其中，高密度、大面积的木雕映入眼帘，依然令人震撼。檐廊周边的封檐板、卷棚轩顶、额枋，还有抱头梁上的木雕繁复精美，虽然失去了往日颜色，但是依旧凹凸有致，摄人心魂。

在我们的努力下，东巷 9 号列入了项目改造的历史建筑保护名录中，并决定交由桂林市文物工作队按文物标准进行修缮复原。

2013 年 7 月，东巷 9 号岑氏宫保第开始测绘。经文物工作队勘察，东巷 9 号由于是木结构建筑，易受雨水侵蚀和白蚁蛀蚀，多处木构件出现糟朽、变形等情况，部分木柱已被砖柱替换。楼梯松动，栏杆、门窗、隔墙、楼板等木构件均有缺失。桁架多处糟朽，檩木、桷板变形，小青瓦部分瓦面凌乱稀疏，部分艺术构件缺失。木柱、桁架、瓦桷、楼楞、楼板等都有白蚁蛀蚀痕迹。另外，电气线路布置杂乱，电线老化，水电等管线无序乱拉，存在较大安全隐患。为保护好东巷 9 号，根据《中华人民共和国文物保护法》和《文物保护工程管理办法》，遵循“保护为主，抢救第一”及“不改变文物原状”的原则，结合正阳东巷历史地段保护修缮项目的启动，对东巷 9 号进行全面“落架大修”①，并根据现场勘察线索及街坊回忆按历史原貌进行原址修复。

同年 9 月，东巷 9 号开始落架。工匠们把小青瓦一一揭下，一堆一堆整齐摆好；所有的木构件用红漆一件一件标注编号，小心翼翼拆解下来。之后的一年多，工匠师傅们花了大量精力与心血，对糟朽的木构件及缺失和损坏的部位进行精心修补和复原。

工匠队伍都是年长的老手艺人，年纪最长的是一位诸葛老师傅，年近七十，但身板硬朗耳聪目明，只要有他在，整个团队仿佛就有了主心骨。老诸葛有一种老派的气度，不爱说话，做起事来沉静笃定有条不紊。不管多么热的天气，老诸葛从不像其他人那样光膀子干活，他总是衣衫整洁气定神闲。无论我在周围怎么对着他拍照，他都丝毫不受干扰，认真又自如，犹如大隐于市的武林高人，手中哪怕是最简单的工具，也始终不疾不徐，招招有数。且看他就着窗前的光线，对

---

① 指当木构架中主要承重构件残损，有待彻底整修或更换时，先将木构架局部或全部拆落，修配后再按原状安装的维修方法。

● 2015 年 10 月，木匠诸葛老师傅在修复东巷 9 号的封檐板（莫菡栖摄）

着图纸修复封檐板。掏出烟袋卷一支“喇叭筒”徐徐抽两口，目光始终注视着眼前的雕版——两块长长的封檐板横在面前，一块旧的，一块修复的。旧檐板上的清代木雕蝙蝠、梅花、牡丹、莲花、佛手，历经漫长岁月却美丽依然。抽完“喇叭筒”，他手持刻刀稳稳地细致雕琢，间或用手把木屑拂落。总觉得那朵还没有雕好的花，其实就在他眼下开着，或是在他心里开着。那种心情，真的就像等待一朵花开。

2015 年 7 月，我们和文物工作队负责修缮的工程师一起前往岑春煊家乡西林考察岑氏故居建筑群之后，回桂林即安排东巷 9 号在原址严格按原状安装。师傅们一根一根地将东巷 9 号的木构件拆下来，标记，精心修补，再一根一根安装回来。那么粗重的梁柱和木构件，全由他们合力精准地安装、架构到空中。

2016 年 4 月，9 号已基本完成复原。蓝水晶一样的天空下，岑氏宫保第在阳光里闪闪发光，犹如凤凰于飞，翙翙其羽。

眼看着东巷 9 号一点一点华彩绽放，我心里充满喜悦。从面目全非、破败不堪的旧模样，历经勘测，反复研究，然后落架下来，再一点点修复，构架回来，这是一个涅槃的过程。我每每想起，都异常感动。从前那些日子，如同幻灯片，一幕一幕回到眼前。

那是一段应该铭记的岁月。

东巷·街坊

18 号住户老曾

自小就在漓江边长大的老曾从 1977 年开始住在东巷 18 号——还是靠着漓江边。东巷 18 号从那时到现在都没什么变化——逼仄的空间，黢黑的墙，其中一面墙还是搭着 20 号共用的，但 18 号的低矮简陋跟 20 号的秀美精巧完全不能相提并论。难怪有人说 18 号是 20 号覃家的马房，我看还真有这个可能。

老曾一家住的是 18 号的后半部分，前半部分是秦家。虽然分是这么分，但其实很多空间都是共用的，大家街坊邻居的，就像亲人一样。

老曾总是蹲在门口洗菜，几乎每次走过 18 号门口，都是看到他在门口洗菜，好像永远有洗不完的菜似的。后来我才明白，他们家是做糯米饭的，每天要用很多葱，所以他每天都蹲在门口洗啊洗。

他在门口洗菜，女主人在里面忙活。每天清早就要起来淘米煮饭，熬豆沙，炸脆片。所有的食材准备好以后，就推着小推车到正阳路一带卖，后来我才知道，他们家就是桂林小有名气的“九中小红帽糯米饭”。

时间在日复一日的洗菜和煮糯米饭里重叠，18 号斑驳的墙壁都是烟熏火燎的痕迹，他们的脸上也不可避免地染上了岁月的风霜。孩子也在东巷慢慢长大，二十出头的小伙子不愿意留在狭小暗淡的家里，选择了外出打工。

老曾觉得这样的日子累是累一点，其实也没什么不好，日子安稳着呢。他每天蹲在门口洗啊洗，有时停下来抽根烟跟路过的街坊说说话，脸上总是笑眯眯的。

2013 年夏末，老曾要搬离东巷了，我问他准备搬哪儿去，他说去东江——看来他来来去去就是住在漓江边啊。“这个地方太窄了，三四十年了我也住够了！”老曾伸手把嘴上的烟头扔到地上，神情却有几分茫然和怅惘。

前几天去漓滨路，看到小红帽糯米饭门口排着长长的队，看来老曾家的糯米饭还是很受欢迎。我也去排队买了一份，没有看到老曾，他老婆“小红帽”坐在小小的店里吃饭，旁边有两个女人在帮卖糯米饭，看样子是她的亲戚。我跟她聊了几句，向她和她的家人问好，赞叹她的生意很不错！“小红帽”想了想才认出我来，毕竟八年多过去了。“生意虽然不错，但是每个月要比以前少赚蛮多，你别看这么小的一个铺面，一个月房租要三四千！”“但是总好过以前日晒雨淋的呀，现在起码安稳了嘛。”我也不知道这算不算安慰她。

跟“小红帽”告别的时候，她说：“妹妹，谢谢你来看我们啊。”其实她一直都是个不爱说话的人，以前在东巷，总是老曾说。那一刻我的心里有一种说不清楚的滋味。手里攥着温热的糯米饭，不知道为什么就想起了他们家阁楼上通向城墙的那扇门——或者应该说是窗。一级一级简陋的木梯搭在他们家最高的那面墙上，顶端的天窗里，闪着幽幽的光，框住了老曾一家那些具象的时光。

14 号住户老梁

老梁那时候一个人住在东巷 14 号 1–3，14 号院里除了他还有老叶一家，另有两口子在 1–2，不过好像很少来住，估计是已经搬走了，毕竟住这里太不方便了。

老梁是江西人，20 世纪 50 年代末出生，他原本是个孤儿，后来被养母抱养——养母有子宫癌，不能生育，抱养他以后没多久就去世了，他的养母走的时候才 20 多岁。养父后来续弦，生了两个妹妹一个弟弟，一家子 1968 年的时候来到桂林。老梁说他养父是干部，来到桂林后最先是在人力车厂工作，后来去了丽君路的锁厂做领导，再后来在万雅公司任职。

老梁说他们家搬到东巷没多久，桂林开始武斗了，动静大得很，家里窗户都震得哐哐响。他们一家就跑到东安街红头岭上农民烧砖的工棚里躲了差不多两个月。14 号这一排房屋后面都紧靠着城墙，据老梁说，以前城墙下面有洞，可以躲四五个人，但他“下放”回来后这些洞都补上了，找不到了。

老梁说的“下放”，其实是在柳州劳动改造。他是老三中毕业的，18 岁刚毕业没多久，有一次跟人发生口角，血气方刚的他用菜刀砍了别人，被判了八年。回来后家人早就搬走了，从那以后就剩他一个人住在这里，也找不到工作，每个月靠 300 元低保独自生活。慢慢的他越来越孤僻，甚至看起来有点不正常。他住的 1–3 是个小小的套间，里面跟一个垃圾场一样，胡乱塞满了各种乱七八糟的东西，几乎插不进脚。就连所谓的“床”都没有一点空地，墙皮脱落，天花板更是糟朽得不成样子。相比流浪汉，他可能就是多了这样一个勉强栖身的地方吧。

● 2013 年 5 月 22 日，东巷 14 号院内小景（莫菡栖摄）

但是在这杂乱又晦暗的屋子里，有一面稍微干净的墙，墙上挂着他养父和养母的照片。看着这两张照片的时候，老梁有些木然的脸上才会泛出一点点光彩。

养父在世的时候，他时常去弟弟家看望，可是养父总是叫他走，不愿意让弟弟知道他来。养父去世后，弟弟妹妹都不欢迎他上门，也从不到东巷来看他，他们的孩子更不会来。老梁虽然不好意思再去了，但是每一个弟弟妹妹住哪里，住几栋几楼，他全都记得清清楚楚。

平时老梁沉默寡言，总是独自站在东巷的某个不起眼的地方，身子微微佝偻着，好像他跟这个世界隔着一层看不见的距离似的。有时他也会默默游荡到王城附近的餐馆，捡一些别人不要的残羹冷炙充饥。那时候每次去东巷，我经常会给他带个面包之类的，而他总会很客气地说谢谢。

2013 年 8 月，我在项目组分房组办公室前看到过他一次，人群中的他并不矮，但还是微微佝偻着身子。我跟他打招呼，他局促地把我递给他的矿泉水拿在手里。我问他分到房了吗，以后住哪儿呀，他说分了分了，以后跟弟弟一起住，神色里很有些喜悦和向往。

从此以后我再也没遇见过老梁，但我好希望他弟弟能好好待他，让他吃得好、住得好。他这辈子犹如人海孤鸿，最大的愿望，甚或是奢望，就只是有亲人陪伴。老梁，愿你的余生，终于温暖。

14 号住户老叶

东巷 14 号在 7 号马启邦旧居的正对面，那时候马启邦旧居虽然已经没了，但是院子里的罗汉松还在，坍塌的院墙围着的除了寂寞的罗汉松，还另有一棵高大的乔木，或者是苦楝？我有点儿记不清了。

14 号院子小，除了在城墙脚下有一两棵瘦弱得像孩子一样的枇杷树外，最热烈活泼的，就数那几丛紫阳花了。

紫阳花是老叶家种的，他在这个院子住了好几十年。整个 14 号院以前都是叶家的，是他祖父 1940 年前后在东巷置的产业，他祖父是医师，父亲是教书先生。在此之前叶家在水东门那边有一栋不算大的两层小楼，楼上住人，楼下做做小生意，卖点纸笔，也帮人代笔写书信和对联。可惜举家搬到东巷来住还没过上几年好日子，日本人就来了，一家老小只好回临桂老家"躲日本鬼"，等光复后回到城里，原来舒适的家园已经变成了一堆焦土废墟。元气大伤的叶家直到 1950

年才攒够了一点钱把房子重新盖起来，全家人总算有了安身之处。

叶家当年回来重建房屋时实在是捉襟见肘，墙壁用的都是板条抹灰，但好歹是还算体面的二层三开间临街商铺，双开大木门，院子里有天井，种花养鱼很是安逸。后来，14 号又搬进来了两户人家，老叶家就只剩半个 14 号了，虽然主要是他们一家人住，但是楼上楼下几间房住着他两口子和儿子，加上老母亲和妹妹一家，还有一个盲人嬢嬢，实在是局促极了。这么多年过去，2013 年的 14 号其实已经犹如风烛残年的耄耋老人，面目全非，破败得不成样子，连外墙的批灰都脱落了，露出了寒酸的板条。

老叶虽然文化不高，但是人斯斯文文，说话总是轻声慢语的。他在家排行老二，有一个姐姐四个妹妹。姐姐能干，念了大学出去工作了，四个妹妹上山下乡，只有他一个人留城。开始在红星公社，后来安排到红星机修厂，再后来还去过五金工具厂、客车厂和陆军学院的汽车修理厂，都不算固定的工作。但是老叶手艺好，做事细致踏实，人也厚道，尤其是汽车玻璃安装的手艺在行内相当有名，桂林星级饭店的高档车都愿意出高价点名要他帮装玻璃。如今年纪大了，“金盆洗手”了，就在家里喝喝茶种种花。他不像别人爱扎堆打牌，连“观战”都不感兴趣。他脾气好，14 号住了外面搬进来的两户人家，包括孤僻邋遢的老梁，他都能跟人家和睦相处，没说过一句怨言。

老叶的妻子比他小十几岁，皮肤白皙，模样很是温柔贤淑。儿子从理工大学毕业了，就在桂林工作。14 号虽然破败拥挤，但是就像院子里盛放的紫阳花一样，这是他充满生气的家。东巷改造的消息出来后，老叶也频频出门跟街坊们打探和商量，一时之间要离开自己住了大半辈子的地方，他也茫然不安、心里没着没落吧。

不知道后来老叶一家搬到哪里去了，我估计离着东巷不远，因为后来我在王城门口的大榕树底下遇见过他几次。他还是那个样子，穿着打扮干干净净的，表情平和，好像生活无论安排什么给他，他都能接受。像他这么善良的人，时光请待他温厚一些吧。

在 14 号被拆前，我把老叶院子里的紫阳花小心地移到了项目组我的办公室门口种着，可是它们没能坚持多久就枯萎了。我心里很难过，也许它们习惯了要生长在自己的家园吧。紫阳花开，生生不息，无论如何，它们会一直一直开在我的心里，也一直开在老叶一家人的记忆里。

正阳西巷

在桂林城中心的正阳门外，沿着古城墙蜿蜒着两条老巷，正阳门以东的叫东巷，以西的则叫做西巷。与热闹繁华的东巷相比，西巷显得更安静、更平民化一些。但西巷有它自己的特点，始建于清代的伊斯兰教清真寺和天主教圣堂在西巷内比肩而立，共同经历过抗战被毁、光复后重建的过程。李宗仁原配夫人李秀文认为，在西巷住的时光，是她“最为快乐的几年”。你看，西巷有西巷自己的魅力。

与东巷相比，西巷像温柔的小家碧玉，安静地接纳光阴的流逝和命运的安排。天主教和伊斯兰教在这里和谐相处，从没有产生过矛盾纷争。

天主教堂初建于光绪二十七年（1901），由巴黎外方传教会广西教区副主教赖保里建造。1938 年，西巷天主教堂和西华里修女堂均被日军炸毁。两处重建后，相互换了地址，即修女堂搬到西巷，天主教堂则搬到西华里。1944 年桂林沦陷后，天主教堂全毁，1947 年进行了简单修复。1996 年 6 月 2 日，天主堂殿堂门口部分倒塌，整栋房屋成危房，教会决定将天主堂迁回正阳路西巷 9 号重建。2001 年竣工落成，整栋建筑为哥特式和罗马式相结合的建筑风格。直至今日，天主教堂的尖顶仍然是西巷天际线的别致风景。

清末西巷的天主教堂建成六年之后，其左侧出现了一座风格迥异的清真寺。光绪三十三年（1907），桂林水东门大街上颇有盛名的东利全商号老板马荣熙将自己在西巷的房屋私产捐出来改建成清真寺，称为东北寺。与天主教堂一样，西巷清真寺在 1944 年桂林沦陷时被日军焚毁，1947 年，马荣熙的子女及孙女（其孙女即为白崇禧夫人马佩璋）共同捐助一千银圆，清真寺得以重建。建成后的清真寺为一进两院，此后，清真寺的八角形尖拱、明亮的玻璃窗户、朱红色油漆地板成为西巷的又一处独特景观。

桂林城光复后，到清真寺做礼拜的回族人越来越多，一家回族教民开的店应运而生，那就是留给许多老桂林人美好记忆的翁记甜品店。翁记老板是回族人，就住在西巷清真寺院子里，有一手制作回族食物的好手艺。每年开斋节，翁记的“油器”（回族的一种油炸食品）都供不应求，码坪街、西门外的回族市民都来买。翁老板人很和善，总是笑眯眯的，小小的店铺被他收拾得干净整洁。他做的花生糊、芝麻糊、白果羹、绿豆沙、桂花溏心汤圆好吃得不得了，因此，说到西巷口的翁记甜品，那时的桂林人可谓无人不知，无人不晓。小小的翁记总是门庭若市，店里专用的细瓷白碗飘出的浓香，至今仍萦绕在老桂林人的心头。

除了与白崇禧夫人马佩璋有交集，西巷跟李宗仁原配夫人李秀文也有一段难忘的缘分。1937 年，李秀文曾在桂林城购置了几处房产，分别在中山南路、义井头各置老式房屋一栋，在依仁路购置商铺两间，在桂花街（今叠彩龙珠路）买地，请广州工匠砌筑了一栋法式小洋楼，还在义学巷（西巷西头拐弯处）买了一套老房子。正是西巷这套老房子，使抗战后流离归来的她有了栖身之处，不至于流落街头。

1944 年，李秀文回到桂林，只见满目疮痍，整个桂林城一片废墟，大街小巷瓦砾满地，疫症流行，马路两旁和骑楼底下，都是无家可归的难民。她来到桂花街，之前建的小洋楼已被日军烧毁；南门义井头住宅也已残破不堪，她只好调头去义学巷。李秀文在《我与李宗仁》中载："外甥龙起潜先我回来，已雇了木工把中间一进房合修起几个房间……我们就在废墟上的临时木屋中住了下来。"

李秀文是个善良勤劳的人，她将前面的房屋改建为建新旅社，学做生意维持家用。当时西巷的百姓已陆续回来，李秀文常常给这些人送些食品、蔬菜、瓜果，也常给重建家园的难民送些银圆。用她的话来说，是"由此勾起一片恻隐之心，……往往把钱包都掏空了"。据在西巷居住过的老人回忆，她"全无官太太样，为人和气，平易近人，乐善好施。她还在西巷住宅院内种植蔬菜、瓜果，以此为乐"。

而对李秀文来说，在西巷居住的时光是她最为快乐的几年："春暖踏青时，采花撷草；夏日小院纳凉，浮瓜沉李；秋日重阳，登高览胜；冬日围炉，取暖聊天，真不知天下还有忧心事啊！"由此看来，西巷与李秀文是特别投缘的。或许她们有着相似的气质——善良，包容，沉静，而又与世无争吧。

莫蕊栖，桂林市秀峰区档案馆馆长，桂林抗战文化研究会秘书长

逍遥楼的前世今生[①]

林志捷

民国时期，桂林市区有一条被称为“盐街”的街区，实际上由先后三条街巷构成。以东江门与行春门间城墙为界，城垣外由庙巷口街、太平坊街两段组成，因经营盐业商户较为集中，改称为“盐行街”。城内并行有南北向巷弄，南段称福棠街，北段为逍遥楼街，是回民与汉民混居区，清代曾建有清真寺，为桂林回族九坊之一。逍遥楼街由来已久，早在嘉庆《临桂县志》、光绪《广西通志辑要》中均有记录。其街名来源于始建于唐代的景观名楼——逍遥楼，千年来历经重修，始终是文人骚客题咏的对象，是桂林古城的文化地标。

① 本文主体部分曾载于《桂林日报》2016 年 1 月 16 日《逍遥楼的前世今生》及桂林市社会科学联合会编《社科文萃——2015 年桂林市社科学术年会论文集》//《桂林唐代逍遥楼与宋代湘南楼关系考证》，广西师范大学出版社出版，2015 年，192—198 页。

● 清代逍遥楼街景还原图（林志捷制作并供图）

右營前街　院前街　正貢門街
天平架街　逍遥樓街　東巷
西巷　東貢門街　西貢門街
東江門外
東門外大街　腰街　廟巷口街
浮橋東
水東街　花橋脚街　剌門樓街
姜家園街　馬平頭街　上關街
下水東街　下關口　泥灣里
雷祖廟後街　五通廟街　半邊街
打船洲街　山門口　金絲馬頭

臨桂縣志卷十一　圭

● 清嘉庆《临桂县志》记录的逍遥楼街

千古谜团

景观名楼是中国特有的建筑形式，楼阁建设的初旨，无外乎见证历史事件，弘扬盛世政绩，或镇妖伏魔、供神奉佛等。传统建筑以砖木为主，难以维系千年。随着时光淘洗，大多数楼阁都失落于历史尘埃中，最终能在人们心中屹立不倒，历代重建的楼阁屈指可数，其中又以湖北武汉黄鹤楼、湖南岳阳岳阳楼、江西南昌滕王阁最为出名，并称“中国三大名楼”。三大名楼之所以经久不衰，皆因它们用特有的文化内涵做支撑。黄鹤楼因崔颢的“昔人已乘黄鹤去”一诗成就名楼地位；岳阳楼有范仲淹作《岳阳楼记》，一句“先天下之忧而忧，后天下之乐而乐”令人肃然起敬；“落霞与孤鹜齐飞，秋水共长天一色”的滕王阁，因王勃一篇《滕王阁序》获得二十九次重建。

桂林逍遥楼始建于唐初，历代均有重建。即便在坍塌后仅存废墟的年代，仍不断有人前来寻访凭吊，皆因楷体书圣颜真卿题写楼名而名扬天下。

然而，现存刻有“逍遥楼”（依颜体重刻）三字的碑面背后，刻有宋代《湘南楼记》全文，导致后世在解读古迹时产生严重分歧，一个谜团困扰千年——逍

下左图：宋《静江府城池图》（局部，修复线描稿）上的东江门城楼、子城，城内府街建筑布局及逍遥楼位置。东江门主楼前有一道防御门，连接着城外羊马墙。南宋末年，桂林城经历过一次大规模扩建，沿江一侧东墙上修建有三座亭子三座楼，依次是东山亭、拜表亭和碧浔亭，东楼、望月楼、逍遥楼；逍遥楼在东江门城垣东北角马面墙上

下右图：以现代测绘手段复原《静江府城池图》（局部）中逍遥楼所在位置

上图：《唐代桂林城池复原图》局部，唐代桂林城池状态与后世相差甚大，而逍遥楼始终未变

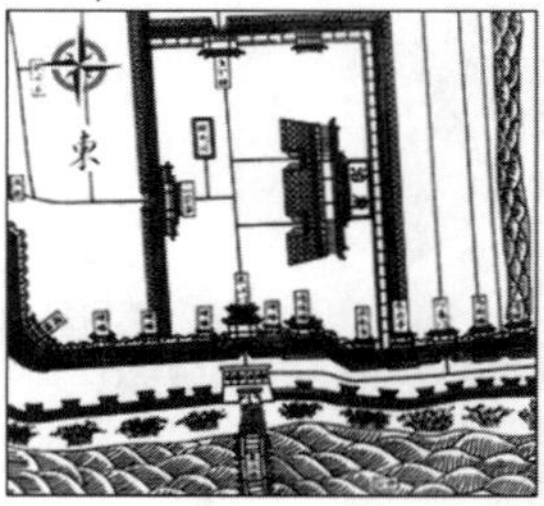

● 逍遥楼历史区位

遥楼与湘南楼，究竟是一楼两名还是双楼并列？

逍遥楼的兴建

唐武德四年（621），岭南道抚慰大使兼桂州总管李靖主持扩建桂林城垣，根据史料推断逍遥楼兴建于此时。唐景云二年（711），诗人宋之问被贬桂州，作有《桂州陪王都督晦日宴逍遥楼》[①] 及《登逍遥楼》[②] 两首诗歌传世。由此可知，桂林子城东墙兴建了景观阁楼——逍遥楼，逍遥楼建设时间在公元 621—711 年之间；大历丁巳（777），颜真卿题“逍遥楼”榜书落户桂林，引发后世千年各地文人对桂林逍遥楼的向往。

唐光化二年（899），莫休符在《桂林风土记》中记载：“从子城西北角二百步，此上抵伏波山。缘江南下，抵子城逍遥楼，周回六七里。”文中首次详细记

① 丁远、鲁越校正．康熙御定全唐诗（上卷）．北京：国际文化出版公司，1993：190.

② 周振甫主编．唐诗宋词元曲全集　全唐诗（第二册）．合肥：黄山书社，1999：462.

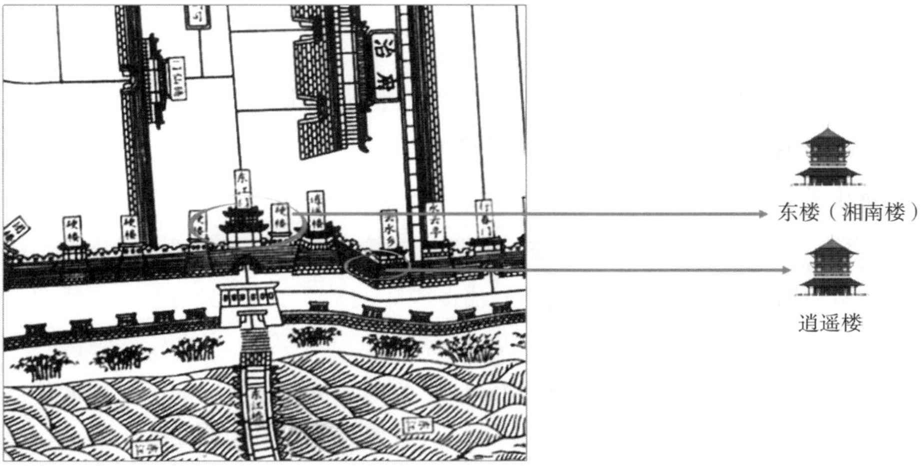

● 南宋《静江府城池图》局部，逍遥楼与东楼位置

录逍遥楼相对准确的位置，在今桂林市区滨江路北段解放桥与伏波山之间。

宋代，逍遥楼依旧巍峨于原址，太宗太平兴国年间（976—983），乐史撰《太平寰宇记》载："逍遥楼，在州城东角上。"[①]

宋咸淳六年（1270）静江府城建设完工之后，经略使胡颖将竣工图刻于鹦鹉山南麓山崖，即《静江府城池图》，逍遥楼形象被描绘在城图上，位于东江门与行春门之间城垣马面上。

湘南楼与东楼

宋崇宁元年（1102），桂州经略安抚使程节在桂州城垣东门上建"湘南楼"，李彦弼作《湘南楼记》记载了修楼经过，明确指出："阅岁滋久，城东之门，柱欹缀颓，栋桷腐挠，卑陋褊迫，甚非所以为边庭壮观也，公乃因旧基而鼎新之。……下拔峻墉，上耸丽谯……昔之赋客诗人咸指桂林为湘水之南，尝试以湘南命焉。"[②]"城东之门"，应当是唐武德四年（621）李靖修建之桂林子城的东江门，

① 乐史撰，王文楚等点校．太平寰宇记（陇右道 岭南道）．北京：中华书局，2007：35.
② 李彦弼．湘南楼记 // 蔡呈韶等修，胡虔等纂．临桂县志（据清嘉庆七年修、光绪六年补刊本影印）．台北：成文出版社，1967：294.

当年东江门上曾有城楼名为“东楼”。唐代于邵作有《九日陪廉使卢端公宴东楼序》。[①]

南宋乾道九年至十一年（1173—1175），范成大出任广西经略使，作有《逍遥楼席上赠张邦达教授，张癸未省闱门生也。同年进士俱会楼上者七人》[②]，称“浮生聚散如风雨，同倚东楼岂偶然”，指出逍遥楼与东楼的并列关系。同时，他还另著有《桂林中秋赋》[③]，描述了他登上湘南楼的感受：“乾道癸巳中秋，湘南楼月色甚佳，病起不觞客，又祈雨，蔬食清坐……登湘南以独夜兮，挹訾洲之横烟……”从观景方位看，湘南楼更贴近訾家洲。

南宋宝祐六年（1258），广南制置使李曾伯修筑静江府城池，工程重点是修筑城墙和壕河，此时距北宋崇宁元年（1102）湘南楼始建已过去一个半世纪。李曾伯因“东城湘南楼韧于崇宁之壬午，迄今百五十有八，祀中间支倾补坏，历时厥栋桡廪，廪将覆压……”[④]于是启动了重建工程，竣工后，作《重建湘南楼记》，文中强调，重建湘南楼的理由有两个：一是自宋崇宁元年湘南楼重建以来，木质建筑架构已经崩塌；二是“静江军楼，前经帅增高倍壮，而湘南对峙，颓阘弗称，瞻望系焉，不容置而弗为”——与湘南楼对峙的“静江军楼”经过前任经略使重修，体量已“增高倍壮”，按《静江府城池图》标示，东江门西向直线正对着夹城内墙一座门楼，城图标注为“静江军”。“东江门”与“静江军”建筑恰好东西对峙。“东江门”上城楼虽没标注名称，但与《重建湘南楼记》描述的湘南楼位置完全一致。

方信孺留下悬念

除《重建湘南楼记》外，李曾伯还有《湘南楼落成和林书记韵》《登湘南楼和方孚若韵》《登逍遥楼和方孚若韵》等诗传世。[⑤]

---

① 董诰编，孙映逵点校．全唐文 标点校勘本（第一卷）．太原：山西教育出版社，2002：88.

② 范成大著，齐治平校补．桂海虞衡志校补．南宁：广西民族出版社，1984：72.

③ 吴熊和主编．唐宋词汇评（两宋卷 第三册）．杭州：浙江教育出版社，2004：2096.

④ 李曾伯．重建湘南楼记 // 蔡呈韶等修，胡虔等纂．临桂县志（据清嘉庆七年修、光绪六年补刊本影印）．台北：成文出版社，1967：295—296.

⑤ 傅璇琮等主编．全宋诗（第 62 卷）．北京：北京大学出版社，1998：38791、38751—38752、38752.

方孚若，南宋名臣方信孺（1177—1222）的表字。方为官“治盗有异绩”，以“口舌折强敌”著称，曾在桂林任广南西路转运判官，擅长书法诗词。在桂林留下不少摩崖石刻作品，据统计，方信孺在桂林留存石刻 24 件，号称桂林石刻第一人，他钟情于桂林山水，为传承发展桂林历史文化做出重要贡献。

方信孺于“宋嘉定六年（1213）任职桂林，在桂六年”[①]。比李曾伯早到桂林 45 年。方信孺在桂林留下不少诗文，遗憾的是，他题湘南楼的原诗已经遗失，给历史留下一个悬念。

以上可见，南宋时，因范成大、方信儒、李曾伯等人都既作有逍遥楼诗又同时作有湘南楼诗造成的谜团，是否表明了当时两楼俱在？抑或是一楼两名？下文我们还会谈到清嘉庆七年（1802）的《临桂县志》亦据此置疑。

误会的产生

明万历十五至十六年间（1587—1588），邑人张鸣凤奉时任两广总督刘继文旨意编撰《桂故》一卷，记载宋及宋之前发生在桂林的先政先贤事迹和摩崖诗文游客题名。书中阐述了逍遥楼与湘南楼的关系：“程邻，字钦之，鄱阳人也，父节绍圣间帅桂，缮修逍遥楼，更名曰‘湘南’。”[②] 误会湘南楼是由逍遥楼更名而来。加之李彦弼作《湘南楼记》全文阴刻于现存“逍遥楼”碑背面，以至于清代各版《广西通志》《临桂县志》及史料笔记，均沿袭此误读。如清人《漓江杂记》：“逍遥楼在桂林府东城上，下枕漓水，面挹尧山。大历丁巳，颜真卿题曰‘逍遥楼’。宋绍圣间，程节改名曰‘湘南’。”[③]

清嘉庆七年的《临桂县志》同时收录有逍遥楼、湘南楼两条目，并质疑：“案二楼俱在东城，李记并未明言系逍遥楼改建湘南，既建于崇宁，而范成大尚有‘逍遥楼’诗。疑非一地。惟《湘南楼记》刻于逍遥楼碑之阳，然亦不辨颜碑（指颜真卿‘逍遥楼’三字碑）刻于何时。今姑从金通志而少别之。”[④]

1979 年，桂林市文物管理委员会编印《桂林石刻》载李彦弼《湘南楼记》全

---

① 桂林市地方志编纂委员会 . 桂林市志 . 北京：中华书局，1997：3390.

② 张鸣凤.《桂故》校注. 南宁：广西人民出版社，1988：102.

③ 金武祥. 湝生随笔. 北京：中共中央党校出版社，1998：74.

④ 蔡呈韶等修，胡虔等纂 . 临桂县志（据清嘉庆七年修、光绪六年补刊本影印）. 台北：成文出版社，1967：294—295.

文，文后说明道："石刻于《逍遥楼》碑阴。高六尺，真书径八分。崇宁元年壬午，公元一一〇二年。"同样"亦不辨碑刻于何时"，且与县志"刻于逍遥楼碑之阳"之说相左，另据同一本《桂林石刻》载《〈逍遥楼〉榜书》条称："碑原在行春门城上逍遥楼中，抗日战争期间迁至普陀山前，后被毁，一九七二年据旧拓重刻。"[①] 而现存《湘南楼记》碑未说明是重刻还是原件，于是留下一桩悬案。

2013 年，秦冬发在《桂林日报》发表《"逍遥楼"与"湘南楼"释疑》[②] 一文，结合樊平的文章《从诗文视角辨析古桂林之"逍遥楼"与"湘南楼"》，对"湘南楼即是逍遥楼"一说提出疑问，文章依据古代文人留下的史志、游记、诗词，运用逻辑分析，抽丝剥茧，得出了两楼为并列关系而非因袭关系的结论，虽推断合理，却苦于没有直接证据。

事实上，历史上逍遥楼、湘南楼几经兴废，曾留有证明，足以证明"湘南楼即是逍遥楼"属谬误。

浴火重生

质疑暂且搁置一旁，先看看逍遥楼的后世兴衰。

南宋李曾伯完成重建湘南楼工程之后，便因遭到权臣贾似道迫害，身陷囹圄。"湘南楼"的名称也从此消失在历史的长河中。南宋咸淳八年（1272）历经四任经略使，历时 14 年的静江府城池全面竣工。桂林城仅仅享受了五年的安宁，南宋景炎元年、元至元十三年十二月初六日（1277 年 1 月 11 日）蒙古大军的铁蹄踏进广西，"元军接连攻破静江府外城和内城，守将马暨与部属均被屠杀。娄钤辖集合残部 250 人，守月城 10 余日，力竭，拥炮自爆，城区一片焦土。"

战争结束后，逍遥楼再次得到修复。元大德间（1297—1307）广西发生少数民族起义，兵临桂林城下，知广西两江道宣慰使司事副都元帅田忽都不花率军抗击，击溃来犯之后，刻《广西道平蛮记》于独秀峰南侧，称："公受凯于东城逍遥楼，劳将士，第功赏。"

元代桂林城池进行了一次大规模的维修。"至正十六年（1356）也儿吉尼用

---

① 桂林市文物管理委员会．桂林石刻（上册）．内部资料，1979：1.

② 秦冬发．"逍遥楼"与"湘南楼"释疑．桂林日报，2013-12-19（7）.

5000 军民自北而南，自东而西，历时近四年，将原土筑或不牢的城墙全部砌成石墙。”“凡城内外，自顶至踵，皆甃以大石……城门皆建楼阁，设闉阇，其最大者为逍遥楼，下各为磴道以便登陟。”[①]

徐霞客抱憾

明初，桂林城池又得到一次大规模扩建。“明洪武八年（1375）增筑南城，城池往南扩至宁远桥（今南门桥），城区为东西狭南北长的长方形，城门十二，东有东镇门、就日门、癸水门、行春门和东江门……”

扩建后的明城墙上，保留了逍遥楼遗址。明嘉靖年间（1522—1566）任广西参政的福建闽侯人陈暹作《逍遥楼》诗“逍遥求故阁，临眺释前闻”[②]。逍遥楼遗址成为文人凭吊古迹的去处。

到了明万历年间（1573—1620），逍遥楼再次耸立在桂林东城。万历二十六年

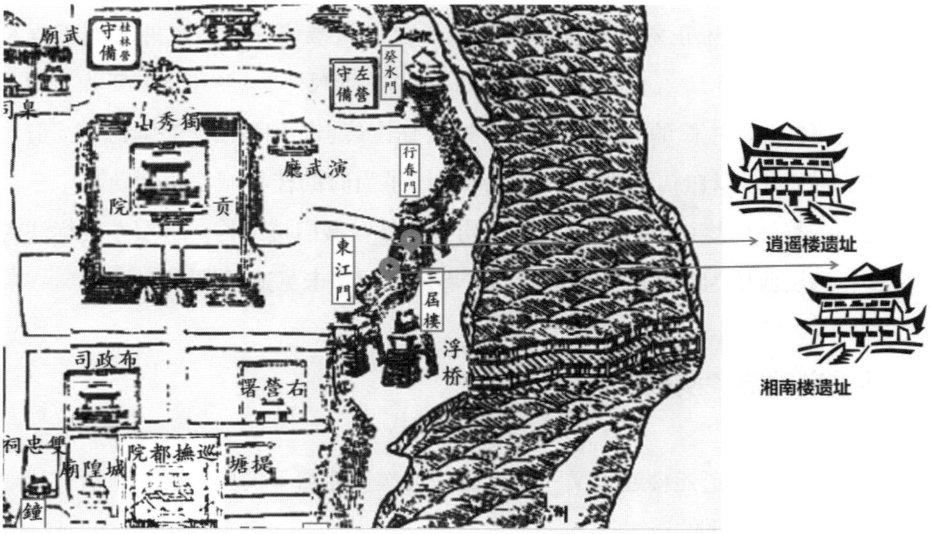

《文渊阁四库全书》之《广西通志》载《会城图》局部，桂林东城城池状况

① 杨子春．修城碑阴记 // 广西少数民族地区石刻碑文集．南宁：广西人民出版社，1982：144.

② 陈暹．逍遥楼 // 粤西诗载校注（三）．南宁：广西人民出版社，1988：381.

（1598），以兵部右侍郎兼都察院右副都御史杨芳出任广西巡抚，曾作《春日逍遥楼同王将军小集》刻于桂林虞山南麓石壁，诗中有“逍遥楼上赋逍遥，极目韶光好景饶”，证明至少在明嘉靖到万历年间，逍遥楼建筑主体再次耸立。

遗憾的是，逍遥楼这次重建与坍毁时间不得而知，到了明末崇祯十年（1637），旅行家徐霞客到桂林东城“登城楼，欲觅逍遥楼旧迹，已为守城百户置家于中”[①]。徐霞客登上桂林东城城垣寻找逍遥楼尚存部分建筑旧迹，而守城官员把自己的家安在里面，徐霞客未能进入参观。

清初废墟上

直到清代乾隆初年，逍遥楼仅存遗址。乾隆元年（1736），查礼补广西庆远同知[②]，途经桂林，游览逍遥楼，作《游逍遥楼记》：“逍遥楼，在桂林郡东城上，介于东江、行春二门之中，自东江门上百六十步至楼。楼久废，基犹存，宽六十尺，深三十二尺，北有小屋遗址，并在荒烟乱草中矣。”[③]这段文字首次明确了逍遥楼占地面积。

此后，乾隆、雍正两朝，桂林城池经历过四次维修，最浩大的一次工程是“清雍正三年（1725），巡抚李绂修筑东城，高 2 丈 5 尺”[④]。雍正十二年（1734），时任广西巡抚金鉷主修的《广西通志》（即《临桂县志》引称的“金通志”）刊行，附录《会城图》，以白描形胜图手法详细描绘了当时的桂林城池全貌。其中东江门形制与《静江府城池图》完全一致，均为内外双城门楼结构。外层东楼标注为三界楼，内层西楼为东江门。东江门与行春门之间，未见逍遥楼踪迹。

马秉良破解“两楼”之谜

清道光年间，逍遥楼迎来又一次重建。这次重建留下的史料解开了唐代逍遥楼与宋代湘南楼关系的谜团。

---

① 徐弘祖．徐霞客游记．上海：上海古籍出版社，1980：326—327.

② 洪永铿，贾文胜，赖燕波．海宁查氏家族文化研究．杭州：浙江大学出版社，2006.

③ 查礼．游逍遥楼记．铜鼓书堂遗稿（卷二十九）．清乾隆查淳刻本：10.

④ 广西壮族自治区地方志编纂委员会编．广西通志·土地志．南宁：广西人民出版社，2002：426.

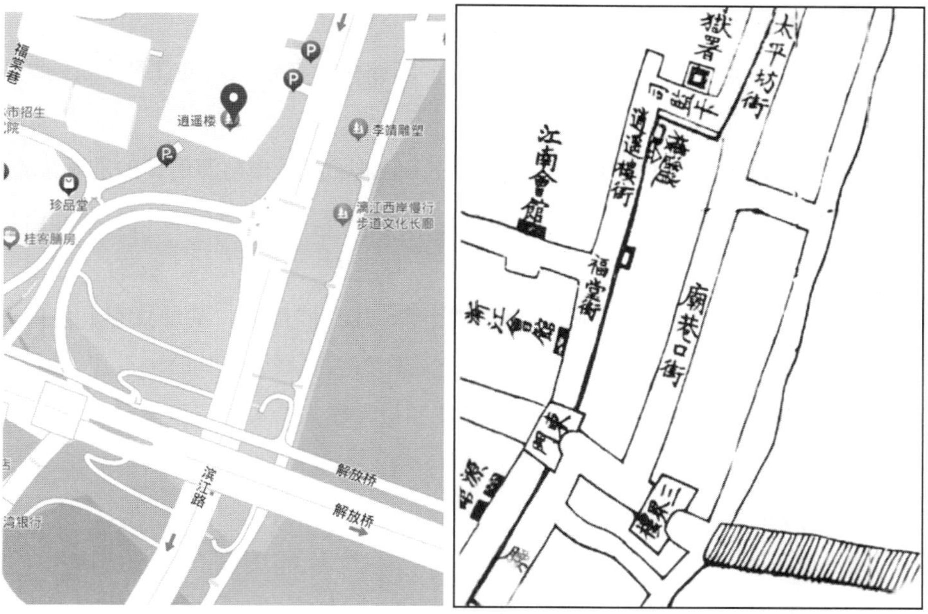

● 今桂林逍遥楼位置与清光绪《桂林省城图》标注的逍遥楼遗址、逍遥楼街位置对照图

道光十六年（1836），梁章钜出任广西巡抚兼署学政。他委派桂林地方名绅马秉良，重建了逍遥楼。

马秉良，回族。生于清乾隆三十九年（1774），卒于咸丰九年（1859）。[①] 他于嘉庆、道光至咸丰年间，几次主修东门浮桥。道光九年至十一年（1829—1831）新建桂林贡院号舍三千余间，深得广西士人的赞誉和感激。因修贡院有功，清廷颁赐他六品官衔；十二年（1832）建经古书院，又重修独秀峰古迹；十四年（1834）建福婴堂于道台衙门之东；十八年（1838）于独秀峰侧重建五咏堂。特别值得一提的是，道光二十年（1840），桂林城墙年久失修，崩塌之处甚多，他受巡抚梁章钜委托，主修桂林城墙。他想尽办法筹集资金。这时马秉良已 60 多岁，仍亲临工地指挥督促，花两年多时间，将旧城修复一新，为桂林人民立了一大功。道光二十二年（1842）以后，又以年迈之躯，改建文昌阁于訾洲之南，创

① 马明龙. 广西回族历史与文化. 南宁：广西民族出版社，1998：261.

建得月楼于象山之西，在东门城楼重建逍遥楼。[①]

那么，逍遥楼与湘南楼究竟是不是同一座楼呢？在这次重建工程的记录中，马秉良给出了准确答案。

马秉良在咸丰年间刊行《云谷琐录》中，记录了逍遥楼与湘南楼的准确位置："因查东门城上有逍遥楼一座，位居巽方，高耸特峙，为省会催官；旁有湘南楼一座，略小，年久均废。现有颜鲁公亲书'逍遥楼'三字大碑，又有《湘南楼序》，并前人题咏碑及元时修城碑，屹立直竖。其二楼虽废，基址犹存，传闻此楼盛于唐宋而衰于明末。乾隆初年犹有见之者，兹因修城，仍其旧址重建逍遥楼，复此催官古迹。登楼四望，桂岭环城，漓江如带，往来游人无不欣羡。"[②]

最后踪迹

催官，亦称"催官天星风水"，中国传统风水体系中的一套学说体系，宋代赖文俊（又称赖布衣）创。逍遥楼恰好在八卦中的"巽"位。《康熙字典》载"《韵会》：'胫本曰股，辅下体者。'《易·说卦》：'巽为股。'"其意为《韵会》说"股"就是身体下部的辅助性肢体。《易·说卦》说"巽"就是"股"。所以说，"巽"的意思就是"辅助"，有"催官"的作用。（上文中的"巽位"，是名词，方位为东南方。巽卦属木、风。《康熙字典》里，巽作动词。）道光二十一年（1841）马秉良在筹备重建逍遥楼时，还发生过一场风波。清代桂林城池"前贤立局癸丁向，城东恰合辰巽方，催官在巽宜高起，阖省文风关系此。古人特建逍遥楼，楼势凌空良有以。时移代异楼已倾，楼倾旧址犹未平。鲁公题楼碑尚在，更有前朝数碑存。道光辛丑修城垣，建楼复古协催官。忌者造谤因拆毁，建楼人叹忌者欢。当时缙绅多隐避，袖手旁观无公议。"[③] 但是，"时有挟私嫉忌者，辄捏谤语布散流言，大宪风闻委员查勘并无干碍"，重建逍遥楼工程虽得以顺利进行，但好景不长。

凌世君《旋建旋拆，关于逍遥楼不能不说的往事》有相关考证：

---

① 麻承福，白先猷．桂林回族，银川：宁夏人民出版社，2003：448.
② 马秉良．云谷琐录．咸丰七年（1857）杨鸿文堂刻本（现藏广西师范大学图书馆），1857：35—36.
③ 马秉良．桑榆吟草 // 李伟，吴建伟．回族文献丛刊（第八卷）．上海：上海古籍出版社，2008：3569.

1842年夏天，城墙修缮竣工了，一座全新的逍遥楼也出现在桂林东门城上。琦（成额）知府带领临桂县知县一众官员前来验收，只见“工坚料实”，官员们十分满意。捐资的65人如约得到了职衔，负责工程的8人也都获得了朝廷褒奖。

然而，事情远远没有完结。在逍遥楼建好的第二年，桂林城遭遇了一场火灾，损失惨重。那些攻击马秉良的人，把起火的原因归咎于逍遥楼的重建，说是破坏了桂林城的风水，导致了火灾。谣言四起，民怨沸腾，而官府、乡绅那些有头有脸的人们，这时却集体失声。

迫于无奈，马秉良决定禀报官府，拆掉逍遥楼。他用拆下来的材料和修缮城墙的余款，“改建文昌阁于訾洲之南，创建得月楼于象山之西”。[①]

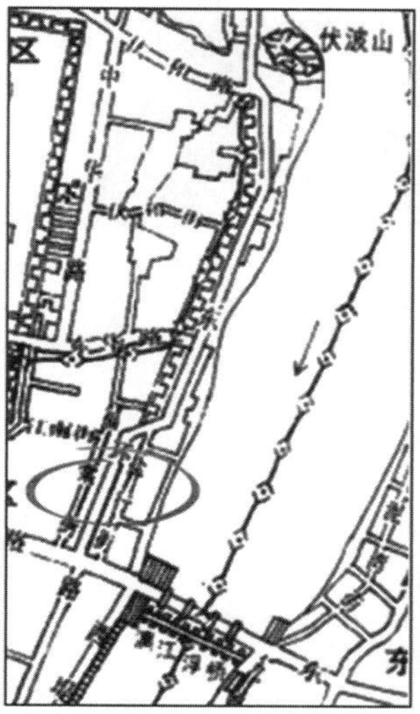

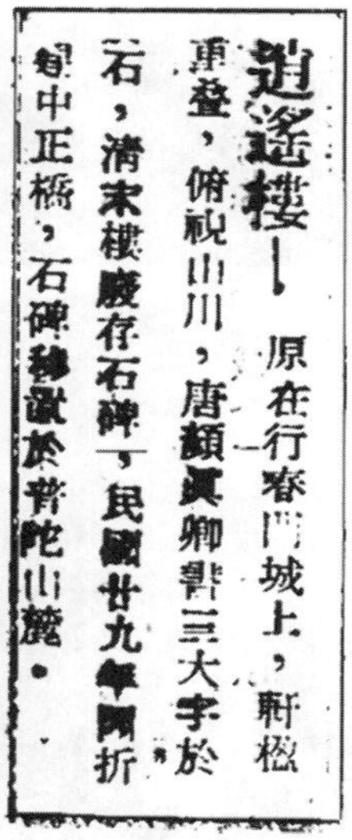
逍遥樓—原在行春门城上，軒楹重叠，俯視山川，唐顏真卿書三大字於石，清末樓廢存石碑，民國廿九年開折闢中正橋，石碑移嵌於普陀山麓。

- 左图：1942年，《桂林市地图》局部，逍遥楼段城墙拆除后，兴建东环路（盐行街）
- 中图、右图：1942年，《桂林市指南》书影及书中逍遥楼相关记录

到了清末，已不见关于逍遥楼建筑主体结构的史料记录，但还是有相关史料可以侧面证明逍遥楼的存在。如清光绪十七年（1891）王锡祺《小方壶斋舆地丛钞》载：“城东逍遥楼下祀闵子言子朱子。”又据清光绪二十三年（1897）金武祥

① 凌世君．旋建旋折，关于逍遥楼不能不说的往事．桂林晚报，2016-04-24.

● 2015年，《重建桂林逍遥楼项目建议书》附件3D视频《静江古城——桂林》中的逍遥楼建筑建模（林志捷供图）

《漓江杂记》载："江南会馆在桂林城东逍遥楼下。"[①]

新中国成立之前，逍遥楼遗址的最后记录见于民国三十一年（1942）《桂林市指南》，其载："逍遥楼，原在行春门城上，轩楹重叠，俯视山川，唐颜真卿书三大字于石，清末楼废存石碑，民国廿九年（1940）因拆城建中正桥，石碑移置于普陀山麓。"[②]

1940年，国民政府兴建中正桥（解放桥前身），扩建东环路（盐行街）。拆除了东江门及行春门段逍遥楼城墙，用于建设桥墩。

从此，逍遥楼街地名消失。

盛世复兴

2015年7月，逍遥楼主体工程重建竣工，再现了桂林历史名楼的文化风采。曾经盐街街区中的"逍遥楼街"也由此获得了文化重生。

林志捷，笔名散客月下，广西桂学研究会北京特约研究会员，北京广西文化艺术促进会副会长

① 金武祥．漓江杂记 // 古今游记丛钞（第八册卷之三十六）．上海：中华书局，1924：38.
② 徐祝君等编．桂林市指南．桂林前导书局，1942：62.

千年诗话逍遥楼①

莫菡栖

2016 年 4 月，逍遥楼在万众瞩目中重新矗立于漓水之滨。从复建至今，笔者一直致力东西巷、逍遥楼的历史文化挖掘工作，并兼职东西巷—逍遥楼景区的讲解工作，接待了许多国家级、省部级领导及各界人士。在挖掘逍遥楼历史文化的过程中，发现了一些未被熟知的史料，尤其是关于逍遥楼的诗词歌赋，据不完全统计，数量达到三十余首，而且自唐至清，每一个朝代均未间断，这在桂林所有人文建筑里绝无仅有，足见逍遥楼名气之盛、魅力之足。

古代的逍遥楼到底多有名？且让我们从历代的诗词里一窥究竟。

唐代：逍遥楼上望乡关，绿水泓澄云雾间

众所周知，桂州总管李靖于武德初年修筑了子城，开创桂林城池建筑的先河。唐代莫休符《桂林风土记》载："桂州子城，自卫国公所制，号曰始安郡城"，写

---

① 本文发表于《桂林日报》2019 年 7 月 12 日第 007 版，有修改。

到夹城时“从子城西北角二百步，此上抵伏波山。缘江南下，抵子城逍遥楼，周回六七里”。写碧浔亭时亦提到了逍遥楼：“在子城东北隅十余步，接近逍遥楼角，近大江。”《桂林风土记》成书于唐光化二年（899），为最早提到逍遥楼地理位置的典籍。

然而逍遥楼之先声，并非出自此书。在此190年之前的唐初，一位悲剧诗人正从中原踽踽行来，他就是号称律诗鼻祖的宋之问。景云元年（710）宋之问诏流钦州，后“以赦改桂州”，先天元年（712）八月被赐死于桂州的徙所。《登逍遥楼》即是他盘桓桂州时所作：

逍遥楼上望乡关，绿水泓澄云雾间。
北去衡阳二千里，无因雁足系书还。

彼时宋之问登上逍遥楼，眼前绿水泓澄、青山云绕的好景致并不能令他轻松起来，想起自己被流放南地，不免惆怅思乡，情绪低落。宋之问在桂州的时间不长，留下的逍遥楼诗作却有两首。另一首诗《桂州陪王都督晦日宴逍遥楼》轻松一些，彼时他尚不知道自己的末日就在眼前，仍沉醉于逍遥楼的美景中，诗句里还带着对未来的期望：

晦节高楼望，山川一半春。
意随蓂叶尽，愁共柳条新。
投刺登龙日，开怀纳鸟晨。
兀然心似醉，不觉有吾身。

宋之问是律体诗的奠基人之一，在文学史上地位颇高，“尤善五言诗，其时无能出其右者”。这首诗记录了唐人于晦节酣聚饮食、临水宴乐的风俗，可知逍遥楼在初唐就是桂林重要的聚会观景场所，官员尤喜在逍遥楼上宴请宾客，饮酒赋诗。整首作品词采绮丽，对仗工整，可管窥宋氏五律的深厚功力，尤其首联“晦节高楼望，山川一半春”，用通感的修辞手法，将桂林初春的景色进行量化，构思奇巧，妙不可言。

那么，“晦节高楼望，山川一半春”这个单句能有多有名呢？我们来看看宋

● 重建在老盐街旧址上的逍遥楼（麻承福摄）

明时期的方志——

《太平寰宇记》卷一六二《岭南道—桂州》（北宋乐史撰），逍遥楼：在州城东角上，轩楹重叠，俯视山川。宋考功陪王都督登楼诗云“晦日登楼望，江山一半天”即此也。

《舆地纪胜》卷一〇三《静江府》（南宋王象之撰）载，逍遥楼：在郡城。宋考功陪王都督登楼赋诗云“晦日登楼望，江山一半天”即此也。

《方舆胜览》卷三十八《静江府》（南宋祝穆撰）载，逍遥楼：在城东角。宋考功陪王都督登楼诗“晦日登楼望，江山一半天”。

《大明一统志》卷八十三《桂林府》（明代李贤、彭时撰）载，逍遥楼：在府城东，唐建。颜真卿书额刻于石。王畯诗“晦日登楼望，江山一半春”即此。

《大明一统志》成书于1461年，这是最早的关于颜碑的记载。但此处闹了一个乌龙：明明是宋之问陪王晙（诗中的王都督）在逍遥楼上喝酒写的诗，却被写成此诗为王晙所作。此书两位作者未免太疏忽了。

可惜的是，这么一位诗作名满天下的大诗人，人品却非常低劣，趋炎附势、志向低浅，为世人所不齿。即便如此，后人对他的诗才仍然十分推重，桂林历代方志中，都将南溪山“宋之问故宅”列入胜迹之中，以资纪念。如崔颢之于黄鹤楼、范仲淹之于岳阳楼、王勃之于滕王阁，桂林逍遥楼亦借宋之问这两首绝唱而声名鹊起，此后延绵不绝。虽因地处偏僻、宋氏人品等故，其名较江南三大名楼稍弱，但作为岭南第一名楼却是当仁不让、实至名归。

宋代：有客凭阑共清话，逍遥何异白云乡

宋代逍遥楼与湘南楼于城东并存，而“逍遥楼”碑亦与《湘南楼记》互为表里，因此引发了“逍遥楼就是湘南楼”的疑云，但我们依然可以从宋代留下的三首逍遥楼诗作里抽丝剥茧，做出判断。

首先来看程节的《奉命节度粤西，秋日登逍遥楼》[①]：

龙章特许出中州，西徼筹边上郡楼。
万顷沧波炎海日，千林黄叶粤山秋。
国恩久沛殊方泽，臣谊惟纡圣主忧。
俯视苍梧绥服外，白云允塞是王猷。

该诗主旨为谢恩表忠，文学上无甚特殊，但对解开两楼疑云颇有价值。程节于元符元年（1098）晋直秘阁广西经略安抚使，权知桂州，本诗当为该年秋天所作。而根据《湘南楼记》的记述，建中靖国（1101）秋，程节因“阅岁滋久，城东之门，柱欹缀颓，栋桷腐挠，卑陬褊迫，甚非所以为边庭壮观也”而鼎新之，翌年楼成“尝试以湘南命焉”，湘南楼首次出现。在此三年前，程节登逍遥楼还满是溢美之言，既未“阅岁滋久”，也非破败之所，可见逍遥楼与湘南楼是两回事。

---

① 出自清道光《浮梁县志》卷二十一，清道光三年（1823）刻，清道光十二年（1832）补刻本。

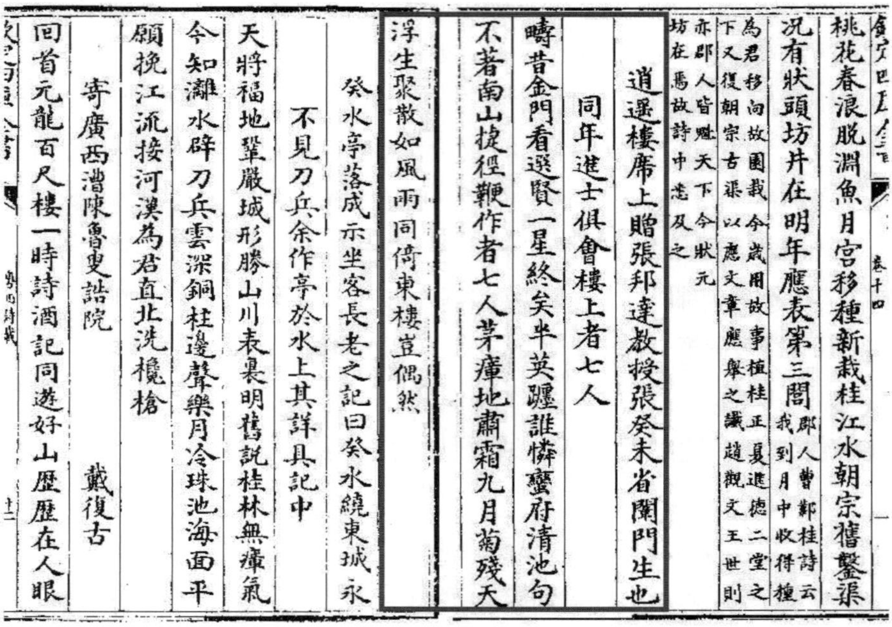
桃花春浪脱淵魚月宮移種新栽桂江水朝宗舊鑿渠
況有狀頭坊幷在明年應表第三閭郡人曹鄴桂詩云我到月中收得種為君移向故園栽今歲用故事植桂正夏進德二堂之下又復朝宗古渠以應文章應舉之讖趙觀文王世則亦郡人皆魁天下今狀元坊在焉故詩中並及之

逍遥樓席上贈張邦達教授張癸未省闈門生也
同年進士俱會樓上者七人
疇昔金門看選賢一星終矣半英躔誰憐蠻府清池句
不著南山捷徑鞭作者七人茅瘴地肅霜九月菊殘天
浮生聚散如風雨同倚東樓豈偶然

癸水亭落成示坐客長老之記曰癸水繞東城永
不見刀兵余作亭於水上其詳具記中
天將福地鞏巖城形勝山川表裏明舊說桂林無瘴氣
今知灕水辟刀兵雲深銅柱邊聲樂月冷珠池海面平
願挽江流接河漢為君直北洗欃槍

寄廣西漕陳魯叟諮院　戴復古
回首元龍百尺樓一時詩酒記同遊好山歷歷在人眼

范成大《逍遥楼席上赠张邦达教授，张癸未省闱门生也。同年进士俱会楼上者七人》

另一位能证明此观点的是一位宋代大诗人，他就是乾道九年（1173）至淳熙二年（1175）知静江府（桂林）兼广西经略安抚使的范成大。范成大在桂期间以帅司身份处理地方和民族各项事务，成效卓著，大有政声。其创作的诗歌基本上保存在《石湖集》卷十四中，共计 54 首。这些作品真实地记录了范成大在桂期间的生活、交往及其他各种活动，反映出丰富的历史和文化信息。且看他的《逍遥楼席上赠张邦达教授，张癸未省闱门生也。同年进士俱会楼上者七人》：

畴昔金门看选贤，一星终矣半英躔。
谁怜蛮府清池句，不著南山捷径鞭。
作者七人茅瘴地，肃霜九月菊残天。
浮生聚散如风雨，同倚东楼岂偶然。

诗中写的是范成大应门生张邦达的邀请在逍遥楼上聚会，聚会的是同一年登科中进士的七个人，范成大曾任他们的点检试卷官。范成大在桂林时年近五十，宦海沉浮，人生百味皆已遍尝，因此诗中前半部分对七位才俊加以赞誉，后半部分却流露出迁谪失意的怅惘，最后一句更是感慨：世事无常，今天大家还能在逍遥楼上喝酒聚会那真是缘分啊！

范成大另有《桂林中秋赋》，引言云："乾道癸巳（1173）中秋，湘南楼月色佳甚，病起不觞客，又祈雨，蔬食清坐……"须知这位范先生对地名素有洁癖，为了水月洞复名，不惜与张孝祥打一场隔世的笔墨官司，他在诗作里分别提及逍遥楼和湘南楼，可为两楼并存之证。

此外，还有宋末两次主桂的李曾伯。李曾伯是一个有作为的官员，于宝祐六年（1258）起全面拓修静江府城，并将蒙古大军一万三千人击退至湖南。李曾伯著有《可斋杂稿》，收录了《登逍遥楼和方孚若韵》[①]：

尧山举目见于墙，群玉森森拱巨梁。
一幅画屏罗伟观，两诗银笔冠当场。
沙平鹭立秋无尽，月冷乌啼夜未央。
有客凭阑共清话，逍遥何异白云乡。

同样的格式他还写了一首《登湘南楼和方孚若韵》，另外专门撰写了《重修湘南楼记》，文章里丝毫没有提到湘南楼就是逍遥楼，再一次印证了湘南楼跟逍遥楼不可能是同一处。

从笔者掌握的史料来看，宋代留下的逍遥楼诗作仅以上三首，巧合的是，三首诗的作者都不约而同地在其他作品里提到了湘南楼，再加上未流传的方信孺（即方孚若）逍遥楼和湘南楼两首诗作，足以说明当时两楼并存，不可混为一谈。

元代：逍遥留古迹，胜景浩无穷

元代是中国历史上首次由少数民族建立的大一统王朝。虽经宋元战争，但逍遥楼依然矗立漓畔并且得到维修，成为城墙上最大的楼阁，逍遥楼诗文也开始进

① 出自李曾伯《可斋杂藁》卷三十，明毛氏汲古阁影宋钞本。

● 逍遥楼月夜（麻承福摄）

入鼎盛时期。至顺二年（1331），广西廉访使辛钧写了一首《绝句》[①]：

柳公曾记訾家洲，颜氏逍遥扁巨楼。
若此自然樵子□，无边风月最清幽。

① 出自《桂林郡志》卷二十二，桂图钞本。

诗中不仅提到了逍遥楼对面的訾家洲，更是清楚明白地提到了颜真卿的磅书，证明颜题“逍遥楼”匾额最晚在 1331 年已经挂在逍遥楼上了。

几年之后的至元年间，涌现了三首逍遥楼唱和诗，让后人仿佛穿越到元代，逍遥楼集聚盛况如在眼前。广西廉访佥事建都思（至元四年任，畏兀儿人）诗酒会友，写下一首《逍遥楼》：

逍遥留古迹，胜景浩无穷。
雾锁山城市，烟藏水府宫。
峰峦霄汉外，栋宇画图中。
百草丛深绿，群花绽浅红。

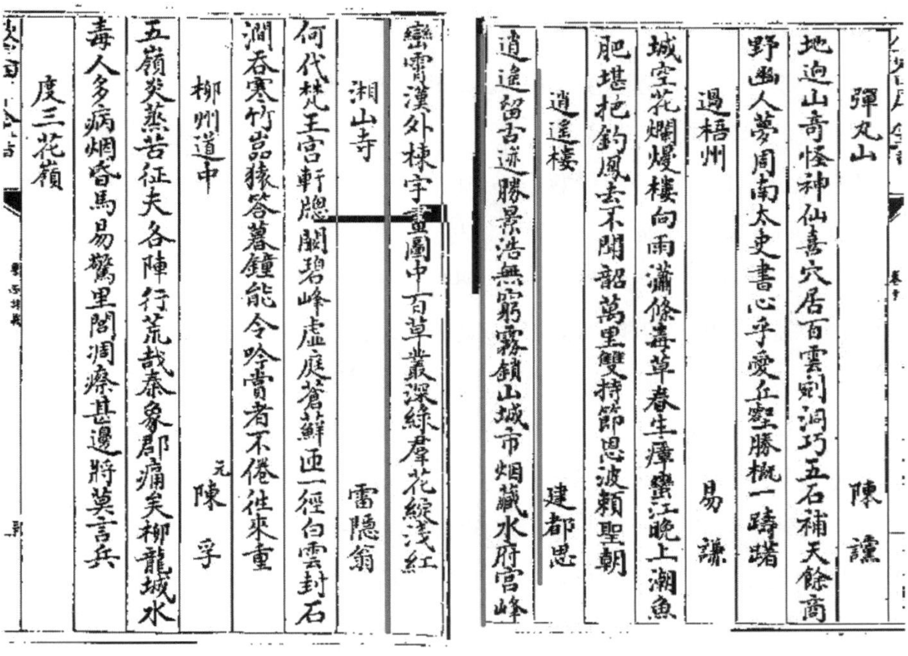
彈丸山　陳讜
地迥山奇怪神仙喜穴居白雲剜洞巧五石補天餘商
野幽人夢周南太史書心乎愛丘壑勝概一躊躇
過梧州　易謙
城空花爛熳樓向雨瀟條毒草春生瘴蠻江晚上潮魚
肥堪把釣鳳去不聞韶萬里雙持節恩波賴聖朝
逍遥樓　建都思
逍遥留古迹勝景浩無窮霧鎖山城市烟藏水府宮峰
巒霄漢外棟宇畫圖中百草叢深綠羣花綻淺紅
湘山寺　雷隱翁
何代梵王宮軒牎闢碧峰虛庭蒼蘚匝一徑白雲封石
澗呑寒竹嵓猿答暮鐘能令吟賞者不倦往來重
柳州道中　元 陳孚
五嶺炎蒸苦征夫各陣行荒哉秦象郡痛矣柳龍城水
毒人多病烟昏馬易驚里閭凋瘵甚邊將莫言兵
度三花嶺

● 建都思《逍遥楼》

广西廉访副使伯笃鲁丁（至元三年任，答失蛮人）依韵和了一首：

身世云霄上，飘然思不穷。
晴山排翠闼，暮霭网琳宫。
牧笛残云外，渔歌落照中。
蓬莱凝望眼，隐隐海霞红。

广西廉访照磨吴伯寅一看，哎，两位领导都挥毫了，那我也和诗一首吧：

危楼天欲半，登览兴何穷。
云锁昆仑塞，星环太乙宫。
江山图画里，宾主笑谈中。
回首严城暮，千门日影红。

次韵是指按照原诗的韵和用韵的次序来和诗，因此三首诗对仗工整，清丽流畅，用韵一模一样，对逍遥楼满满的喜欢也一模一样。三首诗均生动地描绘了当时城外秀美的田园风光和城内升平的社会景象，再现了当时逍遥楼作为一方名胜的独特魅力。尤其最后一句最妙——“回首严城暮，千门日影红”，把逍遥楼上夕阳西照之际俯瞰静江城内的生活万象写得活色生香。有意思的是，三位作者虽是同僚，却分属不同民族，此次诗会，堪称民族大团结。

值得一提的是伯笃鲁丁。这位回族诗人于至元三年（1337）任广西廉访副使，在桂期间政务活跃，主持重修桂林府学，并撰《阳桥记》。作为西域十二诗人之一，他写的这首诗对仗工整，清丽流畅，描绘出当时逍遥楼的独特魅力及其周边风景的秀美。

时光流转，伯笃鲁丁之孙伯永龄于明洪武十三年（1380）赴粤西任职，定居桂林。因明代禁止臣民采用外姓，遂改姓“伯”为“白”。第 19 代孙回教名乌默尔，就是桂系名将白崇禧。这些细节在白崇禧回忆录和白先勇的文章里均有提及。

明代：逍遥楼上赋逍遥，极目韶光好景饶

明代写逍遥楼的诗人是最多的，有纂修《桂林郡志》的陈琏，纂修《广西通志》的黄佐，有任广西提学佥事的潘恩，任广西参政的陈暹、邓云霄，任广西巡抚的杨芳，任广西布政使的何乔远、谢肇淛等。这些作品里有沿袭元代，记录达官贵人于逍遥楼饮酒唱和的，如杨芳的《春日逍遥楼同王将军小集》：

逍遥楼上赋逍遥，极目韶光好景饶。
四面青山环榻峙，数声黄鸟唤人娇。
徜徉仿佛庄生梦，唱和依稀帝女箫。
尘世几逢开口笑，座中况有霍嫖姚。

何乔远的《幕中诸公邀登逍遥楼》：

幕府簿书日夜清，壶觞宾客聚高城。
参军敢道令公喜，从事繇来有酒名。
桂岭云开千嶂立，漓川雨过一江平。
莫言傲吏堪萧散，手版明朝有送迎。

亦有慨叹桂林天气太热，赞美消暑圣地逍遥楼的，比如陈琏的《纳凉逍遥楼》：

书舍大如斗，烦暑苦郁蒸。
危阑俯长江，晚来试一凭。
披襟待明月，坐爱风泠泠。
逍遥遗俗虑，物我两忘形。
只此足清赏，何须踏层冰。

而邓云霄则在《桂郡逍遥楼，和谢在杭司长》里隔空对杜甫发出了灵魂质问：“谁道宜人独桂林？依然炎赫欲流金。”还好在逍遥楼上却是“九万抟风堪扇暑，

三千击水即为霖。逍遥楼上重回首，此日图南意转深”。

史载，颜真卿的“逍遥楼”碑刻自元代乙亥（1335）移至逍遥楼前，1461年《大明一统志》言“（逍遥楼）在府城东，唐建。颜真卿书额刻于石”。明代诗作相较于前朝，最大的特点是多次提到了颜碑，比如谢肇淛的《登逍遥楼观颜鲁公题迹》、邓云霄的《冬日微雨集逍遥楼看颜鲁公碑二首》等，陈暹的《逍遥楼》里亦有“晓烟开粤户，春藓上颜文”的句子。颜真卿不仅以书法闻名于世，其忠君爱国之举亦为人景仰，颜碑之矗立，使逍遥楼不独拥有宋氏诗名，更增颜公人格魅力，千古一楼，从此定格。

明代的逍遥楼，诗文之盛冠绝古代，当时声望如日中天，甚至一些没来过桂林的文人官员，也对逍遥楼非常仰慕向往。如程旦的《送洪方伯玉方之任广西》诗中就有“逍遥楼上逍遥游”的句子。安徽人汪淮在《送方定之宪副督学广西二首》里写道：

闻道逍遥百尺楼，西南十二揽名州。
高临雍楚山平出，雄压湘漓江倒流。
卷幔论文虹气现，凭栏望阙斗光浮。
桂林夜月如相忆，白石清溪一钓舟。

该诗通篇描述夸张，气势不凡，作者对逍遥楼的神往呼之欲出，足见桂林逍遥楼当时盛名。

清代：万里归人从此始，逍遥楼外水云舟

逍遥楼的声望一直延续到清代。清词三大家之一的朱彝尊以一阕《青玉案》送给赴任桂林知府的程可则，虽然朱彝尊未必到过桂林，却引用了白竹湖、逍遥楼这两处在典籍中屡见不鲜的桂林景点，以及槟榔、荔枝等南方特产，对桂林的悠悠向往跃然纸上：

天南人向天南去。说万里，经吴楚。行到涔阳秋未暮。帆随波雁，香闻岸草，一叶湘川渡。

攫奔馳者爲何如也余居於巢久久不出叉手皷身搖頭曳足日徘徊於其上亦不自知其爲何許人也其自巢下見者以余爲上古之民也可以余爲孤飛之鳥也可是爲記

游逍遙樓記

逍遙樓在桂林郡東城上開於東江行春二門之中自東江門上百六十步至樓樓久廢基猶存寬六十尺深三十二尺北有小屋遺址竝在荒煙亂草中矣樓始於唐右有大歷五年正月一日顏眞卿書逍遙樓三大字碑結體端楷筆力遒勁世之書家爭搨之宋崇寧元年朝請大夫直龍圖閣權知桂林充廣南西路兵馬都鈐轄兼經畧安撫上護軍鄱陽程節重新是樓更名湘南以即在湘水之南

銅鼓書堂遺稾卷二十九 十

也是年四月辛丑落成集飲賓客於是廬陵李彥弼爲之記華原周晃書鄱陽程鄰篆額記鐫於逍遙樓碑之陰登斯樓也下瞰灕江波濤之浩瀚風帆之上下兩岸居民之富庶市之繁而江面浮橋聯以數十巨艦若長虹一線以通往來過江而東七星諸峯近接簷宇晴則林巒蒼翠雨則煙雲縹緲憑欄遙矚不禁悠然而動遐思豈非天南之一偉觀歟余於乾隆己巳九月九日借此作藍田之宴龍山之游乃搨碑之陰陽二本以歸

游龍隱洞龍隱巖記

自花橋泛舟不半里至龍隱洞洞在七星山第七峯之山腳小東江之水注焉洞口高約七八十尺范石湖桂海虞衡志云仰觀洞頂有龍跡夭矯若印泥然其長竟洞今觀

查礼《游逍遥楼记》

爱他五马寻春路。白竹湖边青桂树。暇便逍遥楼上住。槟榔消食，荔支蠲渴，定胜珠江否。

乾隆十五年（1750），一位叫作查礼的官员任庆远府同知，他也是逍遥楼的忠实“粉丝”，撰有《游逍遥楼记》，详细记录了逍遥楼的现状：

逍遥楼，在桂林郡东城上。介于东江、行春二门之中，自东江门上百六十步至楼。楼久废，基犹存，宽六十尺，深三十二尺，北有小屋遗址，并在荒烟乱草中矣。楼始于唐，右有大历五年正月一日颜真卿书“逍遥楼”三大字碑，结体端楷，笔力遒劲，世之书家争拓之……

尽管当时逍遥楼只余楼基，但查礼仍心心念念，为逍遥楼写了两首诗，其中《午日桂林登逍遥楼观竞渡》[1] 描写了端午节漓江龙舟赛的盛况：

① 查礼：《铜鼓书堂遗稿》卷十三，清乾隆查淳刻本。

铁锁贯浮桥，龙舟拨画桡。
江喧观竞渡，楼静喜逍遥。
楚水空回首，骚魂不可招。
夕阳烘返照，隔岸七星焦。

有意思的是，最后一句同样也生动吐槽了桂林的炎热，“烘”“焦”二字让人忍俊不禁，看来写出“五岭皆炎热，宜人独桂林”的杜甫当真是没来过桂林啊！

道光四年（1824）任广西按察使的叶绍本在《迈陂塘　独秀峰》里写道“逍

● 画里名城城上楼（麻承福摄）

遥楼畔凭高处，俯视朱垠邛笮”；道、咸年间，马秉良两次主持修建逍遥楼，写下《逍遥楼远眺》等诗作，并于《云谷琐录》中记录两次修楼情况："城东建高楼，楼以逍遥名。年久楼倾圮，犹存旧基址。往岁修城垣，余资乃重起。楼高壮观瞻，正人见者喜”“从来兴废哪能知，讵意斯楼今重建。建楼非徒壮观瞻，从此文风如转环。楼成高耸插云汉，庆衍弹冠已肇端”。

岭西五大家之一、主讲于桂林榕湖等书院的王拯称颂了重修后的逍遥楼，在写给好友、同为岭西五家之一的朱琦的诗中有“西山云树揖窗户，绝似逍遥楼阁凭”之句。同治九年（1870）王拯写下《受田邀重九日登逍遥楼》诗，与周德祚相约重阳，说明逍遥楼仍是当时重要的登高赏景胜地。

当代：画里名城城上楼，凭栏处处足凝眸

清末之后，逍遥楼渐渐消失在历史的尘烟里。笔者将收集的逍遥楼诗词史料列了一个表，可以看到，自唐初始建的八世纪至十九世纪，每一个世纪里都留下了关于逍遥楼的诗词作品或者舆志记述。一千三百年以来，逍遥楼蜚声海内，从未更名，也从未离开桂林人的视线，它配得上岭南第一名楼的赞誉，当得起桂林文化地标的美名。

世纪延绵的逍遥楼

世纪	时间（年）	作者	代表作品
八	约 712	宋之问	《登逍遥楼》等二首
九	899	莫休符	《桂林风土记》
十	976–983	乐史	《太平寰宇记》
十一	1098	程节	《奉命节度粤西，秋日登逍遥楼》诗
十二	1173	范成大	《逍遥楼席上赠张邦达教授……》诗
十三	约 1258	李曾伯	《登逍遥楼和方孚若韵》诗
十四	1331	辛钧	《绝句》诗
	约 1338	建都思等三人	逍遥楼唱和诗三首
	约 1392	陈琏	《纳凉逍遥楼》等二首
十五	1461	李贤、彭时	《大明一统志》

续表

世纪	时间	作者	代表作品
十六	约 1530	潘恩	《逍遥楼》诗
	约 1563	汪淮	《送方定之宪副督学广西》诗
	约 1598	杨芳	《春日逍遥楼同王将军小集》诗
十七	约 1621	谢肇淛	《登逍遥楼观颜鲁公题迹》诗
	约 1623	邓云霄	《冬日微雨集逍遥楼看颜鲁公碑二首》
	1673	朱彝尊	《青玉案　送程郎中守桂林》词
十八	1749	查礼	《午日桂林登逍遥楼观竞渡》等二首
十九	1870	王拯	《受田邀重九日登逍遥楼》诗

2016 年，逍遥楼在桂林市民的热切期盼中、社会各界的鼎力支持下得以复建，开楼当日，桂林市委原书记陈雨萍登上逍遥楼，怀着激动的心情写下《春日登楼》：

画里名城城上楼，凭栏处处足凝眸。
三山引梦飞南国，一水牵情系五洲。
禹迹未临原百越，秦封不到属蛮瓯。
湘漓汇后鸿蒙启，文采于今溯上游。

在历经 20 世纪的空白之后，逍遥楼的“文采”终于与历史的“上游”重新接驳，千古名楼又再次焕发出璀璨的光彩。

记忆中的“翁记甜品店”

翁丽钦　翁霍频

祖父翁鹤松，三岁丧父，随母到其外家住了些日子后就搬出了，先后居住在王辅坪（现在的正阳步行街中段）、兰井巷一带，后在盐街清真寺对面定居下来。孤儿寡母，穷困潦倒。为糊口，我们的太祖母只能做些薄脆、麻花、散子之类的小吃，放在簸箕里，簸箕系上绳索，让祖父挂在肩上，捧在身前，沿街叫卖。一日大雨，一件小吃也没卖出，年幼的祖父在街边屋檐下躲避，眼见天色渐晚，想到今天无钱买米，禁不住大哭起来，哭声惊动了屋内的老人，好心的老太太把小吃全部买下，这才让祖父母子俩那天有了填肚的粮……祖父年轻时当过学徒，做过工人，在街边巷口卖过水果、纸烟。他吃得苦又勤奋好学，还乐善好施，经过多年辛勤劳作，靠精打细算，慢慢地撑起了一个家。后来在王城边，西巷口，分三次付款，买下房屋，修建后开办了后来享誉全城的“翁记甜品店”，主要经营汤圆、芝麻糊、绿豆沙、花生糊、白果粥、红豆粥、甜酒糖水蛋以及沙琪玛、开花枣、松花糖、油香、发饼、蛋糕等十余种甜食小吃和点心。

翁记甜品店开在正阳门左侧的西巷口。最初的房子不大，砖木结构，浅浅的两开门面，大约四六米见方。进门左边是简易、小巧、紧凑的操作间，沿门槛至墙边摆放着一个厂形柜台。朝街方向是镶有玻璃、存放点心用的储柜，里面摆放着甜食，如沙琪玛、开花枣、发饼、蛋糕、米花等。朝店铺面是挖有四个圆孔的木制柜台，里面放着四个炉子和四个大锑锅，分别装着煮好的芝麻糊、绿豆沙、花生糊、白果薏米粥，炉子生着小火用来保温，顾客一到就有温热可口、甜美的食品享用。木制柜后面，靠墙边放有两个炉子，上面架着两个锑锅，一个是用于煮汤圆，一个是做甜酒糖水鸡蛋用，随吃随煮，新鲜可口。顺着墙边往里延伸至墙角，是个做面点的案板。进入另一空，右边一空则摆放着四五张六人坐的长方形木桌和日字凳，供顾客坐着品尝甜品美食。门口两开门面中间的隔墙柱边，放着一个炉灶，上面架着一个平底锅，用于煎发饼（又称炕饼）。

两开间正中往里走，进入一青砖小门，通往灶间及小天井，这里是初加工场地，磨米、溶糖、打蛋、炒芝麻、烤蛋糕、开油锅、加工白果等，都在这里完成。

店面随着生意的兴旺，不断扩大，楼上设置了雅座，深受王城内省政府和省立图书馆职员们的青睐，经常是高朋满座。

● 图为翁记甜品店所在位置复原图，店铺旧址位于现西巷口（沈联邦插图，翁丽钦供图）

在店内经营劳作的人主要是我们的祖父和姑父，他们做的甜品食材用料讲究，制作精细，汤圆甜糯绵软，自制的桂花芝麻糖心，咬开后满口花香；芝麻糊乌黑油亮，绿豆沙细腻清甜，花生糊浓香甜润，薏米白果粥滋补爽口，还有红豆粥和甜酒糖水鸡蛋，让人回味无穷，也是市民的早餐之一。有人讲，“小时候只要有两分钱就往翁记店跑”。从民国年间到20世纪60年代，翁记甜品店都是桂林极具特色、市民喜爱的地方风味小吃。

20世纪40年代，王城是当时的广西省政府所在地，解放后又成为广西师范学院（现广西师范大学），当时王府内还有图书馆，正阳门城楼上有图书阅览室，而城门洞内又是人们聚集娱乐和纳凉的去处，光顾的食客有政府文员、大学的师生、娱乐和纳凉的人们等众多市民。他们都爱来这里品尝美食，吃消夜，点上一份甜品解馋。当年的学生还记得甜酒糖水蛋是五分钱一碗，许多人还慕名前来品尝，走到店门就能闻到一股沁甜，小小的甜品店门庭若市。现在，不少老街坊在街上偶遇我们，对翁记甜品仍回味不已，至今没忘记婆婆做的萝卜糕味道，还津津乐道地讲述当年一边吃甜品，一边和我们的祖父扯板路（桂林话，意为聊天）的情景，称赞翁记甜品品种繁多，价格实惠，味道甜美。那年头的翁记甜品美食，也是我们难以忘怀的记忆。

为买到上等食材，祖父常到对河东江菜市选购。

祖父是回民，油香是回民在节日等重要场合和时节制作的特殊食品。油香分咸味和甜味两种。咸油香外皮脆黄，里嫩软香、葱香四溢，吃的时候常常卷上白糖，一口咬下，粒粒甜香，跃于唇齿；甜油香香甜酥脆，口感松软，入口即化。祖父做的甜油香用料和制作非常考究，在桂林城无人能比。

许多老桂林人回忆，那时每逢开斋节，桂林的回民都做油香，或自家吃，或送亲朋好友。但是要数翁记甜品的油香最好，店门口经常排起长队，油香供不应求。

沙琪玛的主要食材是面粉和鸡蛋。记得小时候看到祖父选购鸡蛋非常挑剔，每一个鸡蛋都要拿到灯下照照，看看鸡蛋是否新鲜，蛋黄是否有斑点，每个都要照，一个也不放过。当时那情景仍然历历在目。如今每当看到摆放在柜台里的沙琪玛，脑海里总会浮现幼年时家里做沙琪玛忙碌的情景：打蛋、揉面、开油锅，大大的油锅里漂满了淡黄色的面……每当吃着沙琪玛，更怀念祖父做的松软爽口、不粘牙的沙琪玛。

祖父还做小蛋糕，椭圆形，像个平底鸡蛋，两三口就能吃完一个，十分方便。有些人不适合吃烤蛋糕，祖父又做出一种水蒸蛋糕，蛋糕呈淡黄色，清香迷人，松软润滑。清晨，一碗汤圆、一个蛋糕就是一份搭配很好的营养早点。

发饼是一种用发酵面做的甜面饼，分为炸和煎两种。油炸发饼的外皮枣红色，外香内松软，有嚼劲；另一种是煎发饼，也叫炕饼，有馅儿。馅有芝麻的和花生的，制作时将芝麻或花生分别炒香，碾成粉末，和糖拌好，包入面团中压平，放入平底锅煎，要不停地翻动至外皮嫩黄熟透。发饼柔软香甜，携带方便，人们为赶时间，通常买上一两个边走边吃，既省时又饱肚，还实惠。

每逢元宵节，我就会回想起祖父做元宵忙碌的样子。为满足市民的需求，他总是早早地用心细致地将上一年精心挑选的桂花、芝麻等制作元宵用的馅料食材配制好。元宵在制作上比汤圆要烦琐得多，要先将事先做好的馅切成小块，放入盛满糯米粉的大簸箕内，用竹刷沾水均匀地洒在馅和糯米粉上，同时不停地摇动簸箕，让馅沾上糯米粉，如此反复多次，直到馅料沾满糯米粉，滚成小圆球大小方才大功告成。元宵口感较汤圆要粗一些，煮后汤会比较浓，表皮松软而馅料硬，有嚼劲，馅香和糯香浓郁。翁记的元宵有桂花芝麻馅、桂花馅、芝麻馅，随人所喜，任人挑选。

抗战期间，我们在盐街的住房被日本人的飞机轰炸以后，全家就搬到西巷口的铺面后面居住了。20 世纪 50 年代初期和中期，我们几乎每天下午放学回家感到口渴肚饿时，都会跑到柜台按自己的喜好，盛上一碗芝麻糊或绿豆沙或白果粥，再拿上一个水蛋糕或开花枣或沙琪玛，美吃一顿，口润肚饱后，就高高兴兴地去做作业了。

由于店面收市比较晚，祖母和母亲就会隔三岔五做一次丰盛的夜宵犒劳大家。记得小时候，我们经常在深夜十一二点钟，被一阵阵鲜美的鸡汤味熏醒，揉着没睡醒的眼睛从楼上下来，喝上两口用黄芪、枸杞、红枣等药膳熬的鸡汤或是吃一点鸡肉，然后十分满足地又回去接着睡觉，而大人们却围坐桌边，一边品尝夜宵一边扯板路。

虽然家里经营着甜品店，但仍是小本生意，全家老小四世同堂，有十四口人，日常开销还得精打细算。记得中秋节吃月饼都是“限量版”的，总要等到吃过晚饭后，才每人发一个月饼。姑父白崇明是个爱开玩笑的人，当我们高高兴兴拿着月饼，迫不及待想要品尝时，他却说：“月饼要先供月亮后才能吃。”然后要我们将月饼放在一个簸箕里，放在天井的磨台上，以此供月亮。姑父又要我们到街上看花灯，不让我们在家里等，他说这样的话月亮是不会下来尝月饼的。

那时候，从小十字街（现在的正阳步行街口）以南至体育场（大概现在的钟楼附近，那时叫王辅坪），整条街一到中秋节，家家户户门前都会摆放着各式各样的彩灯，如柚子灯、莲花灯、玉兔灯等，热闹非凡。我们印象深刻、最喜欢也最好奇的是柚子灯。它将柚子挖空，柚壳雕刻花纹。柚皮没有丝毫痕迹，不知柚肉怎样取出。内部点上灯，映出各种图案，如嫦娥奔月、玉兔捣药等，精美细致、别具一格，如今已寻不见了。其他的灯都是用竹篾和棉纸制作造形而成。

我们赏花灯回来后，争先恐后跑到天井准备吃月饼，一看，月饼没有了。正在着急时，姑父过来说，月饼给月亮吃掉了。我们一听，急得都快要哭了，满脸疑惑，心想月亮真的会吃掉月饼吗。这时候，姑父才从一个吊篮里拿出月饼，一个个分给我们，大家立马喜笑颜开来……儿时的趣事永存脑海。

为了补贴家用，每逢暑假，祖母总是千方百计地从居委会领回红瓜子，让我们兄弟姊妹几个夹瓜子（“鸿庆隆”做中秋五仁月饼用）。每人各用一个茶盘或是小簸箕盛上瓜子，将盛有瓜子的茶盘放在腿上，或是放在一个日字凳上，自己则坐一个小矮凳，左手捏着瓜子，右手拿着扁嘴钳，竖夹一下，横夹一下，一夹一个准，白白胖胖的瓜子仁会完好无损地脱壳而出。那时候，小孩没有很多的玩法，暑假就总是看书，扯板路。因为要夹瓜子，就没有多少时间看小说了，所以我们想方设法找窍门。一到夹瓜子时，我们就会在还没有夹的瓜子堆边放一本自己喜欢看的小说，一边夹瓜子一边看小说。故事情节冲淡了夹瓜子的疲劳，也加快了夹瓜子的速度，真是一举两得。我们还常常给隔壁的蔬菜公司剥大蒜，给百货公司糊鞋垫，缝劳保手套……整个假期，我们过得既充实又有趣，通过劳动，我们小小年纪就懂得了生活的不易。

1956 年，国家对小商小贩进行社会主义改造，实行合作化，祖父的翁记甜品店也随之合作经营，祖父仍留在合作化后的饮食服务公司的甜品店里工作，直到 1964 年，因年岁已高而退休。

我们的父亲在解放初期参加社会工作，随后操持家务的母亲也参加了社会工作。

我们这第三代人，读书下乡，进厂、进单位工作，也没有人再从事饮食服务工作了。

随着桂林城市建设改造，建设银行扩建征地，店铺也随之拆迁。时光荏苒，如今我们兄弟姊妹几人也做了祖父祖母，为了儿孙也天南地北住在不同的城市。但是每年过春节依然会聚在一起，我们还是会聊起记忆中翁记甜品的味道，那是童年里“家的味道”！

翁丽钦，桂林桂山大酒店原财务管理
翁霍频，武警湖南省边防总队岳阳边检站原副站长

梁美珍：桂林十字街飞出的“百灵鸟”

庞铁坚

说起桂林人梁美珍，现在已经没几个桂林人知道了，但梁美珍在中国现代音乐史上却有着一席之地。

梁美珍祖籍广东南海。她的父亲梁永泉毕业于博济医学堂（中山大学中山医学院前身）。梁医生学的是西医，全科皆能看诊，但以妇科见长。梁医生的夫人邵志馨是个助产士。梁氏夫妇来到桂林后，以开诊所为生。他的诊所就开在今天十字街的文化大厦。1933年，桂林开始了大规模的城市改造，十字街附近都扩宽了马路，建了骑楼。梁永泉医生的诊所，就在骑楼下临街的一间房屋，临近的商铺也多是广东老乡所开。前来找梁医生看病的病友，最初多是广东老乡，因为梁医生医术好，医德佳，口碑传开后，很多当地人、湖南人也都愿意到这里来看病。所以，梁家的生活是比较优裕的。

梁医生育有七个子女，梁美珍排行第五，1932年出生于桂林。梁美珍小时候在实验小学（中华小学对面）读书，音乐老师叫余武寿。

梁医生喜欢唱歌，梁夫人喜欢操琴，夫妇俩在事业上是夫唱妇随，在生活中也是琴瑟和鸣。这样的生活，对子女的影响当然很大。梁美珍和六弟都是出了名的喜欢唱歌唱戏。桂剧、零零落[1]都是梁美珍童年的最爱。她的偶像就是小飞燕和小金凤。

梁家的诊所当街，童年的梁美珍喜欢大声唱歌，又怕路人盯着她看，会拿一张报纸或者杂志把脸遮起来，然后就毫无顾忌地大声唱出自己想唱的歌。桂林街头大后方的抗日文化宣传，对梁美珍的影响也很大。她经常参加抗日歌咏活动，有时候还勇敢地指挥大人们唱抗日歌曲。

顶尖的人才固然少不了天赋，但也要名师的指导才行。梁美珍少年时在桂林学习音乐，她的指导老师是著名音乐家欧慕坡。当时，欧慕坡在桂林先后举办了“天才儿童音乐会”和“天才学生音乐会”。梁美珍和六弟梁耀垣去报了名。梁美珍唱的是张帆作词、陆华柏作曲的《故乡》。这一曲《故乡》让梁美珍一举夺得全市儿童音乐比赛的第一名。这样一来，梁美珍就进入了欧慕坡的视野，他开始有意培养这个小女孩向唱歌方向发展。

桂林沦陷期间，梁医生带着一家人到永福的百寿避难。战后，梁美珍进入桂林女子中学（现位于榕湖北路榕湖小学东侧）学习。解放后，梁美珍考上了广西艺专（广西艺术学院前身），师从著名音乐教育家满谦子。一年后，又考上了上海音乐学院，师从名师应尚能。因为梁美珍的成绩好，她直接插入二年级学习。后来，苏联音乐专家到上海音乐学院挑选音乐尖子，梁美珍的天赋被苏联专家发现，遂被调入天津音乐学院[2]学习。这一次，从全国选拔调入的优秀学生一共 7 个人。进入天津音乐学院的梁美珍，师从喻宜萱，并开始跟随苏联音乐教育家梅德维捷夫和库克琳娜学习声乐。

梁美珍在天津音乐学院学习期间，学校在苏联专家的指导下排演了苏联歌剧《叶甫盖尼·奥涅金》，梁美珍以其出色的声乐功底被苏联专家选定在剧中担任女主角。

1956 年，梁美珍从音乐学院毕业。在等待分配工作期间，她参加了在莫斯科举行的第六届世界青年联欢节，并在音乐节上获得铜奖。

从莫斯科归来，梁美珍被分配在中央乐团担任女高音歌唱演员，此后一直是中央乐团的台柱子。在乐团里，她与秋里夫妇、李德伦、张丽娟等都保持着很好的友谊。

---

① 零零落，广西代表性曲艺之一，以桂林方言为演唱基础，流行于桂北一带。

② 天津音乐学院，始建于 1958 年，其前身是 1950 年创办于天津的中央音乐学院。

为庆祝新中国成立10周年，1959年中央乐团决定排演贝多芬《第九交响乐》，这也是中国首次正式演出这首曲子，对当时的中国音乐界来说，一方面这是全新的尝试，另一方面也面临很大困难。为保证排演成功，中央乐团领导精心点将，以保证高水准的演出。这个精心挑选的音乐演出阵容，就有梁美珍。因为领导和专家都认为梁美珍经过严格训练，声乐功底扎实，演唱技巧成熟，得过国际大奖，具有一定的大场面演出经验，音质优美、明亮，有洪亮的音量和稳定的气息，在声音和音色的控制方面把握到位，表演感情深厚真切，能够较恰当地诠释一些难度较大的艺术作品，由她来担任女高音领唱，是最合适的人选。

当时，梁美珍正和中央乐团独唱独奏组的同事们在四川演出。接到排演的通知后，她立即从四川乘飞机回到北京，参加到紧张的排练中。由于中央乐团上下一致的共同努力，演出大获成功。这次演出，极大地提升了中央乐团在世界乐坛的影响力，梁美珍也成为中国女高音的名人。此后，梁美珍先后和花腔女高音孙家馨、男中音魏启贤在厦门、北京等地举行了独唱音乐会，均大获成功。

1962年12月29日，全国政协礼堂里举行了一次盛大的独唱音乐会，是由当年被称为十一大女高音的著名女歌唱家演出的独唱音乐会，参加的有王昆、张权、张利娟、孙家馨、刘淑芳、梁美珍、王玉珍、张越男、苏盛兰、徐有光、仲伟。这十一位女歌唱家，代表当时中国乐坛女声演唱的最强阵容。音乐会结束后，周恩来总理专门接见了这十一位歌唱家。

“文革”开始时，梁美珍也受到了冲击——因为她是美声唱法的代表，所以被斥为“封资修”人物。所幸的是，“文革”开始不久，中央乐团为了紧跟形势，决定把京剧《沙家浜》搬上交响乐的舞台，实现“洋为中用”的目标。这个决定被批准后，谁来担任主角，也引起了比较大的争论。争论到后来，乐团领导认为梁美珍对西洋音乐的理解、把握和演唱更到位一些，而且对中国戏曲也比较熟悉（梁美珍小时候非常喜欢唱桂剧），决定由梁美珍饰演交响乐版《沙家浜》中阿庆嫂A角。

虽说梁美珍小时候唱过桂剧，但美声唱法和京剧唱腔完全是两回事。为了学习和掌握京剧唱腔的发声方法，中央乐团专门送梁美珍等人到中国京剧院去学习了一段时间。

在交响音乐《沙家浜》中，梁美珍演唱的阿庆嫂唱段，冷静自如，气韵流畅，很好地体现了在敌境中从事地下工作的阿庆嫂临危不惧、随机应变的性格。

1968年，毛泽东主席观看了这台节目，并与主要演员合影。这次演出，当时的主要媒体如《人民日报》《人民画报》等都做了重点报道。后来，这台节目成为“文革”中的八个样板戏之一，红遍全国，中国邮政总局还专门设计印制了包括这台节目在内的八个样板戏的邮票。

这一年，梁美珍36岁。她有机会出演当时唯一一台交响乐，且担纲主角，尽管有实力做支撑，多少也有些幸运的成分。这台演出，是梁美珍在10年“文革”中难得的一次艺术亮相。

1975年，梁美珍被派到老挝从事国际音乐交流和教学达一年时间，在音乐领域为促进中国与第三世界的关系做出了贡献，获得了老挝政府颁发的奖章。

命运有时总会无情地捉弄人。“文革”结束后，团里有人认为梁美珍在演唱中采用了京剧唱法，其嗓子已经受到一定影响，不适合演唱花腔了。这种观点，给梁美珍的事业带来了消极影响。还好，梁美珍的功底好，很快恢复了状态。不久，又随着独唱独奏组一起到各地巡回演出。

退休后的梁美珍，担任了中央乐团主办的社会音乐学院的老师，也辅导一些外地学生及中国音乐学院的学生。

梁美珍是一个很重感情的人。还在音乐学院读书时，她与同班同学、唱男中音的李展相爱了。想不到的是，1957年，李展被错划成右派。考虑到梁美珍的前途，校方和同学都劝梁美珍断绝与李展的恋爱关系，但梁美珍割舍不下这份真挚的感情，毅然和李展结婚。

李展被改正后，分配到中央歌剧院工作。由于性格等各方面的原因，李展提出了离婚。梁美珍无法接受这个事实——多么困难的岁月都过来了，怎么能够接受这样的结局？

但感情阻挡不了世事的发展。最终，梁美珍与李展离婚。离异后的李展，先是到四川工作，后又回到北京，退休后到广东汕头从事音乐教学的工作。在汕头李展患了重病。病中的李展蓦然回首，往事一幕幕出现在眼前。他感到自己欠梁美珍很多，于是打电话给远在北京的梁美珍，真诚地表达了自己的内疚之情。梁美珍接受了李展的歉意。不久，李展辞世。梁美珍接到李展去世的消息后，竟然无法接受这个事实，也很快离开了人世。

2010年，这位有才华的艺术家，静静地告别了人间。

从东巷走出来的中共特工谢和赓

莫菡栖

紧邻王城的正阳东巷，一直以来被认为是浸润王气的风水宝地，早在清代，东华门旁的深宅大院里住着一户桂林的名门望族——谢氏家族，民间称其为“东华门外兰井巷瑞芝堂老谢家”。据传谢家当年拥有约 20 亩的大宅院，是一幢有三个天井和三进房屋的大院，里面有 39 个大房间和两个花园，园中有水池、花坛、盆景，宅院与崇德女子小学校舍相通连。谢家是桂林的书香门第，几代以来都积极参与政治，出了多位政治人物，其中最为传奇的就是谢和赓。谢和赓的传奇经历跟谍战电视剧《潜伏》当中的男主角、红色间谍余则成的经历极其类似。他小时候因为腼腆害羞，被家人起了个外号叫“八妹”，后来开展地下工作的时候有了一个代号，叫作“八一”。从“八妹”到“八一”，也许注定了就是一段传奇。

谢和赓的祖父叫做谢启中，是清代光绪年间的进士，授翰林院编修，此后参加了同盟会桂林支部，民国时期担任过广西大学堂的教员。据说，孙中山先生 1921 年到桂林筹备和发动北伐时，就曾经在谢家住过。谢启中的大儿子，也就是谢和赓的父亲谢顺慈，曾创办桂林崇德女子学校，担任过广西省立第二师范学校教师、桂林慈善会会长、《桂林教育日报》董事、广西省政府咨议和参议等职。

他擅古文、工书法，经常帮当时的广西省主席黄旭初写应酬文书。1921 年孙中山来桂林时行辕门楼题额“元首明哉”和中山公园纪念碑“中山不死”等字，均出自其手。抗日战争期间他还与徐悲鸿结为挚友，两人常互赠书画，有书画“二绝”之誉。

谢家比较开明的思想影响和教育了下一代。谢顺慈的二儿子谢铁民是桂林早期的革命组织新中国学社的领导人，也是桂林第一批中共党员。据谢和赓回忆：“我的二哥谢铁民烈士是大革命时广西工业学校毕业后赴广州进农民讲习所的优秀学生，1925 年入团，1926 年被毛泽东、周恩来派回广西组织农会时即入党，不久调回家乡桂林任县党部农民部、工人部部长，并兼代理宣传部部长。他和五位县领导同志创办了桂林《国民日报》，他兼做撰稿和翻译英文报刊的工作。1927 年，蒋介石叛变革命，在全国发动了骇人听闻的‘四一二’政变，下令‘清党’，残酷地大肆屠杀共产党人和进步青年。我二哥和其他十余位领导人全被枪杀。我父母唯恐我被迫害，即在 1930 年送三哥和我到北平深造。”

到北平后，谢和赓考入了孙中山创办的中国大学附属中学就读高中三年级，于 1931 年升入中大经济系。受二哥的影响，谢和赓一直是一位进步青年，参加了各大学的反对蒋介石“ 攘外必先安内”和不抵抗日寇的活动，他的成长得到了中共的关注，指示他参加社会科学家联盟和反帝大同盟。1932 年冬，中共北方党组织派他赴张家口协助冯玉祥、方振武、吉鸿昌筹组民众抗日同盟军。他只当了三天的三等兵，即升任吉鸿昌将军的上尉秘书兼教导队和政治经济学、社会学的教员。随军抗日不到半年，察哈尔民众抗日同盟军失败了，谢和赓返回平津，中共北方党组织请示了延安中央，决定派他回家乡广西打入桂系，做调研和统战工作。

南下前，中共中央北方局的领导向谢和赓交代了工作的原则：第一，站稳脚跟后，调查研究桂系上层军政情况；第二，设法接近李宗仁、白崇禧；第三，秘密进行发动全国抗日的宣传鼓动工作；第四，每月或每两个月，写信给天津吉鸿昌的饭店经理，随便说几句无关紧要的生活上的话，不用真名，就算未失掉组织联系。上级还特别指示这次工作为绝密，不能让任何人发现他是共产党员，只能同宣侠父单线联系，受周恩来、李克农直接领导。

要说进入桂系潜伏，谢和赓确实有着得天独厚的条件。他的父亲谢顺慈与白崇禧的岳父马健卿同是清末秀才，属于世交。回桂林后，他手持冯玉祥和李济深的推荐函去见白崇禧，得到优渥的安排，并获得白崇禧的信任。之前他在北平读大学时用心搜集资料，撰写完成书稿《半殖民地的中国经济概观》和逾万字论文《论美国倾销政策对中国经济之影响》《论广西的出入口贸易》。他把书稿和论文送请白崇禧指教，白崇禧看了很满意，视他为广西不可多得的人才，一有机会就将他放在身边培养和任用。谢和赓还被授予一枚第五路军总部的“特别出入证章”，凭这个证章，无须岗哨通报，可随意出入李宗仁和白崇禧的住处。

1937 年 8 月 4 日，即“七七”事变发生不满一个月，蒋介石为谋划抗战大计，电召白崇禧到南京面商机宜。谢和赓作为白崇禧的随行亲信之一，参与了蒋介石、白崇禧会商等重要活动。8 月 9 日，蒋介石亲自任命谢和赓为一级中校秘书兼白崇禧的机要秘书，确定其工作是办理国防会议事务并负责会议记录。

1937 年 10 月，中共布置谢和赓执行一项任务，“秘密地不露痕迹地进行有利于发动全国人民抗日的宣传鼓动工作和抗日文化运动”。根据这一任务，谢和赓以国民党军事委员会秘书兼白崇禧副总参谋长机要秘书的名义，起草了题为《全体性全民总动员纲领之一——全国游击战争之方案》的“万言书”，文章内涵实为中共抗日民族统一战线的战略思想和具体实施办法。

白崇禧对此文很重视，亲自修改后打印三百份分发至国民党各省主席、保安司令、各军长、军政治部及一些重要单位，并呈蒋介石审阅，蒋除了亲笔批示同意建议之外，还当着何应钦和桂林行营参谋长林蔚问白崇禧：“谢秘书是哪个军分校毕业的？”白崇禧连忙向蒋说：“谢秘书是孙中山先生创办的中国大学经济系的优秀生，已撰写了《半殖民地的中国经济概观》一书,《论美国倾销政策对中国经济之影响》《论广西的出入口贸易》等长篇论文发表并将由广西出版。他并没有进过军校，只是 1936 年在广西参加过军事训练，读过有关军事的书籍……”蒋介石听后便提升谢和赓为上校。当时，行政院和军委会正在武汉举行国军上校至中将的文官登记，李宗仁、白崇禧即指示谢和赓填表登记。不到 10 天，便获得考试院颁发的八级（正部级）合格证书和奖状，谢和赓成为这次登记中唯一获得八级的军官，同时也是最年轻的军官。周恩来和李克农对此十分高兴，事后，周恩来亲切地拥抱谢和赓，并嘱咐他“注意身体，小心谨慎”。李克农拥拖谢和赓，夸赞他：“小鬼，真行！”

1938 年 2 月，程思远极为郑重地向李宗仁和白崇禧提出了一个要求：“白副总长身边的机要秘书谢和赓应该加入国民党了，这是委座的意思……”

谢和赓立刻将此事报告给了周恩来。周恩来要求谢和赓照李宗仁、白崇禧的意思办理。不过谢和赓发现国民党入党手续不严密，有空子可钻。他办理完入党的手续之后，按理要寄送表格到中央党部存档的，但这些事一概由谢和赓负责，所以他将自己的扣下了，当时时局紧张，所有人都想当然地以为谢和赓是国民党员了。谢和赓就这样瞒天过海，最终也没加入国民党。

1938 年 3 月，正值日军战略进攻、我国战略防守的关键时期，白崇禧拟在武汉向国民党师长以上高级军官训话，发表题为《军队政工与群众政工之关系》的演说，指示谢和赓和另外两名秘书在一周之内各完成一篇讲稿供自己选择。谢和赓顿感这是一次非同小可的"考试"，奋战三天三夜后将初稿呈送周恩来审阅。周恩来删掉了 2000 多字并加入了不少补充内容，使讲稿更加符合抗日民族统一战线的精神、白崇禧的职务立场和语气，同时又避免使用指责国民党军队政治部工作缺点的字眼以及一些共产党常用的语句。

训话当天，白崇禧并没有照稿子念，但训话的内容与谢和赓所起草的完全一样。谁能想到，一个国民党高级将领对国民党军官的训话稿，竟然是由一个共产党员起草，又由另一个共产党员修改完成的呢。事后，李克农风趣地说："有周恩来同志做谢和赓的改文教师，这是老蒋和白崇禧想象不到的。"周恩来笑着说："这是国共合作的事嘛，将来也许成为抗战时期的佳话啊！"

因为谢和赓思维缜密、个性沉稳，在全面抗战开始之际，已成为进入最高统帅部的中共地下党员。由此，他既可随时掌握高层军事将领的思想及言行，又能接触并获取十分机密的军事部署情报，这对中共方面掌握并参与抗战的总体策划、促成抗日民族统一战线是极为重要的。此时，他的真实身份属于顶级机密，在中共内部仅有周恩来、董必武、李克农等几位直接领导知晓。

由于工作需要，谢和赓与白崇禧夫人马佩璋的表妹杜璇结婚，博得了白崇禧更深的信任。但因本来就缺乏共同志趣，加上聚少离多，共同生活的时间较短，虽然育有一子谢镛，但到后来两人貌合神离，同屋分居。为了事业，谢和赓不得不维持着婚姻关系，他为此感到苦闷，曾向宣侠父倾诉。宣侠父告诫他以革命事业为重，千万不要因小失大，影响与白崇禧等人的关系。不过，白崇禧倒能理解谢和赓感情上的尴尬，并没有责怪谢和赓，而是表示同情和理解。

1938 年 10 月武汉沦陷后，谢和赓随第五战区司令部撤往广西桂林，此时，由洪深、金山率领的上海抗战演剧二队也来到桂系所辖的第五战区宣传，而此前该队在南京时，谢和赓曾奉命探望，他对演剧二队的人员已非常熟识，特别是对队中的女主角王莹，更是别具情怀。谢和赓后来与王莹相爱，彼此只知道对方是进步青年，并未透露各自的共产党员身份（王莹 17 岁就加入了中国共产党，是资历很老的中共党员）。直到李克农的一次失误，王莹才知道她热恋的“国民党军官”竟是共产党的地下工作者。

桂林沦陷后，大家都到了重庆，谢和赓与王莹的关系更密切了。但在重庆，包括郭沫若、田汉、范长江等大多数进步文化人都极力反对他俩的爱情关系，有人甚至责骂王莹“甘当军阀走狗的侍妾”，有人希望周恩来干预。周恩来早就知道王莹和谢和赓恋爱，也知道谢和赓原来的婚姻情况，他请大家“要相信王莹，不要干涉她的私事”。国民党方面也有人向白崇禧告状，要他“警惕共党对谢和赓施美人计”。1939 年，王莹率中国救亡剧团到南洋演出，为桂系募集得大量抗战资金，因此白崇禧对谢和赓与王莹的亲近倒是从来没有过片言指责。

太平洋战争爆发以后，为了争取美国支持中国的抗战，国共两党都向美国派遣了一批留学生，以在美国各界开展外交和统战宣传，谢和赓和王莹都被推荐到这批留学人员名单里。

周恩来分别找谢和赓和王莹谈话，表示“你们的恋爱完全正当。到美国后，希望你们相依为命，互相学习、真诚相爱。但为了工作，小谢还不能解除旧的婚约，在旧关系解除之前，暂不能结婚，也不能同居。这是中央的规定”。

1942 年，二人分别以国民政府海外部海外视察员、学习员的身份赴美留学。他们遵照党的指示，在美国以未婚夫妇、朋友关系共同工作战斗了八年。新中国成立后，谢和赓收到姐姐寄来的与前妻杜璇离婚的判决书及登有前妻与他离婚通告的《桂林日报》，他这才在 1950 年 2 月 22 日和王莹正式结婚了。这时，他俩年龄都已过了 30 岁。

然而，在 20 世纪 30 年代的演艺界，王莹大红过一阵，因曾与江青共同竞争话剧《赛金花》主角，被江青嫉恨。1966 年，王莹和谢和赓一起以“美国特务”罪名被关进秦城监狱。1975 年春，重病在身的周恩来得知情况，立即下令放人。被关八年，谢和赓两耳失聪，不能言语，丧失思维能力，而王莹一年前已被摧残致死。谢和赓在外交部工作直至离休，2005 年 11 月 1 日在安徽去世，享年 93 岁。2006 年 11 月 1 日，在王莹的老家安徽省芜湖市神仙台陵园建起了谢和赓和王莹同志的合葬墓，墓碑上刻着国务院原外交部长黄华亲笔题写的“革命精神垂范千古”。

这个从桂林正阳东巷走出来的桂林小子，曾经潜伏在国民党最高统帅身边的红色特工，用生命写就了一生的传奇。

参考文献：

姚蓝、邓群：《隐蔽战线春秋书系·传记卷：谢和赓传》，北京：中共党史出版社，2018年。

姚蓝、邓群：《国共关系中的谢和赓》，北京：中共党史出版社，1998年。

游国立：《中国共产党隐蔽战线研究》，北京：中共党史出版社，2006年。

李力：《从秘密战线走出的开国上将：怀念家父李克农》，北京：人民出版社，2008年。

桂林乡贤马君武

庞铁坚

民国时期，产生过一批颇具影响力的桂林人。武将中，李宗仁、白崇禧当然是绕不过去的人物；文人中，名气最大的就是马君武了。马君武是同盟会创始人之一，民国的革命元老，名望很高，成就不小，脾气很大，晚年任广西大学校长时，就住在正阳路与杉湖北路交界的地方，今漓江大瀑布饭店处。有心人走到那里，还可以看到路边立了一尊马君武的半身塑像，就是为了说明那里是一处历史遗迹。

用历史的眼光来看，1881 年已经是晚清了。结束不久的两次鸦片战争和太平天国起义，以及正在升温中的中法矛盾，已经极大地动摇了清朝的统治根基。就在这样的时代氛围中，桂林府恭城县的孔庙旁边，一个男婴降生了。

这个后来叫马君武的男婴，祖籍是湖北蒲圻县。马君武的曾祖父叫马丽文，考取功名后，因敢于直谏，得罪了高层，被外放到广西思恩府为官。曾祖父过世之后，又因家庭贫寒，家人竟然没有钱将他的遗体送回故乡安葬，一家人也只好在桂林寄居下来，没有再回去。他的父亲，则因为“捐官没有钱，投考无籍贯”（那时候，参加科举考试也是要讲户口的。马家的户口没有迁到桂林来，又没有财力远途回家去报考，只好作罢），便在临桂、恭城、荔浦的县衙里来回找些抄抄写写的事情做。过年的时候，才能回来和家人团聚。

由于家庭生计的需要，马君武六岁的时候，随母亲来到桂林，投奔外家亲戚，住在义仓街（今临桂路）。

幼时的马君武，就有极强的学习能力。受家庭的影响，从小便开始接触诗书。他在自传中写道：六岁那年，先生出了“鸡唱午”的上联让他来对，他一张口就说出了“鸟鸣春”的下联，让先生惊叹不已。凡举考试，马君武常居第一。

义仓路往北几步远，就是榕湖。榕湖边有一片菜园，叫五美园。童年的马君武，有贪玩的天性，经常跑到五美园去捉蟋蟀。

马君武 9 岁那年，父亲去世了，家里的日子变得更加艰难。马君武只好离开母亲，到阳朔去投奔亲戚。后来，因为马君武过于淘气，亲戚管不住他，又将他送回母亲身边。

大约在马君武 14 岁的时候，桂林有一个显赫的家族，买下了榕湖边那个叫五美园的菜园，建了一座漂亮的庭院。这个家族的主人，就是曾任过台湾巡抚的唐景崧。

童年的马君武就在这里认识了曾为清廷高官的唐景崧。自然，马君武的聪明也让年事已高的唐景崧看在眼里，爱在心中。

改良派领袖康有为于 1894 年和 1897 年两次到桂林讲学，对桂林的维新思潮推动很大。唐景崧是康有为在桂林讲学的主要支持者和资助者之一，经常与康有为聚会，讨论时局。有时，唐景崧也会带上年纪不大的马君武一起前去听康有为讲学。马君武的思维视野，就是从这时起变得开阔起来。

由于马君武年纪尚小，康有为第二次来桂时，他也只有 16 岁，所以并未受到一门心思想说服皇帝搞改良的康有为的重视。康有为在桂林兴圣学会、办《广仁报》，马君武也并未参与其中。所以，少年马君武充其量是康有为的旁听生，而不是他的弟子。

1898 年，受维新思潮的影响，广西巡抚黄槐森在省城桂林设立广西体用学堂，尝试用新学方法授课，并聘请唐景崧任主办堂务（校长）。体用学堂授课内容主要有内政、外交、理财、经武、考工、格致（科学）六科，共招收 100 名学生，学生均为 20 岁以下的青年。马君武——这时还叫马同——顺理成章地成了广西体用学堂的第一期学生。在体用学堂里，马君武师从唐景崧，不但打下了扎实的文化基础，也学到了严谨的治学方法。

时局的变化，以及唐景崧这位严师的教导，马君武深受影响。从某种意义上来说，马君武注定要成为一个用新思想来观察世界的人。

少年马君武已经表现出一定的叛逆性格。在课堂上，他每每与老师作对，拿一些维新观点和老师的旧观念抗衡。学校有位叫陈寿琯的提调，从马君武的读书笔记里发现了他是一个具有新思想的人，便屡屡找马君武的岔子，给他处分。年轻气盛的马君武干脆辞了学，跑到广东去，又从广东跑到了新加坡，与在那里的康有为联系上了。受康有为的委托，马君武又从新加坡潜回广西发展立志维新的保皇党成员。他人还没到广西，康有为的活动已经宣告失败。广西当局又接到举报，自然要拘捕他。这样，马君武只好又跑回广东去。

马君武在广东读书的学校叫丕崇书院，是法国教会办的一所学校，以传授法文和自然科学为主。这段时间，马君武过得很辛苦，经常靠香蕉果腹，学习上却日夜不辍，收获颇大。在广东约一年，马君武又转到上海。此时的马君武，竟能靠他在广东所学的法语谋生了——他在上海翻译了《法兰西革命史》，得到出版。拿到这部书的稿费后，生活暂且有了着落的他，又翻译了好几部书。

这时候的社会思潮，已经发生了极大的变化：甲午年间，对日战败，割台割辽东（后因俄法德三国干预，日本放弃了辽东）；庚子年，八国联军又打进北京，清政府赔付巨款，老佛爷东藏西躲。中国人的面子算是彻底丢尽了。一次又一次的失败，引起了国人无限的思考：究竟是什么原因，使得偌大的中国一败再败？伴随着这些思考，西方的科学和思想开始对晚清的堤岸涌起了一波又一波的冲击。越来越多有思想的年轻人开始怀疑已经持续了 1300 多年的科举制，纷纷出国寻求救国真理。

清政府里一些有思想的人也顺应历史潮流，用官费或者私资，资助这些出国求学的学子们。1901 年冬天，马君武得到广东东莞知县刘德恒 50 元资助，到日本横滨求学。为解决语言沟通的问题，他初入侨校，后入帝国大学读书。这样，马君武就成了广西第一个自费留学日本的学生。

到日本以后，马君武很快就认识了在日本避难的另一位改良派领袖梁启超。

梁启超在横滨办了份《清议报》，宣扬他的改良思想。马君武的文笔很好，思想犀利，在上海时就和报馆有着较密切的联系。初到横滨，他与梁启超一拍即合，成了志同道合的朋友。

为报馆写文章赚取稿费，维持生计，已经成为马君武重要的生活方式。梁启超的《清议报》，成了马君武发表文章的阵地之一。

1902 年春，梁启超离日赴美，马君武写诗送行。诗的开头两句是“大地满秋气，中原多胡尘”，可见他的“排满反清”思想已经成型，后两句是“志士多苦心，临歧不能说”，反映了青年马君武找不着道路的郁闷。这时的马君武也许没有想到，他与梁启超大师的这一别，其实是他与改良主义思想的作揖告别。

这时候，思想活跃、长于阅读的他，不但大量地阅读西方的思想著作，也开始使用“马君武”这一笔名（马君武原名马道凝，又名马同、马和）发表哲学文章，向读者介绍黑格尔、康德、达尔文和马克思等欧洲思想大师的学说。

1902 年，他在《译书汇编》第 11 期发表了《社会主义与进化论比较》一文，向读者介绍以马克思为代表人物的科学社会主义。在文章后面，他还郑重地推荐了马克思的重要著作《哲学的贫困》《共产党宣言》《资本论》等。在这篇文章里，他除了用热情的笔调向读者介绍社会主义学说以外，受马克思思想的影响，也对以康有为为代表的改良派进行了批判，认为康有为的《大同书》否定阶级斗争，“欲进化，实退化”。马君武实为向国人介绍马克思著作书目的第一人。当然，他对马克思主义的这种介绍，还只是停留在介绍诸子百家层面上。

梁启超离开日本不久，马君武在日本认识了章太炎。经章太炎介绍，马君武加入了兴中会，成了一位革命党人。不久，经日本友人宫崎民藏的引荐，马君武谒见了因起义失败而暂避日本的著名革命家孙中山。

孙中山的人格魅力，深深地吸引了青年马君武。他充满激情地说：“康、梁者，过去之人物也；孙公，则未来之人物也。”而马君武的才情与锋芒，也是孙中山开展“排满”革命所需要的。

在 1903 年元旦的千人新年团拜会上，由马君武起头，刘成禺继之，向众多的留学青年发表“排满”革命演说，历数清廷罪恶，主张恢复汉人主权，引起了清廷的恐慌。刘成禺是正式学生，日方学校迫于清政府的压力，开除了其学籍，刘成禺被迫转往美洲留学。此时的马君武，因为只是帝国大学的旁听生，当局对其也没有更多的制裁手段，所以马君武可以继续待在日本。

1905 年，孙中山和他的革命同道们在日本东京发起成立同盟会，马君武是积极响应者之一。当时，在日本留学的中国青年中，景仰孙中山先生的不少，但认识孙中山的不多。马君武利用自己与孙中山稔熟、在留学生中又有众多朋友的优势，动员了许多人来拥护孙中山。另一位桂林青年、比马君武小两岁的邓家彦此时也在日本留学，并且与一些四川籍青年（邓家彦是从四川到日本的）组成了革命团体。经马君武介绍，邓家彦在日本认识了孙中山，并且也成为同盟会成立的发起者之一。

1905 年 8 月 20 日，同盟会正式在日本成立。在成立会议上，有人提出问题："我们从事'排满'革命，若满人要参加我们的革命，应该如何办？"马君武立即回答："我们反的是卖国亡国的清政府，满人中与我们志同道合的，当然欢迎。"他的回答很受孙中山的赞赏，认为他的回答解决了一个革命的理论问题。

按照三权分立的形式，同盟会设执行部、司法部和评议部。会议推举孙中山为总理，并直接管理执行部；孙中山提名黄兴为执行部庶务（相当于副总理），大会选举邓家彦为司法部长、汪精卫为评议部长。马君武的文采早为孙中山所了解和赏识，故马君武与陈天华等人一起成了同盟会章程的起草人。孙中山还提名马君武与陈天华一起执掌执行部下设的书记部，任秘书长。可惜的是，此时的马君武还不是一个职业革命家，他仍把学业看得很重。同盟会成立后，他的主要兴趣还是在读书上，而不是在革命上，因而未能抽身到职，到后来才担任同盟会广西主盟人一职。但是，我们从孙中山对其的提名可以看出，孙中山器重马君武。

1905 年，在中国历史上推行了 1300 年的科举制正式废止。与此同时，由于清政府的交涉，日本政府开始禁止中国留学生在日本从事革命活动。在这样的形势下，许多留学生开始回到国内，寻求真理之路。

1906 年，马君武回到上海，应邀担任中国公学的教习（教务长），兼授化学。此时的中国公学，是同盟会开展革命活动的一个重要场所，加之马君武又是同盟会的重要成员，故而被官方列入批捕名单。

时任两广总督的岑春煊听说两江总督端方要逮捕马君武的消息后，决定救助这样年轻有为的广西同乡。岑春煊发电报给广西巡抚张鸣岐商议此事。张鸣岐想了个办法：将马君武列入保送到德国留学的官费生名单。

1907 年，马君武从上海乘船，经法国来到德国，就读于柏林工业大学，学习冶金专业，并获工程师职衔。

宣统皇帝退位后，从德国归来的马君武，最先担任的职务是实业部次长（各部均由次长主事，概因部长乃旧官僚而来，只挂名而已）。这是因为孙中山先生深切感受到中国生产之落后，无法落实其“三民主义”之追求，故以实业救国为首要任务，力推马君武担任这一职务。他后来又先后担任了司法总长、教育总长。

民国初年的政坛，在封建文化的土壤上建立起来的民主体制，显然难以经受风雨的考验。观点各异、政见不同者活跃在一个舞台上，争吵打骂不绝于耳。民主的形式是有了，但于社会改良并无益处。国民党内部便因政见不同而吵成一团。孙中山将总统之职让于袁世凯，引来一片反对声，其中就有马君武和他的同乡邓家彦。马君武赞同黄兴率兵北上，讨伐北洋政府的主张。以宋教仁为代表的“议会派”则主张在议会内以票决为武器，开展和平斗争，制约袁世凯。马君武则毫不客气地对宋教仁进行了批判，还动手打了宋教仁。

历史给了“议会派”血的教训：1913 年 3 月 20 日，宋教仁在上海车站遇刺身亡。在宋教仁的追悼大会上，马君武代表孙中山致悼词。追悼会后，马君武追随孙中山，倡导二次革命。然而，由于国民党内人心涣散，也由于准备不足，仓促上阵，二次革命于 8 月宣告失败。

马君武对革命深感失望，便于这年冬天，再次启程，前往德国留学。1916 年，在马君武 35 岁那年，他终于获得工学博士学位，是中国留学生中第一个获得德国科学博士学位的人。

拿到博士学位后，马君武又返回祖国，参加革命活动。为了将广西变成革命家的地盘，他与在上海的广西革命人士一起，组织了“改造广西同志会”，并任会长，以推翻旧桂系对广西的统治、培养广西的革命干部队伍为目标。

1921 年，孙中山先生决定北伐。鉴于当时广东陈炯明已经心怀叵测，孙中山将北伐的大本营建立在桂林。

孙中山既然决定以桂林为北伐大本营，广西自然要作为革命后方，承担重要的后勤供给任务。于是，孙中山任命马君武为广西省长，以图战略供应之无忧。

可是，马君武只是一介书生，手上并没一兵一卒。虽贵为广西省长，手上有孙中山大总统之委任状，但其命令所及，不出南宁，概因广西军界是凭实力说话，并无革命理想，绝无大局意识。广西的军权主要控制在陈炯明的手里。这位陈大人，连孙中山都不放在眼里，对于马省长的命令，就更不当一回事了。陈炯明实力难及的地方，又少不了旧桂系陆荣廷的手下占山为王。马君武深感当省长之艰难。更要命的是，在西江上，马君武这位省长竟然遭到了本省军队的伏击，他的爱妾死于枪弹之中。这场劫难使马君武对革命大失所望，悲观之情油然而生。加之此后在一些重大问题上与孙中山产生了分歧，马君武便息影政坛，专事教育了。

马君武在从事教育事业时，并没有忘记关心民族命运。“九一八”事变爆发，日本军队进攻沈阳，张学良不放一枪，弃地而逃。马君武十分愤怒，写诗谴责：

赵四风流朱五狂，
翩翩蝴蝶最当行。
温柔乡是英雄冢，
哪管东师入沈阳。

据后人考证，马君武这首诗其实是冤枉了张学良，因为张学良根本就不认识明星胡蝶，也从来没有与朱五开过玩笑。不过，一枪不发而丢掉东三省，张学良总要负主要责任，被社会批评也是正常。

马君武历任同盟会秘书长、同盟会机关报《民报》主笔、同盟会广西主盟人、南京临时政府实业部次长、国会参议员、段祺瑞政府司法总长、教育总长（未就任）、总统府秘书长、广西省长、上海大厦大学校长、北京工业大学校长、广西大学校长、中国公学校长等职。

在中国近代史上以自由主义著称的胡适，便是马君武的学生。

马君武在治学上兴趣广泛。他虽为工科博士，对社会科学却似乎更有兴趣，其研究成果对后人影响也颇大。他精通英、法、德、日文字，成果中相当一部分是译著，包括工具书。

他的主要成果有：翻译作品类包括拜伦的《哀希腊》，歌德的《少年维特之烦恼》，达尔文的《物种原始》（又名《物种起源》），赫克尔的《自然创造史》，斯宾塞的《社会学原理》《女权论》，卢梭的《民约论》，席勒的《威廉・退尔》，菲里波维的《商业政策》《农业政策》《交通政策》；自然科学著作有《平面几何学》《立体几何学》《微分方程式》《实用力学》《矿物学》《实用主义动物学教科书》《实用主义植物学教科书》等；另有著作《马君武诗稿》《中国历代生计政策批评》《失业人及贫民救济政策》《德华字典》等。

马君武的古体诗写得很好，他是“南社”的重要成员之一，有诗集留世。任同盟会广西支部主盟人时，他在写给盟员的诗中，表达了对故乡的情感和对三民主义的追求：

最古桂林郡，相思十二年。
浮桥迷夜月，叠嶂认秋烟。
同访篱边菊，闲乘郭外船。
为寻诸父老，把酒话民权。

1937年8月17日，马君武任国民政府第一届国防参议会参议员。参议会由毛泽东、沈钧儒、胡适、黄炎培等16人组成。

上海失陷，寓居上海的马君武举家迁回桂林。广西当局为了表示对这位革命前辈的敬重，特意在杉湖北路正阳路西侧建了一栋二层楼公馆，供马君武及家人居住。这个地址的选择，就可见广西政府的用心——门前面对风景秀丽的杉湖，湖对岸便是著名的象鼻山，房子侧面是商业繁华的正阳路、定桂路等商业圈，既益于静心思考写作，也便于生活。

马君武很喜欢这处新宅子，亲撰对联：

种树如培佳子弟，卜居恰对好湖山。

上联表达自己对教育的偏爱，下联则是抒写家居好环境。不过，马君武本人其实很少在这里居住，因为他很快就被聘为国立广西大学（现广西大学）校长，工作期间是住在雁山园的校长宿舍，周末才回到桂林，在这座临湖小楼里与夫人团聚，城里的社会贤达也会找这个时间拜会著名的马博士。

马君武爱家乡是出了名的。当时的报纸上就说：这个老头子，你要是在他面前讲广西不好、桂林不好的话，他要跳起来！

马君武在教育自己的孩子方面，也很有成果。长子马保之，美国康奈尔大学农学博士，笔者曾有机会在桂林拜访过马保之先生；次子马卫之，音乐家——不过，这个专业却是马君武反对的，因为他只相信科学救国、实业救国，音乐这个行当与他的救国理念不太一致。

马保之从美、英学成归来，以农业为本，主要在柳州、桂林等地从事农业科学和高等教育工作。回到桂林时，马保之住在父亲那里。1939年8月7日，马保之新婚，马君武将自己的60大寿（桂林习俗，其实马君武这一年实满58周岁）与大儿子的婚礼一起举办，邓家彦、黄旭初、李四光、竺可桢等在桂林的社会名流均是座上客，小儿子马卫之也特意从德国赶了回来。本来，这场父子双喜宴是定在乐群社举行的，因为日机轰炸，乐群社在之前几天被炸，故改在了定桂路的太白酒家，这里距离马君武的住处只有几步之遥。

1940 年，马君武因胃穿孔死于广西大学校长任上。周恩来挽联称之为“一代宗师”，这是一个恰如其分的评价。

马君武去世后，葬于桂林南郊雁山。算起来，马君武其实在杉湖边居住的时间并不长，他搬到这里不过两年时间，工作又主要在广西大学，社会应酬也多，估计连邻居也不认识几个，但他的大名显然是邻居们引以为荣的。

马君武的长子马保之，是国际著名的农学家，1945 年升任国民政府农林部农业司司长，抗战胜利后兼任联合国中国善后救济分署农业机械管理处处长，后去台湾，任台湾大学农学院院长，又被台湾当局派到利比里亚国立大学推行农业科学达 14 年，被誉为“利比里亚农业之父”。1990 年后，马保之回到大陆，奔波于桂林与南宁之间，义务为广西师范大学和广西大学讲课达数年之久。2000 年春，笔者曾拜访过马保之先生，并获马保之先生赠送的《马君武博士生平事迹》一书，该书由马君武任广西大学校长时的学生秦道坚撰写。2004 年，马保之先生在桂林逝世，享年 97 岁。马保之先生去世后，与父亲葬在一起。

马君武先生之次子马卫之后来在武汉工作和生活，详情不知。

东巷“兄弟翰林”第

黄宝生

清末民初，桂林东巷的街口，立有一块“兄弟翰林”的功名碑。

“兄弟翰林”的励志故事在千年古城的大街小巷不胫而走。“兄弟翰林”，说的是东巷往里的尽头龙家，其龙朝言、龙朝翊兄弟俩考取进士任翰林院庶吉士，成为街谈巷议的美谈。

东巷龙家，从1877年到1941年在东巷居住了64年。

从东巷口往里至尾段南侧的拐弯处，便是“兄弟翰林”的府邸。这是一座高深的庭院，六开间三进。门楼上挂着几块高脚牌，上面刻着“肃静”“回避”等字样。全屋为木质结构，雕花门窗，精美的础石上矗立着巍峨大柱，气度非凡。进门后是一个大天井，陈放一个花岗岩大金鱼池，两旁种有蜡梅和柑橘树。左右厢房为三开间的两层楼房。左边第一间是佛堂，右边第一间是管家住房。中间有横厅，摆放雕花横床与紫云木的八仙椅。后一间为藏书房，堆放着几十只上面刻着“忆园藏书”字样的大木箱。天井的尽头是一个圆形的拱门，过了拱门便到正堂，高台上供奉着祖宗牌位，一盏粉红色的水晶玻璃灯昼夜长明。后两进是住房。

在这深深的庭院里，龙家除了龙朝言、龙朝翊兄弟为进士，祖父龙献图、父亲龙寅绶为举人外，儿辈龙泽厚也为清末优贡、辛亥革命的名士，孙辈龙潜为广西桂林图书馆的馆长，孙女龙九经为民国首位女法学家和女权运动积极分子，孙女龙六纬为桂平西山住持。龙家五代人魁星闪耀，与魏家、谢家、岑家并称东巷四大“书香门第”。

龙家文脉始于祖父龙献图

“问渠那得清如许？为有源头活水来。”

其实，龙家祖先世居在离桂林 70 里的临桂县（现临桂区）西乡（现为两江镇）村头村。2019 年 6 月 1 日，笔者驱车半个小时便到村头村。这里的景致清秀无比，一座笔锋山，一座笔架山，赫然屏立；与李宗仁故里背靠的马鞍山亦相距不远，果然为文官武将的风水宝地。

在一位热心村民的指引下，我来到以前叫又村的龙氏家族老宅。这一座历经近 200 年沧桑的木结构民居，几近坍塌。四邻龙姓的后人，闻讯前来与我介绍龙家的家族渊源。这座老宅，是“兄弟翰林”的祖父龙献图，赴云南为官期满后返回故里兴建的。

龙家始祖，叫龙武真，相传由浙江经湖南迁入广西。原来世代务农，到了第十代太高祖龙奇璨亦耕亦读，方才有点文化，死后获敕赠修职郎称号。这是一个散阶虚衔，正八品。龙奇璨把心思放在儿子龙献图的学习教育上，天资聪慧的龙献图果然读书了得。

龙献图（1755—1838），字则之，号雨川，25 岁考中乾隆庚子科举人，从此执教鞭走仕途，迎来不俗人生。他先在家乡开馆授业，培养了像“三元及第”陈继昌等一批学子；52 岁赴平乐县任教谕，62 岁任云南盐法道库大使，69 岁告老还乡，84 岁逝世。龙献图是一位饱学之士，一生主要从事教育工作，以自己的品德和才智，为广西培养了一批杰出的人才。他与陈继昌的父亲陈春宇和叔父陈蕉雪过从甚密，陈家对龙献图的学问人品尤为信赖，将陈继昌的学业托付给他。陈继昌勤奋好学，青出于蓝而胜于蓝，科举考试连中三元，是自隋唐开科取士以来，第 13 名获“三元及第”的人，也是最后一位“三元及第”获得者。作为陈继昌的老师，龙献图名声大噪。

● 临桂村头村龙献图故居（黄宝生摄）

龙献图还是清朝一位著名的诗人，是中国文学史上的“桂全诗派”重要作家，代表作为《易安堂集》。他的诗歌清秀隽永、平淡自然、书写灵性而尤善白描技法，对清代乾嘉以降的诗坛产生过一定的影响。《易安堂集》分为《耕余草》《宦游小草》《归田草》三个分集。《耕余草》主要收录他考中举人为官之前家中的诗作，《宦游小草》收录他离开平乐教职到云南为官七年的诗作，《归田草》则收录他由云南辞官归里后至逝世前的诗作。全书收录了他所写的 494 首诗。道光年间，广西巡抚梁章钜主编的《三管英灵集》，收录了龙献图的 26 首诗。

龙献图育有二子。长子龙文绶早逝，年仅 23 岁。龙献图再过三年 66 岁时方得次子龙寅绶。

迁居东巷开基始于龙寅绶

晚年得子，龙献图对幼子龙寅绶钟爱有加。

擅长私塾教育的龙献图，从小加强对爱子的教育。他给爱子写诗《示寅绶》"教儿勤识字，故纸正须钻"，对儿子的学业倾尽晚年心血。

龙寅绶性尤好学，不负期望。龙寅绶 37 岁考中举人。几年后，龙寅绶赴京会试，被大挑一等分发江苏为官。历任清河、句容、溧水、睢县等县县令。

龙寅绶 17 岁奉父命成婚，娶妻邓氏，生大儿子龙朝言。后来娶侧室丁氏，又生了龙朝典、龙朝翊、龙朝辅、龙朝彦四个儿子。这五个儿子当中，除了二子龙朝典副贡教职 23 岁去世，五子龙朝彦生员年轻夭折之外，龙朝言、龙朝翊兄弟二人考中进士入翰林院为庶吉士，龙朝辅考副贡成了广西第一份报纸《广仁报》的主笔。

儿子的成才，除了教子有方，还与龙寅绶的迁居东巷这一举动分不开。

1877 年，龙寅绶在大儿子龙朝言考中翰林到山西做官后，选择从江苏辞官归隐。然而，侧室所生的朝典、朝翊、朝辅、朝彦尚在幼年，比大哥龙朝言小 30 多岁；年长的大孙子泽厚也不过才 17 岁，全家老小挤在龙献图建的老宅中，拥挤不堪。而桂林王城是广西科举考试的举办地，是莘莘学子向往的圣地，于是龙寅绶决定举家搬到东巷，让儿孙们改善学习环境。

迁居东西巷待考，成了那时广西达官贵人培养后代的时尚。岑春煊由西林搬来东巷是 1874 年，而龙寅绶由两江村头村搬来东巷是 1877 年，相距仅三年，两家互为邻居。

搬来东巷后，龙家学子们入读桂林各大书院，又有父亲龙寅绶的悉心指导，个个学有所成。除了年长的龙朝言先于临桂老家在 1876 年考中光绪丙子恩科中进士，入翰林院为庶吉士外，年幼的龙朝翊先后进秀峰书院和桂山书院就读，20 岁考中举人，27 岁考中进士翰林院庶吉士。相隔 22 年龙家兄弟再次入翰林，轰动桂林城。比龙朝翊年长的龙泽厚也以优贡朝考一等分发四川知县。

这时，龙家的声名十分显赫。人们交口称赞龙献图的诗词，龙寅绶和龙朝言的官声人品，龙泽厚和龙朝翊的"雄于文"，时任广西桂林知府的秦焕也不得不"仰龙门若山斗"。

鼎盛的龙家助推康有为在广西维新变法

甲午战争后，腐败的清朝大厦将倾，维新变法运动风起云涌。康有为两次到桂林讲学，均与龙家有关。

“兄弟翰林”的大哥龙朝言，其儿子龙泽厚已经出落成谦谦君子。1894 年，康有为第一次来桂林讲学；1897 年，第二次来桂林讲学。两次讲学均由龙泽厚盛情邀请，并安排叠彩山景风阁的大厅作为讲学的课堂，后面一间房子作为卧室。康有为的讲学与日常生活，龙泽厚竭诚以待，照顾得妥妥帖帖。

龙泽厚仰慕康有为学识与人品，几年前由四川调任广东翁源县知县，便去登门拜访康有为。他以朝廷命官知县的身段，拜在尚为一介书生的康有为门下，入其创办的万木草堂，成为“知县门生”。从此，龙泽厚一生与康有为结下不解之缘，成为其维新变法依仗的得力助手。

康有为变法维新、改革图强的思想，既有不少人拥趸，也有不少人质疑。尤其是，康有为身份不高，只是一名清朝的孝廉。而桂林学界的头面人物，个个翰林出身。

当时桂林的学界，几乎为东巷龙家所掌控。省城桂林有桂山、秀峰、经古、宣成等四大书院。桂山书院山长周璜、秀峰书院山长曹驯、经古书院山长龙朝言、宣成书院山长石成峰，他们都是清朝的翰林，在桂林乃至广西颇具声望，堪称广西知识界的泰斗。经古书院山长龙朝言，是龙泽厚的父亲；秀峰书院的山长曹驯，为龙泽厚的岳父；桂山书院山长周璜，为龙泽厚妹夫的姻亲；只有宣成书院山长石成峰，不是亲戚，但也是龙朝言的老友。

所以说，在桂林的学界，东巷龙家可谓“一言九鼎”。

然而，康有为桂林第一次讲学，他们对康有为毁誉参半。父亲龙朝言，虽与康有往来，但不敢十分接近；岳父曹驯，则避不与之见面，还指责康有为离经叛道；宣成书院山长石成峰，虽见了康有为，但话不投机，稍坐即别；只有龙泽厚妹夫的姻亲周璜，与康有为相见如故，诗词唱和，深入交流天下大事。龙泽厚在长辈面前颇为尴尬，为了支持讲学顺利进行，便动员比自己年少的叔父龙朝翊、龙朝辅，以及儿子龙潜前去听课。

桂林第二次讲学时，康有为身份大变，已经是清朝的进士，官授工部主事，在京“公车上书”，名噪全国。八桂学子和地方乡绅对康有为讲学大表欢迎。除

● 现东巷龙氏故居（黄宝生摄）

了曹驯顽固不化，许多官绅如岑春煊、唐景崧，对康有为的维新活动都给予热情的支持。并且，当时广西的当权者如巡抚史念祖、布政使游智开、按察使蔡希邠等对康有为都极为推崇。这一次，周璜对康有为惺惺相惜，协助他筹备圣学会和广仁学堂；龙泽厚也时常陪伴康有为左右，与他游历桂林山水，携龙朝翊、龙朝辅陪康有为策马畅游龙隐岩。康有为指导创办《广仁报》宣传变法维新，龙泽厚、龙朝辅参与主笔。康有为离桂时，龙泽厚叔侄三人与其他名士在枕霞阁为其饯行。后来，龙家几位叔侄一直追随康有为的维新变法运动。龙朝翊，成为第二次“公车上书”的十二名领衔署名者之一。龙泽厚两次辅助康有为桂林讲学，使得偏居一隅的广西风气大开。

此后，龙泽厚追随康有为相知相交 35 年。康有为一生三次办学，均得到龙泽厚的辅助。第一次在广州开万木草堂，第二次在桂林讲学，第三次即是 1926 年康有为在上海创办天游学院，龙泽厚任教务长，直到康有为去世，学院停办。他二人可谓一生有缘，亦师亦友，情深义重。

龙家搬离东巷，家道中落

“兄弟翰林”的大哥龙朝言（1837—1896），字小村，号子敷，为龙寅绶长子。从小在老家村头村读书，受到父亲龙寅绶悉心栽培，打下深厚学养。1867 年同治丁卯科乡试中举人，与父亲一样度过了一段时间的教馆生涯，曾在灵川江头村爱莲书院任教。1876 年，时年 39 岁的龙朝言中光绪丙子恩科进士，入翰林院为庶吉士，后又任山西夏县知事和崞县知县。1882 年，龙朝言任光绪壬午科山西乡试同考官，钦加五品衔。不到 50 岁龙朝言便告病辞官，回桂林担任四大书院之一的经古书院山长，1896 年去世。

“兄弟翰林”的弟弟龙朝翊（1871—1922），学名龙焕纶，子少云，号赞侯，为龙寅绶第三子。他是龙寅绶在江苏任知县时侧室丁氏所生，6 岁时随父返回故里村头村，后又随父迁居东巷，就读于桂山书院和秀峰书院。1891 年，年仅 20 岁的龙朝翊中光绪辛卯科举人，27 岁时光绪戊戌科中进士点翰林，与大哥龙朝言点翰林相距 22 年，比大哥入翰林小 12 岁，可谓少年得志，风流倜傥。然而，龙朝翊积极参加“公车上书”，与康有为、梁启超的关系过从甚密。虽然会试发榜，龙朝翊中了进士授翰林院庶吉士，却旋即被发往广东饶平任知县，后署澄迈县知事。民国后任广西省议员、桂林统税局局长、广东省烟酒公卖局局长等职。为官 25 年后，于 1922 年因病去世，时年 52 岁。

时光荏苒，来到抗日战争初期，东巷龙家日渐式微。1937 年，跟随康有为多年的龙泽厚，在康有为去世后不久由上海返回桂林定居。在南京考试院工作的儿子龙潜也随后回桂。

龙泽厚从 1877 年 17 岁由临桂村头村迁来东巷，到这次重返东巷定居，时隔 60 年。世事沧桑，龙泽厚感慨良多，翩翩少年变成耄耋老人，便给新出生的侄儿取名“龙宗甲”，纪念东巷定居 60 年。东巷龙家，龙泽厚成了年纪最长的掌门人。

作为一位广西有声望的亲历过戊戌变法的老人，当局给了他一个广西省政府高级顾问的头衔，并且他还与当时广西各界名流过从甚密。马相伯过 98 岁生日，他与时任广西省政府主席黄旭初一起前往祝贺。梁漱溟结婚，也请龙泽厚作嘉宾。龙泽厚还邀请柳亚子同游月牙山并就素餐。抗战时期，各地文化人云集桂林，龙泽厚作为本地文化界代表极尽地主之谊，不仅热情接待，还与他们共商国是，宣传抗战。

这时，东巷这一座宅院虽然五开三进，但已经人满为患。光龙泽厚同辈堂兄弟就有 5 人，所有家眷一起挤在老宅中共享祖产。1941 年，龙泽厚五兄弟合议决定卖掉东巷老宅分家。龙泽厚将其所得款项捐给红十字会，作为抗战救助之用。后来担任永福县县长的五弟龙泽应，则搬到龙隐岩九良下街盖了房子。从此，“兄弟翰林”府邸变卖易主。

1944 年，龙泽厚与李济深、柳亚子、田汉、欧阳予倩成立桂林文化界抗战宣传周工作委员会。6 月 18 日，他参加了声势浩大的“国旗大游行”抗日募捐活动，与李济深、柳亚子坐上了前导宣传车，挥旗呐喊，发动市民踊跃应捐。龙泽厚几年前变卖东巷祖产拿钱支援抗战又身体力行募捐，一时被市民效仿，纷纷应捐。桂林沦陷前，龙家四处逃难。儿子龙潜率广西税务局机关撤往昭平，孙子龙懋功带着妻小撤往重庆，老迈的龙泽厚在女儿龙六纬陪同下回到临桂村头村老家躲避，仅熬到抗战胜利便去世，享年 85 岁。

龙泽厚的子女挺有出息，可惜命运多舛。

大儿子龙潜（1885—1945），字月庐。从小随父在上海、广东等地颠沛流离，毕业于广州优级师范，擅长绘画。龙潜先在桂林当老师，山水画造诣很高，为广西著名画家。1914 年，他出任广西桂林省立图书馆馆长，后前往外地做官，担任过广州国会秘书，南京考试院秘书、上海国民党党部秘书、浙江造币厂厂长等职。抗战时龙潜返回桂林，与张家瑶、关山月、马万里、阳太阳等人发起筹建桂林美术专科学校，第一任校长为马万里，第二任校长就是龙潜。后来他又担任广西税务局副局长。桂林沦陷前夕，龙潜率近百名职工和家眷由桂林撤往昭平，不幸途中暴病身亡。

二女儿龙九经（1890—1933），从小喜爱读书，在广州念到师范毕业。回到老家在桂林女子师范学校当了几年教师，又前往北京考入政法学堂培训班，是班上仅有的几名女生之一。毕业后，进入北洋政府司法部当一名职员，很快成长为受人关注的女法学工作者和女权运动积极分子，担任了中国女权研究会副会长。龙九经才貌出众，品行刚烈，曾勇闯国会与辱没女性的议员激辩，名噪京城。经于右任撮合，与孙中山的忠实信徒焦易堂结婚。夫妻二人都从事法律工作，互相提携。焦易堂官至民国最高法院院长，龙九经则成为民国早期知名女法学家。可惜的是，1933 年龙九经积劳成疾，英年早逝。

三女儿龙六纬（1895—1989），从小跟随父亲辗转上海、广东等地。在广州女子师范学校附小读书，并升入师范。毕业后回到桂林，得了一种怪病，头发掉光了。父母寻医问药，治疗均不见效。笃信佛学的母亲，只好让她每天抄写佛经，减缓心灵的痛苦。抗战后期，大哥龙潜和父亲龙泽厚先后去世，龙六纬万念俱灰。面对父母兄姐故去，年近半百的她就此遁入空门。1947 年，龙六纬来到“岭南禅林之冠”南华寺从虚云和尚受具足戒，赐名宽能。从此，释宽能成了龙六纬的法名。1949 年，释宽能应邀到桂平西山洗石庵担任住持并主理桂平佛事，时年 55 岁。释宽能一边坚持修研佛学，一边发扬佛教“禅农并重”走自食其力之路，培植荒废已久的西山茶。她先后于 1952 年、1955 年、1961 年三次将优质西山茶寄赠毛主席，表达崇敬之情，收到回信致谢。改革开放后，宽能法师积极恢复洗石庵的佛事活动，如愿修缮洗石庵和重塑佛像。1983 年二月初八的佛诞日，桂平西山洗石庵举行隆重的开光大典，自治区党委和中国佛教界均派要员参加仪式，桂平县城万人空巷，热闹非凡。在桂平，宽能法师的口碑极佳，人们亲切尊称她为“龙姑”，把她看成“活佛”。她先后担任中国佛教协会理事、常务理事、名誉理事。1989 年，宽能法师因病在西山洗石庵圆寂，终年 95 岁。荼毗时，留下了三颗舍利子，轰动佛教界。

至此，东巷“兄弟翰林府邸”承前启后，文脉传承 230 多年，五代人出了两位进士翰林，两位举人，一 位优贡，五位知县，还有诗人、画家、法官和佛学家等人才，名副其实地成为书香门第中的翘楚。

黄宝生，广西桂学研究会会员，桂林市秀峰区委宣传部原副部长

晚清重臣岑春煊

黄宝生

2016 年 7 月 25 日，自治区主席陈武来到桂林新落成的历史文化街区——东巷视察。

一位身穿清朝马褂官服的饰演者迎上前来打躬作揖，热情地说道："陈主席，你好！我是清末两广总督岑春煊，欢迎前来本府。"陈武爽朗地笑了起来，握住他的手说："你是两广总督，比我的官还大呀！"——引来身边人群一片哄笑。

陈武随后对桂林市在旧城改造中善于挖掘历史文化资源，将历史文化与现代旅游相结合，从而丰富旅游元素的创意，给予了充分的肯定。

岑春煊，何许人也？许多年轻人一头雾水。众人围观着岑氏宫保第旧址墙上一张高清黑白照片上的中年人——身材魁梧，目光威仪，身着九蟒五爪清代官服——正是曾经的两广总督岑春煊。

一百年前，内忧外患的中国大地上有两位晚清重臣权倾一时，并称"北袁南岑"，指的就是北方的袁世凯和南方的岑春煊。

袁世凯，曾当大总统，又复辟称帝，为后人熟知；而连袁世凯也畏惧三分的政治对手——岑春煊，随着时光的推移，则渐渐被世人淡忘。而这响当当的名字，又随着正阳东西巷的开发建设，在桂林城重新被人们提起。

桂林东巷的纨绔子弟

坐落于靖江王城根下的正阳东西巷，是桂林城最后一条老巷。2013 年，桂林市政府将其作为“一号工程”列入旧城改造项目。

东巷，一条逼仄的青砖瓦房甬道，毗连着许多名人老宅。东巷 9 号院，曾经是“五开间、三进深、高二层”的深宅大院，“一门三总督”的府邸——清称“宫保第”，民国叫“岑公馆”。大院已破败不堪，尚存的盈尺立柱、梁枋及檐板雕刻着精美纹饰，显露出昔日的辉煌。

岑春煊，1861 年出生在西林的那劳村，官宦世家。据族谱记载，岑春煊的祖上是东汉时云台二十八将中排名第六位的功臣岑彭。在宋朝时，落籍浙江余姚的岑彭后裔岑仲淑随狄青平侬智高有功，便世居广西为土司。

岑家原本是上林峒长官司的世袭土官，由于乾隆年间改土归流，便成为平民。到其祖父岑苍松时，始以文学起家。岑春煊之父岑毓英，官至云贵总督，成为清廷的封疆大吏。岑毓英的弟弟岑毓宝，也曾任云贵代理总督，后来岑春煊又任两广总督，所以，便有“一门三总督”的称谓。

岑春煊少年时就读于泗城（凌云）云峰书院，后随父亲岑毓英赴任地读书。为了给后辈营造良好的读书环境，岑毓英颇费周折，先让两个儿子到水东门内仁寿宫井巷买房留居读书，又破费万余金，建成有家庙、塾馆的宫保第。

东巷宅第落成，岑家老三岑春煊只有 16 岁。他边读书，边厮混，在东巷素有放荡不羁之名。

那时的东巷，可谓风水宝地。北面紧挨王城，贡院房舍 2600 间，八桂学子云集；东面毗连盐街和漓江，平日耳闻商贾吆喝，又可下河游泳嬉戏；南面正阳路的王辅坪一带，戏院众多，歌舞升平；西面十字街店铺林立，灯红酒绿；对一个家境殷实的官宦子弟来说，学习嬉戏两便，吃喝玩乐恣肆。

正值青春弱冠，岑春煊难敌诱惑。每天身后少不了一群玩伴。其父岑毓英，看在眼里急在心上。1879 年时，岑毓英考虑到“滇桂僻处边地，弟子见闻隘陋，无所师法”，便命岑春煊到北京学习。

客居北京的岑春煊又成了一个有名的纨绔子弟，据汤用彬《新谈往》记载：

“春煊少跅弛，自负门第才望，不可一世，黄金结客，车马盈门，如宴也。”他与劳子乔、瑞澄被时人称为“京城三恶少”。

光绪五年，19岁的岑春煊用钱捐了一个工部主事行走的职务，相当于秘书的公职。但他旧习未敛，常与一群狐朋狗友酗酒滋事，名声败坏，几年后不得不回到桂林宫保第府闲居。

眼看岑春煊将碌碌无为，恰遇到三年一次的广西乡试。关于岑春煊考进士，桂林坊间有两种说法：一是说，岑春煊当时的境遇，也急坏了他的亲家——桂林私塾老师刘玖石，刘将女儿许配给了岑春煊，两家结成姻亲，从岑春煊的功名仕途着想，刘在临考时，便叫考过进士且年龄相仿的儿子刘名誉冒名顶替；一是说，由桂林老孝廉胡世鼎、胡世铭兄弟代写试卷，并买通考场人员，“买卷入场”，乡试作弊。其实，这两种说法均无凭无据。

实际上，岑春煊虽然顽皮捣蛋，但天资聪慧，并未荒废学业，读书勤奋，灵气十足。1885年，岑参加广西乡试，顺利考中举人。由此，24岁的岑春煊登上清廷政治舞台。

救驾慈禧太后遇恩宠

岑春煊考中举人后，在其父岑毓英的恩荫下官运亨通。

先是奉旨到部候差。1888年，他又靠捐款，报效海军经费，奉旨以郎中归本部即补。同年光绪帝大婚，岑春煊充派为办处帮总办。1889年，岑毓英死于云贵总督任上，岑春煊回广西守制。1892年再赴北京，刚过而立之年的岑春煊，青云直上，清廷授其光禄寺少卿，旋迁太仆寺少卿，署大理寺卿。戊戌变法，为光绪所赏识。1898年岑春煊擢升广东布政使，旋调甘肃按察使。

十年间，岑春煊从郎中升到按察使。

1900年，20世纪开年，清廷内外交困。义和团风起云涌，八国联军入侵中国。8月14日，北京失守。数十万赤膊上阵念着咒语的拳民和那些提着烟枪的正规军一样不堪一击。宫外枪声大作，宫内乱作一团。慈禧太后和光绪皇帝仓皇出逃。这次史称“庚子西狩”的出京，实则是逃难无疑。

慈禧途中不断下诏各地督抚勤王，但应者寥寥。这时，岑春煊从天而降。岑春煊在甘肃接诏后，千里迢迢，率两千兵马星夜兼程赶来勤王。“臣春煊在此保驾。”

岑春煊环刀立马在慈禧帐外。接着，他下马跪曰："罪臣岑春煊救驾来迟，乞请老佛爷恕罪。""诏旨已经飞电各省，但却没人理睬我们母子，以为恐怕活不了啦。"慈禧呼天吁地，感激涕零，"若得复国，必无敢忘德也。"岑春煊，忙送上广西西林那劳王子山出产的白毫茶叶，给太后压压惊。慈禧立即发话赏岑春煊紫禁城骑马和黄马褂，"你可以戴花翎，骑马前来找我。岑三，以后你就自选差事吧。"

旋即，岑春煊被任命为前路粮台督办。

岑春煊采取雷厉风行的手段，不仅通过斩杀溃兵及不法太监来整饬涣散的逃亡队伍，还逼迫沿途州县供应粮食。每到一地，都令地方官员摊派，多的时候达白银万两，少的时候也有七八千两。地方大小官吏，无不尽力报效，金银财帛，衣食服用，应有尽有，就这样保障慈禧一行到了西安。

岑春煊与慈禧一路上同舟共济，知遇日深，岑春煊经常向慈禧提出自强之建言，而慈禧亦言听计从。到了西安以后，岑春煊官升一级，被擢升为陕西巡抚。但他在路上因为耿直已得罪不少王公大臣，他们不愿岑春煊留在慈禧身边，便借口八国联军西进、山西告急，将岑春煊支往山西做巡抚。慈禧痛哭送别，并特拨库银百万两作为其经费。

岑春煊这段勤王经历使他成为晚清政坛上的一颗新星。从此，他在慈禧的恩泽下步步高升，从巡抚到总督，成为晚清政坛上举足轻重的封疆大吏。

晚清反腐劾官第一人——官屠

岑春煊是性情中人，不容有人损害国家利益，鱼肉百姓。他主政各省，每到一地，均以整顿吏治、肃贪惩腐为首要政治目标。《国闻备乘》是一部有关清末掌故、逸事的史书。书中写道："春煊每主一省，必大肆纠弹，上下皆股栗失色，股栗失色者如皆贪官，岑春煊所屠者皆污吏，则是人民之德，亦屠官者之德。"

1898 年，岑春煊出任广东布政使。初至广州，就有人检举道员、厘金局总办王存善，积资数百万，广置房产，在广州号称"王半城"。王欺压百姓，商民多受其害，还有人因其索诈被逼而死，官员畏其气焰不敢说话。

岑春煊听闻后，实在看不下去，报请两广总督谭钟麟将其撤职查办，却遭拒绝。

作为布政使的一省行政长官，负责人事赋税，岑春煊毅然行使自己的职权，撤去王存善的职务。第二天又与各官约见谭钟麟，请撤去王存善所兼的督署文案职务。

王存善向来深得总督宠信，谭钟麟对岑春煊拍案大骂，气得连眼镜都摔碎了。岑春煊对谭钟麟的庇护极为愤怒，也拍着桌子说："本司为朝廷大员，所论乃是公事，即使有不妥之处，总督岂能无礼至此！既然不能相容，你就奏参我好了！"说罢拂袖而去。

后来岑春煊入京觐见光绪，当面弹劾谭钟麟、王存善，二人因此被罢官，岑春煊的做派名噪清廷。岑春煊以一个藩司的身份而敢与总督相抗，亦足见他的不畏权势，风骨峥棱。在清末政风萎靡之时，他的这种骨鲠强直的作风，实属难得。

1903 年岑春煊再次来到广州，其职务是署理两广总督、督办广西军务。甫上任，岑即治吏肃贪，先后处理南澳镇总兵潘瀛、柳庆镇记名总兵唐玉生、千总潘继周等人，或充军或正法，严惩不贷。其中又以南海知县裴景福贪污案轰动一时。

据揭发，裴景福在南海县任上贪污受贿达 24 万两银圆。1904 年 4 月，当岑春煊打算扣查裴景福的时候，不料裴景福等人乘小艇潜逃澳门匿藏。当时澳门是葡萄牙管辖地，对其捉拿遣返必须要与葡方交涉。

4 月 15 日，岑春煊亲自电报给澳门当局，并先后派番禺知县、广州知府前往澳门。4 月 16 日，裴氏家丁李源在澳门落网，供出了当日与裴景福私渡赴澳情形。5 月初，虽然澳门当局已将裴景福抓获，但迟迟不肯移交。其间岑春煊多次致函葡萄牙驻广州总领馆，甚至派多艘兵船在澳门附近水域游弋，省港各报连日新闻称"粤督派出兵轮索犯"。此举引起葡方不安，派出特使到上海要求清政府给予解释。

经几个月的争议协商，直到 8 月 4 日，澳门当局终于愿意将裴景福遣返回粤。当天下午，裴景福被押到专程派往澳门的雷虎号鱼雷艇上，只见裴景福身带一包袱、一食篮，边抽烟边大声说："大帅（岑春煊）对我不住。"

早在船上等候多时的管带曹汝垣将裴解押回广州。次日早上 8 点左右，雷虎号抵岸，裴景福被兵弁用轿抬往总督府，沿途戒备森严，除水勇之外还布置了巡警军、续备军各一队。由于老百姓对裴案早有所闻，时间又拖得很长，市民延颈企踵，议论纷纷，沿街站了不少人，当乘载裴景福的轿子经过时，群众大呼"老裴、老裴"，叫个不停。

到了督府，在惠州知府沈传义等人监视下，差役替裴景福戴上手镣脚铐，裴仍面无惊色，口中念念有词："算什么事，算什么事。"后即被押到南海县监狱。裴景福最终被流放新疆。

据说岑春煊在两广总督任上，其“屠”官力度之大，导致官吏谈“岑”色变，有人愿出百万港元，只求将岑调出两广。

岑春煊历任广东布政使、甘肃布政使、山西巡抚、四川总督、云贵总督、两广总督等职，他所到之处，均以整顿吏治、肃贪惩腐为首要政治。到广东任上，敢于弹劾昏庸腐败的两广总督，尤为敢于直言军机大臣奕劻昏庸误国。治蜀八月，劾罢不称职文武官员近千人。在两广总督任上，岑春煊更是竭力肃贪惩恶，仅三年竟罢黜上至巡抚下至县令的官员 1400 余人。

史上，岑春煊被称为“官屠”。他与“人屠”袁世凯、“士屠”张之洞并称“清末三屠”。

从晚清忠臣到共和大佬

历经甲午战争、戊戌变法、义和团运动、八国联军入侵之后，清王朝大厦将倾，作为清王朝得力干将的岑春煊，左冲右突，试图挽回颓势，但已无济于事。

甲午中日战争爆发，初入政坛的岑春煊以大理寺正卿三品京官的身份，只身请缨，誓效命疆场。

当时，北洋军海陆俱败，日军由朝鲜侵入关东，京畿形势岌岌可危。他被派往烟台总理营务，开掘地营，布置防务，颇尽职守。其后烟台、威海卫告急，岑春煊又带兵前去布防，使山东半岛未为日军所侵。但由于清朝腐败，中国难逃失败的厄运，签订了丧权辱国的《马关条约》。岑春煊对此愤懑难平，辞职离京，隐居桂林东巷，甚至产生了遁入空门的念头。

岑春煊虽然是官僚家庭出身的纨绔子弟，但遇事极有担当，也很能负责，并没有一般纨绔子弟佻仸浮薄的恶习。

甲午海战后，清廷日渐式微。岑春煊目睹国家衰落，不能不有所触动。他投身维新变法运动中，先后参加了上海强学会和北京的保国会，并于 1897 年 2 月亲自和康有为等人筹议成立了维新变法运动中广西最具影响力的维新社团——桂林圣学会。岑春煊成了维新干将。

1907 年岑春煊入京任邮传部尚书，与军机大臣瞿鸿禨等发起“丁未政潮”，反被庆亲王奕劻、袁世凯一派弹劾而罢官，遂以养病为名，寄居上海。

1911 年 10 月 10 日，武昌起义爆发。清政府接到武昌起义的消息后十分惊恐，决定再次起用岑春煊、袁世凯，于 10 月 14 日发布了岑春煊、袁世凯分别补授四川、湖广总督的任命。岑春煊对这一任命再三辞却，清政府多次恳请勿再固辞。

1912 年 1 月 1 日中华民国成立后，岑春煊公开站在了革命阵营一边，通电要求清廷及袁世凯顺应形势，实行共和。后来岑春煊又反对袁世凯称帝、张勋复辟，并支持孙中山护法运动，标志着他从清廷官僚到民国政客的蜕变。

1913 年，他支持孙中山发动二次革命，并被推为各省讨袁军大元帅。二次革命失败后，岑春煊流亡南洋。1916 年初，广西都督陆荣廷派员迎其归上海。5 月，岑春煊被推举为护国军都司令，并与梁启超等在广东肇庆成立军务院，任副抚军长，代行抚军长职，投身护国运动。1918 年岑春煊排挤孙中山，任广东护法军政府主席总裁，主导南北议和。1919 年，虽然孙中山与岑春煊曾经有过决裂，但几年后孙中山在沪会见岑春煊，一释前嫌。1920 年粤桂战争后，岑春煊通电辞职，隐居上海，退出政坛。

那个年代，岑春煊与袁世凯、孙中山的角力在清末民初的中国政坛，呈三足鼎立之势。晚年，他仍关注时局。1932 年淞沪抗战时，岑春煊捐助十九路军三万元以支持抗日。1933 年岑春煊在上海逝世。

综观岑春煊一生，虽然出生官宦世家，恩荫入仕，却在国家和民族危亡的情况下，集爱国忠君、疾恶如仇、勇锐过人于一身。岑春煊是介于以袁世凯、段祺瑞为首的北洋军阀反动派与以孙中山为首的民主革命派之间的第三种政治势力的实际领袖，他参加了反对北洋军阀反动统治的二次革命、护国战争和护法战争，并三次被公推为南方反北洋军阀的领袖，在其中起到了任何人不能取代的积极作用。

清末民初的广西政坛，岑春煊在一百年前就提出了建设防城港，富有远见卓识！晚年离开东巷寓居上海，不忘将自己出巨资建设的雁山园捐给了广西省政府。

除了为官，岑春煊重视教育。他先后创办了山西大学堂、四川高等学堂、成都警察学校、武备学堂、两广学务处、广东将弁学堂、军医学堂、陆军测绘学堂、林业学堂、巡警教练所、两广优级师范学堂、陆军中小学堂、法政学堂、两广实业学堂、蚕业学堂、女子师范学堂、广西高等学堂等十多所西式学堂，为中国，尤其为广东、广西的近代教育做了重要贡献，迄今仍为两广人津津乐道。

岑春煊，虽然不在东巷出生，却是在东巷学习、生活、成长，度过了青少年时代，为官之余或下野，多次回东巷寓居，成为从桂林东巷出发，走向清末民初中国政坛的一代重臣。

后　记

好事多磨。

2018 年 3 月 10 日，老盐街的街坊聚会，规模宏大，盛况空前。三百人齐刷刷地坐在桂星大酒店的餐厅里，畅叙旧事，憧憬未来。大家为市委、市政府的举措高兴，虽然盐街没有了，但是代之而起的是崭新的滨北路和逍遥楼，市容市貌焕然一新。街道整齐宽敞，大方美观。老街坊们在言谈中，就提议最好能出一本书，记录下盐街的逸闻趣事。

我们认为这是个很好的提议，后来在桂林市中华文化促进会和两江四湖研究会的关怀和指导下着手组稿，准备出书。其中召开了多次会议，研究过多次方案，提出过多次要求，克服了诸多困难。在大家的共同努力下，出版工作终于完成了。这之中，我们要感谢桂林市秀峰区委、秀峰区政府、桂林市文化广电和旅游局。他们是最支持我们出这部书的人，在策划、组稿、编辑等方面，都给予了大力指导，并从很吃紧的财政中，拨出款项相助。我们还要感谢老盐街街坊联谊会的全体同志。他们是操心这部书最多的人，多次碰头、开会，他们的负责人必到。他们尽心尽力为这部书的出版筹集资金，立下汗马功劳。我们还要感谢广西师范大学出版社的大力支持，感谢桂林市秀峰区档案馆为我们寻找并提供宝贵的桂林老照片资料，感谢桂林图书馆历史文献部热心地为我们提供资料查询服务。许多老领导和热心人士给了我们大力支持和热情指导，在此一并致谢。

时光荏苒，往事悠悠。书中内容都是以老盐街为中心的一段段往事，写稿的人，有的是亲身经历，也有的是采访或整理资料所得。虽然专家、学者和老盐街街坊均作了很大的努力，但是错漏依然在所难免，望知情者给我们指出，以便再版时纠正和补充。

中华文化，博大精深，源远流长。古老街巷，内容丰富，文脉深远，对城市经济与社会发展推动极大，对百姓生产生活影响极深，值得很好传承。这部《桂林老街巷记忆——老盐街及部分街巷往事钩沉》只是一个开头，算是抛砖引玉。桂林的街巷还有很多往事，希望大家陆续把它写出来。

我们一定要认真学习和贯彻习近平新时代中国特色社会主义思想，践行桂林市委提出的“寻找桂林文化的力量，挖掘桂林文化的价值”这一战略，做好桂林优秀传统文化的整理与呈现工作，这将功德无量。

编者

2023 年 8 月

附录一

老盐街街坊联谊活动

● 2018 年 3 月 10 日，老盐街街坊亲情联谊活动

● 老盐街街坊在桂星酒店联谊活动现场

● 老盐街街坊代表、桂林市原副市长邱严明在会上讲话

● 桂林市政协原常务副主席、桂林市中华文化促进会主席袁绪祥在联欢会上讲话

● 时任秀峰区委书记蒋育亮在联欢会上讲话

● 老盐街街坊在蓝莓山庄联欢

● 老盐街街坊在龙门山庄联欢

● 老盐街街坊在临桂“在水一汸”联欢

（以上图文均由老盐街街坊联谊会提供）

附录二

《桂林老街巷记忆》
编委会采访、座谈和编辑活动

● 《桂林老街巷记忆》一书启动仪式

●《桂林老街巷记忆》编委会（扩大）座谈会，汇报编辑进度，征求改进意见

● 本书主编邱严明（前排左四）听取编委与作者意见后的合影

● 老盐街街坊亲情联谊活动中，桂林电视台采访老盐街年逾九旬的老寿星刘正凤

● 编委会成员在古南门上的榕树楼讨论书稿

● 编委会成员相聚广西师范大学出版社讨论书稿

● 2022 年，编委会成员麻承福向 104 岁高龄的老寿星、著名文史专家魏华龄（左）请教

● 编委会成员修改书稿

● 编委会成员在桂林图书馆的大力支持下，查阅核实历史资料

● 2020 年，本书主编邱严明（后左三）与老盐街街坊代表座谈后在榕树楼合影。前排左二为 100 岁高龄的老寿星夏淑芳，前排左五为 97 岁高龄的老寿星刘正凤

（以上图文均由《桂林老街巷记忆》编委会提供）